湖北省交通运输厅项目资金支持

行业型职教集团体制机制研究

邹 珺　王孝斌　著

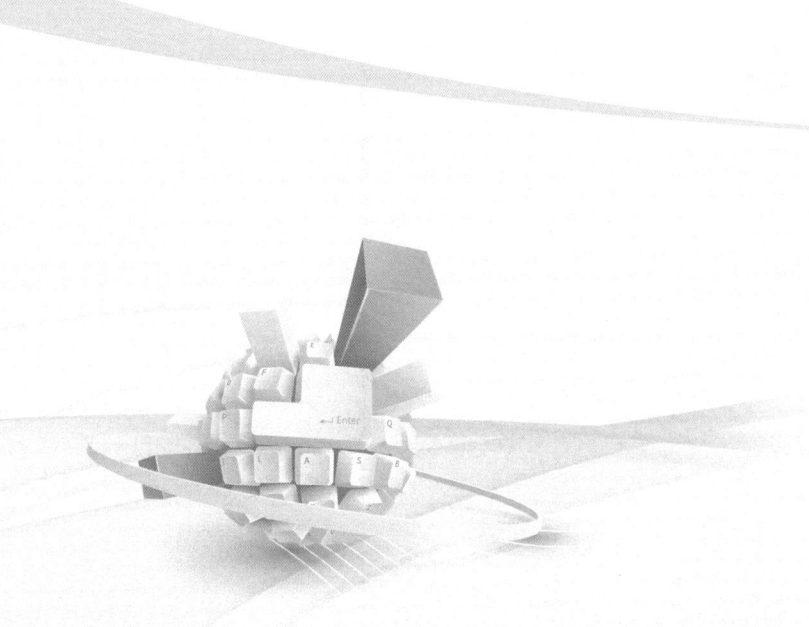

图书在版编目(CIP)数据

行业型职教集团体制机制研究/邹珺,王孝斌著.—武汉:武汉大学出版社,2018.1
ISBN 978-7-307-19974-3

Ⅰ.行… Ⅱ.①邹… ②王… Ⅲ.职业教育—教育制度—研究 Ⅳ.G71

中国版本图书馆 CIP 数据核字(2017)第 329625 号

责任编辑:林 莉 辛 凯　　责任校对:李孟潇　　版式设计:马 佳

出版发行:**武汉大学出版社**　　(430072　武昌　珞珈山)
(电子邮件:cbs22@whu.edu.cn　网址:www.wdp.com.cn)
印刷:虎彩印艺股份有限公司
开本:720×1000　1/16　印张:18　字数:248 千字　插页:2
版次:2018 年 1 月第 1 版　　2018 年 1 月第 1 次印刷
ISBN 978-7-307-19974-3　　定价:48.00 元

版权所有,不得翻印;凡购我社的图书,如有质量问题,请与当地图书销售部门联系调换。

作者简介

邹珺，女，汉族，1977年4月生，湖北汉川人，管理学博士，教授，研究方向为供应链管理、高职教育，现为湖北交通职业技术学院交通信息学院院长，在各类期刊公开发表学术论文近20篇，主持省厅级研究课题及横向咨询类项目10余项。

王孝斌，男，汉族，1971年生，湖北荆州人，管理学博士，经济学博士后，教授，第五届全国优秀科技工作者，湖北省"科技创新源泉工程"创新创业人才，研究方向为人力资本与技术创新，现为湖北交通职业技术学院副校长，在权威或核心期刊上发表学术论文20余篇，出版学术专著、教材3部，主持或参与国家、省部级研究课题7项和企业咨询项目15项。

前　言

　　经过 20 多年的探索发展，职教集团在我国已经形成了多种模式，并具备了一定的规模和特点。我国职业教育集团从自发组建走向规模化、多元化的发展阶段，离不开政府的政策引导与支持。自 2002 年开始，中央和地方政府介入职业教育集团化办学的宏观指导，相继出台多个文件，强调要创新办学体制，探索和推动职教集团建设。至 2015 年，教育部《关于深入推进职业教育集团化办学的意见》提出，"到 2020 年，初步建成 300 个具有示范引领作用的骨干职业教育集团"。《高等职业教育创新发展行动计划（2015—2018）》指出，"要开展多元投入主体依法共建职业教育集团的改革试点，通过人员互聘、平台共享，探索建立基于产权制度和利益共享机制的集团治理结构与运行机制；建立基于学分转换的集团内部教学管理模式。支持有特色的专科高等职业院校以输出品牌、资源和管理的方式成立连锁型职业教育集团"。

　　在职教集团的发展历程中，通过国家出台的相关文件可以看出，政府的角色正在由办学主体逐渐转变为主导者、统筹者与协调者，由支持职教集团建设逐步转变为鼓励多元主体投入集团化办学，探索基于产权制度和利益共享机制的集团治理结构与运行机制。政府关于职教集团发展的引导已经进入体制机制改革等深层次领域。政府的政策与制度为职业教育改革明确了发展方向，为职业教育集团确立现代教育制度，优化人才培养模式，应对市场需求，规范、有序地发展职业教育提供了重要依据。

职业教育集团已经成为当今职业教育深化体制机制改革，整合社会资源，深化校企合作的重要策略之一。一方面，政府对于这一模式给予充分的肯定，职业教育集团作为解决校企合作的形式上的突破，受到各地方教育主管部门的支持，不仅发展速度极快，数量也迅猛增长；另一方面，职业教育集团的确在职业教育发展的进程中也发挥了重要的作用，影响着职业教育的办学实践。职教集团在实践探索中的快速发展，却凸显出其理论体系的不完备，以及理论对实践指导的缺失，使得职教集团进程中理论滞后于实践，特别是在职教集团走向规模化办学、多样化模式、多元化主体、复杂化运行的进程中，理论体系的构建及前瞻性理论的指导就显得越来越重要。

本书所探讨的行业型职教集团即是多样化职教集团模式中的一种，一般是由职业院校牵头成立，联合若干相关专业的职业院校及企事业单位组成，以契约或集团章程为纽带，服务于某一特定行业的松散型组织。行业型职教集团体制机制建设的难度在于：一是牵头院校与成员单位通过契约或集团章程构成联系，但没有行政或经济上的任何约束，因而在日常运转中处于松散、游离的状态，统一的组织架构难度较大，难以形成集团发展的合力；二是不以营利为目的，使得集团缺乏组织化、有序化、系统化的内在动力，其实现目标的能力完全取决于集团各利益相关者之间自发行为的相互影响和相互作用，难以构建有效的机制对各利益相关者的行为进行约束和激励；三是集团组建往往由行业或主管部门行政指令形成组织，他组织特征大于自组织特征，其自我更新、自我发展的能力较弱。

本书立足于我国行业型职教集团办学的实践，对全国和湖北省内同类职教集团的现状和问题进行了较充分的梳理，通过对行业型职教集团的深入调研和理论研究，力图厘清行业型职教集团的基本内涵、本质特点和运行机理，深入分析行业型职教集团体制机制建设过程中面临的困境，并提出行业型职教集团体制机制的构建策略。

本书注重理论分析和实践探索，突出对实践经验的归纳和总结，在理论研究上有创新，在实践探索上有一定突破。一是运用集群理论和复杂网络的研究视角，分析行业型职教集团的集群化特征和复杂网络特征，构建其复杂网络模型，描绘演化发展路径，明确其演化发展的关键，为行业型职教集团的体制机制建设提供多视角的理论基础。二是结合行业型职教集团的实践探索，指出体制解决方案应与行业型职教集团的演化发展阶段相适宜，并根据体制构建的困难，提出有针对性的建设策略。三是结合行业型职教集团的演化发展路径，阐明集团运行的决策机制、激励机制、沟通协调机制和评价机制内涵。本书研究结果为行业型职教集团的发展提供了理论依据，为同类职教集团的体制机制建设借鉴经验和积累实践基础，为教育主管部门决策提供相关理论依据和实践参考，为推动行业型职教集团建设提供有益的参考。

目 录

第一章 绪论 …………………………………………………………… 1
    第一节 研究背景与研究意义 ………………………………… 1
    第二节 研究前提与核心概念 ………………………………… 8
    第三节 研究目标和创新点 …………………………………… 11

第二章 相关研究基础与文献综述 …………………………………… 13
    第一节 行业型职教集团的办学模式研究 …………………… 14
    第二节 行业型职教集团管理体制与运行机制研究 ………… 23
    第三节 文献研究小结 ………………………………………… 27

第三章 行业型职教集团的发展历程与现状 ………………………… 29
    第一节 国内外行业型职教集团发展历程 …………………… 29
    第二节 国内行业型职教集团发展现状 ……………………… 40
    第三节 行业型职教集团主要建设成效 ……………………… 56
    第四节 本章小结 ……………………………………………… 61

第四章 行业型职教集团的结构模型构建 …………………………… 63
    第一节 研究理论基础 ………………………………………… 63
    第二节 行业型职教集团的基本特征 ………………………… 67
    第三节 行业型职教集团的复杂网络结构模型 ……………… 74

第四节　本章小结 …………………………………………… 85

第五章　行业型职教集团运作机理研究 …………………………… 87
　　第一节　行业型职教集团的功能与目标分析 ……………… 88
　　第二节　行业型职教集团的形成发展动力分析 …………… 98
　　第三节　行业型职教集团演化发展研究 …………………… 110
　　第四节　本章小结 …………………………………………… 118

第六章　行业型职教集团体制建设策略研究 ……………………… 120
　　第一节　组织性质分析 ……………………………………… 121
　　第二节　组织结构设计 ……………………………………… 128
　　第三节　政府作为研究 ……………………………………… 146
　　第四节　本章小结 …………………………………………… 153

第七章　行业型职教集团机制建设策略研究 ……………………… 155
　　第一节　运行机制面临的困境分析 ………………………… 155
　　第二节　运行机制构建策略 ………………………………… 161
　　第三节　本章小结 …………………………………………… 174

第八章　湖北省职教集团现状研究 ………………………………… 176
　　第一节　湖北省职教集团发展概况 ………………………… 176
　　第二节　湖北省职教集团建设情况 ………………………… 182
　　第三节　案例介绍 …………………………………………… 188
　　第四节　本章小结 …………………………………………… 195

第九章　研究结论 …………………………………………………… 197

参考文献 ……………………………………………………………… 200

附件1　全国职业教育集团名录（截至 2017 年 5 月）............ 210

附件2　行业型职教集团成员单位调查问卷........................ 264

附件3　湖北交通职业教育集团成员单位调查问卷统计报告......... 267

附件4　职教集团校企合作协议书（范本）........................ 274

第一章　绪　　论

第一节　研究背景与研究意义

一、研究背景

（一）职业教育政策体系日臻完善

30年来，党中央、国务院就大力发展职业教育作出了一系列重大部署，特别是2000年之后，我国先后召开了四次全国职业教育工作会议，出台了《国务院关于大力推进职业教育改革与发展的决定》（2002）、《国务院关于大力发展职业教育的决定》（2005）和《关于加快发展现代职业教育的决定》（2014）等一系列重大政策，明确了职业教育在整个教育体系中的重要地位，党中央、国务院则把职业教育作为促进国民经济和社会发展的重要基础和教育工作的战略重点。《现代职业教育体系建设规划（2014—2020）》则进一步提出了2015年初步形成现代职业教育体系框架和2020年基本建成中国特色现代职业教育体系的目标。这些职教政策的密集出台，极大地完善了我国职业教育政策体系，为促进现代职业教育发展提供了政策保障，职业教育法的修订也为职业教育政策的落地提供了法律保障。

（二）职业教育战略地位逐步彰显

30多年来，我国职业教育累计为国家输送了近3亿的高素质劳动者和技能型专门人才。截至2015年底，全国高职院校达到1336所，中职院校约1.2万余所，中高职职业院校的在校生达到3640余万人。预计到"十三五"末，职业院校在校生将达到3830万人，同时，职业教育面向社会办学的程度将日益提高，"十三五"期间，职业继续教育规模将达3.5亿人次[1]。并且，推进以提高职业技能为重点的职业培训，面向企业在职职工和转岗职工开展的普遍文化教育和技术培训，面向农村实施的农村实用技术培训和劳动力转移培训等，均极大地提高了我国劳动者的素质，明显地改善了我国从业人员的结构，为国家经济建设和产业升级发挥了巨大作用。根据《现代职业教育体系建设规划（2014—2020）》，"十二五"期间，现代职业教育的理念得到广泛宣传，职业教育体系建设的重大政策更加完备，人才培养层次更加完善，专业结构更加符合市场需求，中高等职业教育全面衔接，产教融合、校企合作的体制基本建立，现代职业院校制度基本形成，职业教育服务国家发展战略的能力进一步提升，职业教育吸引力进一步增强。预计到"十三五"末，我国职业教育体系的层次、结构将更加科学，现代职业教育的基本制度、运行机制、重大政策将更加完善，社会力量广泛参与，建成一批高水平职业院校，各类职业人才培养水平大幅提升。职业教育在我国现代国民教育体系和终身教育体系的建设中，将发挥越来越重要的作用。特别是随着中国工业化进程的加快、产业结构的调整和技术设备不断更新换代，企业对技术工人的要求越来越高，对熟练掌握高精尖设备操作技术、具有技术革新和创造力的高级技能人才的需求量越来越大。党的"十八大"以来，为适应新常态、引领新常态，中央从"五位一体"的总体布局和"四个全面"战略布局出发，部署实施了

"中国制造2025""一带一路"、创新驱动、脱贫攻坚等一系列国家重大战略,全面启动了供给侧改革,这些都需要职业教育更好地发挥优势,培养一支高素质技术技能人才大军作为支撑,进一步提高服务产业发展的能力和水平,实现技能富民、技能安民,为国家快速发展作出更大的贡献。

(三)职业教育多元化办学格局逐步显现

前教育部鲁昕副部长曾就"如何做好职业教育多元化办学"指出,第一要多元主体办学,就是行业企业、社会团体、科研机构等都可以办职业教育,目前,企业办的职业教育在每个省都能找到;第二是多种形式办学,发展股份制、混合所有制职业院校,探索公办和社会力量举办的职业院校相互委托管理和购买服务的机制;第三是多渠道筹措资金,多渠道包括政府的资金、企业的资金、各个部门的资金,还有社会捐赠的资金以及民间资本来办职业教育。那么,我国职业教育的多元化办学发展的如何呢?根据教育部官网公布的"2016年全国高等学校名单",截至2016年5月30日,全国共有民办普通高校734所,其中,317所民办专科(高职)院校,151所独立设置的民办高校(本科)和266所独立学院。其中,企业办学并不在少数。同时,职业教育发展到今天,企业参与职业教育已经成为常态,企业在高职院校确保教学内容、培养规格、人才供给适应产业发展需求等方面均已发挥出不可替代的作用。2016年7月,在第三方公司麦可思公司发布的《2016中国高等职业教育质量年度报告》中提到,2016年有262家企业面向社会首次发布《企业参与高等职业教育人才培养年度报告》。首批发布年报的企业普遍具有较高的行业认可度,一定程度上代表了相关产业的发展方向。企业年报显示,超过85%的企业在高等职业教育发展中有人力资源投入,增强了优秀兼职教师的供给;超过70%的企业在高职院校发展中有资金投入,主要用于发放学生实习津贴和师傅带教津贴,以及培训、课程开发和科研等;超过80%的企业在高职院校投入实践教学资源,建立实践教学场所，设立学生实习和教师实践岗位；近两成的企业与高职院校共建二级学院或教学与实训机构，发挥办学主体作用；超过85%的企业与学校合作开发专业课程与培训课程。事实上，不仅仅是企业，而且行业协会、科研机构等也越来越多地参与到职业教育中来，其中，职教集团作为组织调动社会力量参与办学，吸引更多资源向职业教育汇聚，持续推进职业教育办学模式、育人模式改革的有效途径，为教育与产业对接、为职业院校技术技能型人才培养争取更多的社会支持，提供了更加有力的支撑。集团化办学，资源共享，优势互补，突破了学校、企业单兵作战的瓶颈，实现了各方共赢新格局，更重要的是，人才"生产"和"消费"直接对接，不仅降低了"生产"和"消费"成本，而且也避免了人才因不适销对路而造成的教育资源浪费，真正意义上推动了职业教育的多元化办学。

（四）职教集团推动校企合作成效显著

经过30年的探索和发展，我国职业教育集团化办学从无到有、由小到大、从单一到多样，已经形成了多元主体办学的格局。由第三方公司麦可思公司发布的《2016中国高等职业教育质量年度报告》中提到，在产教融合方面，高职院校创新"政行企校"合作机制，提升了校企合作的有效性。目前，全国高职院校合作企业近16万家，校均超过120家。其中，职教集团发挥了巨大的作用，有力地推进了校企资源的有效整合，促进了技术技能人才的系统培养。如果把职业教育看作是一个系统，那么职业院校、企业、行业、政府就是这个系统中最重要的四个利益主体，而它们最大的直接利益在于高素质技能型人才的培养和供给[2]。其中，职业院校需要培养出满足市场需求和行业发展的技能型人才，以高质量的人才培养，努力形成自身良好的社会辨识度和知名度，推动学校的可持续发展，因此，职业院校迫于生存压力和体现自身价值的需要，会通过整合院校、行业企业资源，努力形成自己的优势，以提高质量、打造特色，不断提升自己的影响力和话语权；而企业则需要根据自身发展需求，不断充实生产经营一线急需的技术技能型人才，为企业发展做好人才储备，以稳固和提升自身核心竞争力。企业出于对经济效益最大化的根本需求，会尽可能地降低人才资源建设成本，提高企业人才资源建设效率，集团化办学可以通过资源集约式发展让技术技能型人才的培养和供给有更高的效率和更高的质量。因此，参与推进职业教育集团化办学也就必然会成为企业的重要选择。综合来看，校企双方站在不同立场上而产生的共同需求和一致目标，成为了推动职业教育集团化办学发展的"源动力"。

（五）职教集团可持续发展面临着重大挑战

随着职教集团在组建和数量上的快速发展，以及人们在认识上对于职教集团在推动校企合作和人才培养过程中所发挥重要作用的不断深化，职教集团无论是在理论研究、观念变革，还是在实现形式、保障机制等方面，都有了长足的发展。2015年6月，教育部印发了《教育部关于深入推进职业教育集团化办学的意见》（以下简称《意见》），指出"到2020年，职业院校集团化办学参与率进一步提高，规模以上企业参与集团化办学达到一定比例，初步建成300个具有示范引领作用的骨干职业教育集团，建设一批中央企业、行业龙头企业牵头组建的职业教育集团，基本形成教育链与产业链融合的局面"。《意见》对职业教育集团化办学的发展给予了宏观指导和政策支持。然而实际情况是，目前国内职业教育集团化办学基础还比较薄弱，行业企业参与积极性与合作关系均未达到要求。与职业教育集团化办学的丰富实践相比，其理论研究还比较薄弱，远远落后于实践。国家和地方各级教育主管部门虽然已经充分意识到集团化办学的重要性，密集出台文件，已有辽宁、浙江、福建、山东、河南、湖北、湖南、云南、陕西、青岛、宁波等10多个省市，制定了推进集团化办学的政策文件，鼓励社会力量参与集团化办学。但集团化办学仍然缺乏强有力的理论论证和支撑，从而使职业教育集团化办学未能在体制、机制上得到大的突破。目前，大多数职教集团是在传统合作关系基础上经牵头单位发起而成立的，许多职教集团的成员单位仅仅只有一所学校与若干家企业，这种成员单位偏少、结构不够合理现状带来的问题就是，成员单位的代表性不强，区域、行业内骨干、龙头企业参与比例不高，影响了集团整体实力的提升。此外，还有不少职教集团的管理机构只是参照学术性团体来建设，只有少数集团在民政部门进行了法人注册，但也处于依附牵头单位的状态，大多数集团的秘书处等日常工作机构仍只是牵头单位某个内设管理部门的附设机构，据粗略统计，目前全国职业教育集团中，能够得到政府专项经费投入的集团占比不足10%[3]，这使得职教集团面临着日常运作的困难，缺少独立运作能力。同时，不少集团章程、规划不够完善，配套制度不够健全，日常协作机制未能建立，存在较为明显的学校内部管理痕迹，民主治理得不到保障，影响了其他成员单位参与的积极性和主动性，致使"集而不团"的现象普遍存在。总而言之，我国职业教育集团化办学在外部环境、组织架构、管理制度以及服务能力等方面还存在诸多不足，政府、集团自身、成员单位仍需要共同努力，理性梳理发展思路，准确定位集团发展目标，合理选择发展路径与措施，提升职教集团办学活力，既立足当前，破解发展难题、满足现实需要，又着眼未来，谋划远期目标、促进长远发展，提升职教集团可持续发展的能力。

二、研究意义

（一）理论意义

1. 进一步明确行业型职教集团的基本性质

在实践中，行业型职教集团已经成为目前最具代表性、分布最为广泛的职教集团模式，因此，对行业型职教集团的研究具有较强的代表性。它多由同一行业内的众多法人实体，通过共同的利益纽带或契约关系组建而成，集团本身一般不具有法人形态。这种非法人的组织形式，导致行业型职教集团容易陷入"身份危机"，本书力图从多学科视角，对行业型职教集团的基本性质进行探讨，进而对行业型职教集团的发展方向提供可参考的建议。

2. 全面梳理与分析行业型职教集团在体制机制建设中面临的问题

许多行业型职教集团在实践中出现了组织结构松散、运作机制简单、企业参与动力不足、理论指导和政策保障缺乏等问题，阻碍了职教集团的可持续发展和社会影响力的持续扩大。通过本书的研究，进一步深入了解行业型职教集团的运作发展现状，及其在发展过程中存在的共性问题，全面梳理和分析在体制机制建设中面临的关键难点，提出探索性的解决方案，为厘清集团发展方向提供有益的参考。

3. 搭建行业型职教集团的理论框架

目前，关于行业型职教集团的研究比较分散，且主要集中于基础理论层面，研究视角单一，缺乏系统性和前瞻性，特别是在集团运作体制机制方面，仍然缺乏对实践强有力的理论解释、论证和支撑，而建立在科学调查分析基础上、理论与实践相结合的成果更是少之又少，尚未形成全面系统的职教集团理论框架。本书的研究将为我们认识行业型职业教育集团提供多视角、多学科的理论研究，为行业型职教集团搭建较为系统的理论框架，为实践探索的组织提供了重要的理论依据和决策参考。

4. 对行业型职教集团实践和理论发展形成有益的补充

虽然职教集团是职业教育发展的一种内在需求，并取得了一些较成功的模式，如"城乡联合、以城带乡"的河南模式、"市县合作、三段培养"的海南模式、"校企合作、工学结合"的天津模式、"行业参与、院校牵头"的陕西模式等[4]，但这些成功模式具有一定时间地域的特殊性，在机制体制建设上缺乏可复制性，集团建设仍然缺乏理论指导，"集而不团"的现象仍普遍存在，多数集团都在实践中艰难探索，行动中存在一定的盲动性和随意性。因此，本书的研究，对如何合理的构建行业型职教集团，以及如何完善其体制机制建设等研究热点难点问题，形成有益的补充，为教育行政部门决策提供实践和理论的参考。

（二）实践意义

（1）力图为行业型职业教育集团化办学实践提供工作思路

本书作为理论研究与案例研究相结合的成果，试图通过理清行业型职业教育集团的一些基本问题，为其组织架构、管理运行以及政策支持等提供较为明晰的思路。

（2）为行业型职业教育集团的发展和实践提供可能的经验借鉴，为行业型职业教育集团化办学模式的完善与改进提供策略与思路。

（3）为教育行政部门的决策和相关政策的出台，提供参考依据和基础。

第二节 研究前提与核心概念

一、研究前提

（1）行业型职教集团的参与成员众多，涉及政、行、企、校多种类型的单位，其参与程度均对职教集团体制机制建设产生影响，因此均为职教集团利益相关者。

（2）行业型职教集团参与成员都是具有独立法人资格的组织，由于各自隶属关系和运行模式不同，构成集合体之后，行业型职教集团虽然本身也是个组织，但不一定具有法人资格。

二、核心概念

（一）行业型职教集团

关于行业型职教集团，最具代表性的分类是黄尧[4]（2009）按照职业教育集团化办学的主体构成和运行特征不同，将我国职教集团划分为行业型职教集团、区域型职教集团和复合型职教集团三种。其中，行业型职教集团已经成为我国职业教育集团化办学的典型模式之一，截至2014年底，我国行业型职教集团已占到76.53%[5]，是数量最多的一种职教集团类型，也是目前最具代表性的职教集团模式。例如，截至2014年底，浙江省130多家职教集团，80%为行业主导型职教集团。其中中职校牵头的62个，高职院校牵头的40个，企业牵头的18个[6]；山东省成立的60家职教集团，近90%为行业型职教集团[7]。关于行业型职教集团含义的表述很多，学者和相关政府机构都有过界定，但并没有统一的共识，比较有代表性的观点有以下几种：

陈嵩[8]（2006）提出的"专业型职教集团"，同本书的行业型职教集团具有类似的内涵：这类集团往往通过企业办学或学校办企等方式实现组建目的，具有行业性特色。专业型职教集团依托行业背景，在办学和实施教育培训方面紧密贴近企业，充分利用行业优势。这类集团具有优化行业资源配置、充分利用行业教育培训资源、引入行业主管部门和协会的发展规划与运行指导等优势。

黄尧[4]（2009）指出行业型职教集团的突出特点是行业主导。一般是以行业名牌学校为龙头，以开设同类专业的中职学校为主体，联合同类行业、企业及科研单位组建的职教集团。这类职教集团的主要运行特征包括：(1) 部门推动；(2) 制度推进；(3) 评估激励。

顾坤华[9]（2009）在对江苏省12个省级行业型职教集团的建设情况进行研究总结后提出，行业型职教集团创新了职业教育管理体制、运行机制和人才培养模式，以办学条件好、教学质量高、社会声誉好的行业名牌学校即国家级示范性或省级示范性高职院校为龙头，以开设同类专业的中职学校为主体，以同类行业、企业及科研单位为依托，以区域优势产业为支柱，以专业建设为纽带，以实现资源共享为目的，组建起行业性的职教联合体，把学历教育、职业培训和终身教育三者融为一体。

兰小云[10]（2011）行业型职业教育集团则是以促进职业教育与行业企业共同发展为目的，由同一行业的职业院校、企业、行业协会及科研单位组织起来共同行动的团体。此类集团大多是以行业内名牌学校为龙头，以专业为纽带，联合开设同类专业的职业院校和相关行业、企业及科研单位，在协议基础上自愿组成的以契约形式合作的多元、开放型联合体，具有明显的行业性特征，其办学目的主要包括：促进各类职业教育资源的共享和互补，促进校校合作和校企合作，实现职业教育与社会经济的联动。

李茹祯等人[11]（2015）认为，行业型职业教育集团是指由政府部门或者行业协会主管，由行业企业或者行业类职业院校为牵头，有相关行业的企业、职业院校、科研机构等参与，以服务产业发展为目的，以契约或资产作为连接纽带，通过校企合作的方式组建的教育联合体。

结合上述文献描述，本书中所研究的行业型职教集团具体内涵如下：

（1）应以扩大职业教育发展规模、提高教育质量和共同发展为目的；

（2）它是教育联合体，不以营利为目的；

（3）各组成单位具有独立的法人资格，在法律上完全平等；

（4）一般以行业内具有代表性的名牌职业院校为核心和龙头，以专业为纽带，联合若干相关专业的职校及企事业单位组成；

（5）在契约或集团章程的基础上，共同开展相关活动；

（6）服务于区域内某一特定的行业，集团成员多为行业相关的政府主管部门、企事业单位及行业协会等。例如，交通、纺织、煤炭、铁道等行业。

（二）体制机制

根据《辞海》的解释，"体制"是指国家机关、企事业单位在机构设置、领导隶属关系和管理权限划分等方面的体系、制度、方法、形式等的总称；"机制"原指机器的构造和运作原理，借指事物的内在工作方式，包括有关组成部分的相互关系以及各种变化的相互联系。

因此，本书中关于行业型职教集团的管理体制，界定为行业型职教集团在机构设置、隶属关系和管理权限划分等方面的制度、形式等的规范体系总称，主要表现为组织结构、机构设置、职责权限等；行业型职教集团的运作机制，界定为促使行业型职教集团各行为主体之间按照一定的相互作用实现其特定功能和目标的制度体系总称，主要表现为各项制度和管理办法，使集团内部成员责权利明确，并激发集团各成员将主观能动性与集团目标的实现结合在一起，形成推动集团发展的巨大合力，如决策机制、动力机制、协调机制等。

第三节 研究目标和创新点

一、研究目标

（1）通过对行业型职教集团的基本运作原理进行分析，构建行业型职教集团发展与体制机制建设的理论框架，为行业型职教集团理论发展提供有益的补充，为集团化办学提供理论指导，为教育行政部门决策提供理论依据。

（2）结合部分案例的实践研究，将行业型职教集团的理论和实证研究成果转化为政策措施，最终形成指导行业型职教集团发展的政策和措施建议。

二、创新点

（1）运用集群理论和复杂网络的研究视角，分析行业型职教集团的集群化特征和复杂网络特征，构建其复杂网络模型，描绘演化发展路径，明确其演化发展的关键，为行业型职教集团的体制机制建设提供多视角的理论基础。

（2）结合行业型职教集团的演化发展路径，提出体制解决方案应与行业型职教集团的演化发展阶段相适宜，并阐明集团运行的决策机制、激励机制、沟通协调机制和评价机制内涵。

第二章　相关研究基础与文献综述

随着国内职业教育集团化办学的迅猛发展，研究领域越来越广，研究内容逐步深入。从 2000 年 1 月至 2016 年 11 月，在 CNKI 上搜索到国内关于职教集团公开发表的期刊论文达 8600 余篇，博硕士论文 800 余份。此外，已出版发行的理论研究专著主要有 6 本：《职业教育集团化办学的理论研究与实践探索》（黄尧，2009）、《职业教育集团化办学的理论与实践——来自中原大地的报告》（崔炳建，2008）、《高等职业教育集团化办学研究》（崔岩，2012）、《区域性职业教育集团化办学研究》（沈建根，2012）、《中国职业教育集团化办学发展研究报告》（沈建根等，2015）、《辽宁省职业教育集团化办学的研究与实践》（2015），其中由黄尧和崔炳建两位专家编著或撰写的专著，均为作者参与"教育部教育改革和发展战略与政策研究重大课题"的成果总结，基础理论全面，案例丰富。国内外关于职教集团的研究主要分为两大类：一是关于职教集团化办学的实践探索总结，主要包括国内外建立职教集团（联盟）的支持政策、成功案例和典型做法，以及国内外职教集团比较研究等；二是关于职教集团化办学的理论研究，主要包括职教集团的概念、特征、类型、模式等基础理论研究，以及职教集团体制机制建设、政策保障等理论创新研究等。

第一节　行业型职教集团的办学模式研究

行业型职教集团是职教集团的模式之一，国内外关于行业型职教集团办学模式的专门性研究较少，基本集中于 2009 年之后。为了深入了解行业型职教集团的办学模式，有必要对国内外职教集团的模式进行全面研究，借此分析行业型职教集团模式的总体地位和现状。

一、世界各国和地区行业型职教集团模式研究

国外在集团化办学领域，最具代表性的理论研究是世界银行下属的国际金融公司（简称 IFC）在 20 世纪 90 年代的一次大规模调研，深入研究了巴西、哥伦比亚、印度、秘鲁、罗马尼亚等"12 个发展中国家来自公司或学校的 18 个教育项目[12]"，包括巴西 Objetivo/UNIP 等 4 所连锁学校，哥伦比亚咖啡种植者教育联盟，印度 DPS 私立学校连锁、NIIT 电脑教育集团，秘鲁 TECSUP 工业技术学院，南非 Educor 教育集团，罗马尼亚 CODESC 远程教育中心，津巴布韦 SPECISS 学院等。这些个案调研描述了一些发展中国家新颖独特的教育发展特征，"如大型连锁学校的发展，纵向综合的教育体系，新技术及教学、学习体系的应用以及远程教学的开展[13]"。这些教育组织均具有明显的集团化办学组织结构和运作特征，有的名称中就含有 Education Group、Education Company、schools、federation 等表征组织集合体的词汇。

国内学者也系统的对世界各国及地区职教集团的模式开展了研究，最具代表性的是匡瑛[14]（2008）通过对 7 个国家及中国台湾地区职业教育集团化办学模式的比较研究，归纳和总结出了世界各国及地区职教集团办学的主要模式（见表 2.1），并按照主导实体的不同，从两个维度（主导实习与联盟实体构成）对职教集团发展模式进行了如下分类

(见表 2.2)：

表 2.1　世界各国及地区职业教育集团化办学的典型模式汇总表

		政府主导	院校主导	企业/行业主导	自愿联盟	中介主导
校校	普+职	综合学科（日本）	社区学院（美国）技术教育一体化（日本）			
	中职+高职	中高职社区化（中国台湾）	农业职业教育集团（荷兰）			
	中学+中学后	技术准备计划 Tech + prep（美国）				
	继续教育+高等教育				通过 SATs 的校校合作（英国）	
校企		青年学徒制 Youth Apprenticeship（美国）	城市技术学院（英国）	职业学院（德国）		高级技术教育计划 ATE（美国）
		双元制（德国）	学徒本位的新学徒制 SBNAs（澳大利亚）			
		学徒培训（印度）	中职学校的校办（印度）	鹿特丹航运中心 STC-Group 集团（荷兰）		

续表

	政府主导	院校主导	企业/行业主导	自愿联盟	中介主导
校企	新学徒培训（澳大利亚）、建教合作（中国台湾）	网络化的技术转移体系（德国）	阿波罗集团（美国）、NIIT（印度）		
			职业生涯教育公司（美国）		

（资料来源：匡瑛，2008）

表2.2 世界各国及地区职业教育集团化办学的主要模式对比分析

主导类型	主要模式		联结关系	联合跨度	合作结合点
	联盟形式	表现形式			
政府主导	校际	不同类型联盟	混合型	跨类型	全面素养
		不同层次联盟	契约型	跨层次	专业对口
		组合联盟	契约型	跨类型 跨层次	证书培养
	校企		契约型	行业内	专业对口
	区域	区域产学合作	契约型	跨类型 跨层次 跨行业	地理位置
院校主导	校际	衔接式联盟	契约型	跨层次	专业对口
	校企	研发式联盟	契约型	行业内	专业对口
		补充式联盟	资产型	行业内	专业对口

续表

主导类型	联盟形式	主要模式 表现形式	联结关系	联合跨度	合作结合点
企业/行业主导	校企	以服务地区经济为核心目的的联盟	契约型	跨行业	地理位置
		以提供行业人力资源为核心目的的联盟	资产型	行业内	专业对口
		以提升集团综合实力为核心目的的联盟	资产型	行业内跨层次	专业对口
		以拓展品牌影响力为核心目的的联盟	混合型	跨层次跨行业	集团品牌
自愿联盟	校际		契约型	跨类型跨层次	全面素养
	校企	企业—政府	资产型	跨行业	专业对口
中介主导	校企		契约型	跨行业	专业对口

(资料来源：匡瑛，2008)

1. 政府主导型

其目的主要是通过特定人才培养方案来解决国家、地区的人才需求或各种社会问题，是职教集团数量最多、模式最丰富的一种类型。包含以下几种典型模式：校际联盟，如美国的技术准备计划；校企联盟，如澳大利亚的新学徒培训制度；综合联盟，如德国的双元制。

2. 院校主导型

要求主导院校实力强，能够联盟不同类型、不同层次的院校以及企业和行业协会等。一般包含：以构建学制立交桥为目的的衔接式联盟，如日本的技术教育一体化；以形成技术合力开发为目的的研发式联盟，如德国的网络化技术转移中心；以培养符合市场需要人才为目的的补充式联盟，如印度的中等职业学校校办企业。

3. 企业/行业主导型

主要以企业或行业需求为核心、培养其所需的技术人才。一般可以分为三种：以服务地区经济为核心的教育机构，如德国的职业学院；以提供行业人力资源为核心的培训机构，如印度的 NIIT；以提升集团综合实力为核心的一体化教育培训研究机构，如荷兰的鹿特丹航运中心（STC-Group）集团。

4. 以拓展品牌影响力为核心的连锁化办学机构

以美国阿波罗职教集团为代表，其核心特点：一是办学完全由市场驱动；二是联盟关系最为紧密，职业院校由企业创办，或从属于企业；三是强调实践教学带来的能力提升；四是重视软技能带来的全面职业素养提高。

5. 自愿联盟型

其合作方式包括院校之间、校企之间、政企之间的合作，以一所大学和多所继续教育学院构成的职教集团居多。一是联盟目的明确，双方都有意愿合作；二是合作往往是互补性合作。

6. 中介主导型

中介主导型的发展模式具有特殊性和代表性，是一种创新性探索，并不多见，中介组织承担资金投入者、信息沟通者和中间协调者的角色。如美国高级技术教育计划，由联邦政府倡导，由美国国家基金会发起，旨在满足技师人才需求、有效整合产业与教育。此外，德国的网络化技术转移中心，也介入了中介组织，即斯坦波茨（STEINBEIS）经济促进基金会，它承担高专和企业之间的桥梁角色，积极促进高专教授帮助企业研发产品。

围绕本书第一章关于核心概念"行业型职教集团"的内涵界定，根据上述主要模式的对比分析，可以得出如下结论：

（1）各国职教集团办学模式呈现多样化的态势，各具特色，国外并没有与"行业型职教集团"精准对应的模式。不过，按照核心概念中界定的"服务于区域内某一特定的行业"这一标准与上述模式进行对照，发现比较接近的模式有：政府主导的校企联盟、院校主导的校企联盟，以及企业/行业主导的校企联盟中以提供行业人力资源为核心目的的联盟和以提升集团综合实力为核心目的的联盟模式，均为校企联盟，且均为专业对口。这说明，专业相似度高是行业型联盟的基础。根据对其表现形式的分析表明，行业型联盟内部的校企之间通过建立契约型或资产型的关系，在对口专业之间开展合作研发、资源互补、人才培养、共同提升综合实力等，实现服务于某一行业快速发展的目标。

（2）各国模式中的联盟紧密程度各不相同，主要取决于集团中各实体的联结关系，大致可以分为三类：一是以资产为主要联结纽带的联盟，典型的是私立教育集团。二是以契约为主要联结纽带的联盟，大部分政府主导型、院校主导型和自愿联盟型属于此类。三是资产—契约混合联结型联盟。这三类联结方式中，第一类联盟关系最为紧密，其次是第三类，第二类最为松散。根据表2.2的分析表明，国外的行业型联盟既有校企紧密合作的契约型，也有松散合作的资产型。

（3）根据上述分析，在世界各国及地区职业教育集团化办学的典型模式中，处于主导实习（含政府主导、院校主导，以及企业/行业主导三类）与联盟实体构成（即校企联盟）两个维度覆盖范围之内的模式，如美国的青年学徒制、澳大利亚的新学徒培训制度、英国的城市技术学院、德国的网络化技术转移中心、印度的NIIT、鹿特丹航运中心STC-Group集团等，多数应为典型的行业型联盟，具体服务于或可服务于某一特定行业领域。

二、国内行业型职教集团模式研究

（一）国内职教集团模式的划分

对于国内职教集团模式的研究，由于其标准不一，划分也不一样，比较有代表性的有以下 6 位学者提出的分类方式。高卫东[15]（2004）认为，依据成员单位的联结方式可以将职教集团划分为资产联结型、契约联结型和资产—契约混合型，根据组成单位的性质可以将职教集团划分为校际合作型、校企合作型以及多元合作型。陈牛则[16]（2004）提出，根据集团化办学的结合关系，将职教集团主要归纳为三种模式：一是校校联合，名校立团；二是教企一体，以教立团；三是合并重组，整体相融。郭苏华[17]（2005）将职教集团分为四种组建模式：校际间资源重组的结构型职教集团、建立新型校企关系的专业型职教集团、立足地区经济的区域型职教集团、各方广泛参与的混合型职教集团。杨柳等人[18]（2007）分别按照五种不同的标准对职教集团进行划分，根据联结纽带，分为资产联结型、契约联结型、资产—契约混合型；根据扩展方式，分为内部裂变式、外部扩张式、内外混合扩张式；根据业务活动的范围，分为横向联合式和纵向联合式；根据主导关系，分为企业主导型、政府主导型、股东主导型、学校主导型；根据组成成分，分为校际联合型与校企联合型。黄尧[4]（2009）按照职业教育集团化办学的主体构成和运行特征不同，将我国职教集团划分为行业型职教集团、区域型职教集团和复合型职教集团三种。罗汝珍[19]（2013）认为，职教集团可以分别从主导者、内部协作、地域三个不同的角度划分，这三个角度分别突出政府和学校在组织中的作用与地位、组织的运作模式、地域特点。这些关于职教集团模式的划分，反映了学者们对于国内职教集团研究侧重的不同，有助于我们多视角、多层面、多维度观察职教集团的发展现状、提炼要点。

（二）国内职教集团的典型模式

有学者总结出关于职教集团的典型模式，最具代表性的有以下两位学者的观点。王雪莲[20]（2008）按照地域职教集团发展特色，将我国主要的区域性职教集团分为三大块：京、津、沪地区，苏、浙、鲁、粤地区，豫、鄂中部地区，同时指出，北京是职教集团的发源地，津、沪、苏、浙、鲁、粤沿海地区则是职教集团的成长地，并逐渐向豫、鄂中部地区辐射，并总结出"津，豫，苏，鲁"四种典型模式；黄才华[21]（2008）从内部协作形式，总结出"以城带乡"的河南模式、"1+1+1"的海南模式、"县域统筹"的开封模式、"社区统筹"的天津模式、"校企合作"的天津模式、"三二分段"的江苏模式等六种典型模式。这些典型模式的总结，反映了我国职教集团经过多年发展最具代表性的一批实践成果，具有一定的借鉴意义。之后，国家相关主管部门和行业学会在"到2020年初步建成300个富有活力和引领作用的骨干职教集团"的目标引领下，也开始加强对典型案例的总结，自2014年11月开始，中国职业技术教育学会分两次在全国范围内征集集团化办学案例，先后征集到440余个案例，并遴选出151个优秀职教集团个案，分别出版了2015年和2016年《全国职业教育集团化办学典型案例汇编》两个优秀案例集，对全国的典型职教集团模式进行了集中汇总，为促进集团化办学实行科学决策、理性实践提供了重要的研究基础和实践参考。

（三）国内行业型职教集团模式研究

近年来，国内学者们更加注重对某一具体类型的职教集团进行研究，并且更加注重结合具体的案例进行论述，由于职教集团的分类形式多样，关于行业型职教集团这一具体模式的深入研究并不多见，且分散于各具体案例的实践总结中。如鲍贤俊等人[22]（2007）以上海交通高职集团为例，分析了其组织形式、管理体制、管理原则、主要特点和办学初步成效等。顾坤华[9]（2009）通过对江苏省12个省级行业型职教集团进行研究，总结出"服务与发展、示范与辐射、品牌与亮点、互动与共赢、内联与外引、创新与提高"的六大江苏特色，并明确"体制创新、资源整合、校企合作、共同发展"的江苏省行业型职教集团发展方向。滕勇等人[23]（2010）通过对陕西13个行业性质明显的职业教育集团进行调查分析，指出职教集团仍然在校企互动、政策支持、资源整合、实际运作等方面的困难,急需在政策层面、运行机制、企业积极性、社会认可度、产学研结合等方面采取措施,不断推进职教集团建设。李全等人[24](2014)从发展目标、发展核心、发展途径三个方面对行业型职教集团发展模式进行解析,并结合湖北交通职教集团的调研结论,提出了行业型职教集团的发展策略。凌志杰等人[25](2014)对我国31个省、直辖市(不含港澳台)的职教集团进行抽样调查后指出,随着办学模式的推广成熟,行业型职教集团数量猛增,且基本覆盖了国民经济产业分类,区域型数量次之;并基于利益一致性分析,以特定行业为主导方向的集团,有利于相关成员建立合作关系、深化合作基础,更符合当前职业教育的现实基础。梁菊红[26](2015)阐述了服装行业职教集团发展过程中存在的问题,在分析各成员单位利益需求与资源优势的基础上,提出应建立服务为导向的职教集团运行机制。石莹等人[6](2016)指出,浙江省行业型职教集团占职教集团总数的80%以上,其健康的发展需要政策和制度的保障、确立职教集团法律地位、完善组织机构和构建利益相关者共同治理的组织模式等措施来保障。刘涛等人[27](2016)以陕西交通物流职教集团为例,提出了行业型职教集团内涵提升的思路,并对职教集团的具体做法进行了总结探索。任小艳等人[28](2017)通过对广东、湖南、湖北等三省交通类职教集团的调研分析指出,组织结构松散、中高职衔接互通机制不畅、资源共建共享不足、企业协同育人参与度不够、可持续发展环境不优等问题极大地阻碍了职教集团的发展,并提出通过合理设置组织机构、建立健全规章制度、推进校企与校校合作、扩大社会服务、建设集团网站、开展科研合作等方式,推动交通类职教集团的建设。

综上所述,关于国内行业型职教集团的模式研究,可以得到如下结论:

(1)有关某具体区域、某具体行业以及个案的行业型职教集团研究非常丰富,包括江苏、陕西、安徽、浙江等多个省份,涉及农林、物流、交通、动漫、机电、卫生等诸多领域,但研究总体多局限于集团化办学经验的总结、办学成效的展示、运作过程中存在的问题，及政策性建议等，未形成具有前瞻性、规律性和可借鉴性的理论成果，缺乏对行业型职教集团建设发展具有指导意义的相对完善的理论体系。

（2）行业型职教集团呈迅猛发展态势，高居全国各类职教集团之首，集团成员的同质性水平直接影响着集团总体的凝聚力和内生动力，行业型职教集团由于成员单位专业相关度高，同质性水平高，更加有利于组织目标的制定和执行，易于与行业发展需求相契合，因而成为职教集团的首选。

第二节　行业型职教集团管理体制与运行机制研究

行业型职教集团是职教集团的主要类型之一，其管理体制与运行机制的研究是基于职教集团总体的研究基础之上，为深入研究行业型职教集团的特殊性，有必要对职教集团的管理体制与运行机制的共性特征进行文献研究。

一、行业型职教集团管理体制研究

关于职教集团的管理体制，比较有代表性的有以下几位学者的观点。谢瑗[29]（1997）认为职教集团的组织结构有两种：一是宏观结构，指集团各成员之间的组织结构，由决策机构、执行机构和监督机构三个部分构成；二是微观结构，指各成员自己内部的结构。冯象钦等人[30]（2003）则提出实行董事会领导下的管理委员会制，董事会为决策机构，管理委员会为执行机构。马成荣[31]（2005）提出，除了建立职教集团董事会、理事会，形成整个集团的领导和决策机构外，还要建立保证集团质量标准统一实施的执行机构。董兆伟等人[32]（2006）认为职教集团是具有横向多元化、纵向多层次的组织机构。徐丽华[33]（2009）

提出了职教集团的外部管理体制和内部管理体制，其中外部管理体制包括政府宏观调控、市场有限调节和社会广泛参与，内部管理体制包括架构制度体系、完善治理结构和规范权力与义务。高卫东[34]（2011）提出了"管委会+理事会"的职教集团管理体制。章建新[35]（2012）提出应构建打破传统科层制的矩阵化、团队化、网络化集团组织结构。高卫东[36]（2012）指出，应重点设立相对独立的集团秘书处、健全各类专业性委员会、建立经营性实体等。高丽娟等人[37]（2016）指出，职教集团正在经历参与主体多元化、发展模式多样化、治理模式网络化的市场化变革，集团治理的完善需要通过以资产为纽带的激励来强化。

关于行业型职教集团的管理体制，刘宝[38]（2010）研究了安徽省全部13个行业型职教集团后指出，这些集团均为院校主导的职教集团，在运行中普遍存在发展模式单一、组织结构不合理、集约程度有限、校企合作层次浅等问题，提出可探索建立产权关系和股份制改造，把职教集团真正办成具有独立法人资格的实体。朱双华等人[39]（2011）以株洲汽车职教集团为例，将职教集团作为"学校面"与"企业面"的合作平台，提出了"政府行业作为+学校企业抱团"的"面对面"职教合作模式构架。章建新[40]（2012）将公司模式与行业型职教集团组建模式进行对比分析后指出，构建行业主导型职教集团要确立职教集团法律地位，构建利益相关者共同治理的组织模式及高效合理的组织架构。白福民[41]（2014）以陕西国防工业职业教育集团为例，详细阐述了集团的组织架构和理事会制度，集团设秘书处、办学指导委员会、校企合作办公室、培训中心和质量监控中心等部门，并设立校企合作工作站作为校企合作办学的常设机构。李茹祯等人[11]（2015）经过调研后指出，辽宁省行业型职业教育集团研究均为松散型联盟，不具有独立法人身份，均实行理事会制度，设理事会与常务理事会作为集团的最高权力机构，下设秘书处或专业委员会，负责集团日常运行与管理，个别设立了顾问机构。于长东等人[42]（2016）以辽宁现代农业职教集团为例分析其组织架构，设有行业指导委员会、董事会、常务董事会、集团办公室是董事会和常务董事会的日常办事机构,董事会下设校企合作、教学研究与指导等10个工作委员会。石莹等人[6](2016)将行业型职教集团利益相关者共同治理下分为五个层面,分别为理事大会、常务理事会、秘书处、秘书处下设"教务委员会"和"教学管理委员会",其下再根据工作分工分设7个管理中心和2个执行委员会。

综合上述文献内容,可以得出以下结论:

(1)职教集团的主体力量还是以综合水平较高的高职院校为牵头核心成员,联合若干中高职学校和企业单位组建而成。绝大多数研究围绕院校牵头的职教集团开展,研究同质化现象比较明显,说明教育研究者对实践中的集团组织管理问题存在困惑,并缺乏足够的组织变革经验。

(2)行业型职教集团占了职教集团的绝大多数,因而在管理体制的研究上并没显示出更多的特殊性,多数研究表明,职教集团一般均设有三类主要组织机构:决策机构(理事大会)、业务领导机构(常务理事会)和日常工作机构(秘书处)。

(3)管理体制的问题已经成为集团进一步发展的瓶颈,管理体制的同质化导致多数职教集团面临着组织结构松散、资源集约化程度有限、校企合作动力不足等类似的问题。随着职教集团被赋予职责的不断完善,以资产为纽带的产权关系变革或独立法人实体身份的确认可能成为职教集团管理体制的变革趋势。

二、行业型职教集团运行机制研究

关于职教集团的机制建设,刘虎等人[43](2010)指出,生态系统内部的共生机制对职教集团的持续发展有着较强的借鉴意义,职教集团内部共生机制主要包括需求的满足—动力机制、合作的开展—协调机制、对象的选择—辅助机制、信任的建立—保障机制,以及效益的产生—监控机制,共同保证集团办学目标的实现。赵向军等人[44](2010)

指出，职教集团运行机制包括：内在动力机制、外部驱动机制、运行调控机制和保障机制。黄耀五等人[45]（2012）对职教集团有效运行的动力系统进行研究，将其分为自组织和外组织动力系统，并建立动力系统模型。崔平[46]（2012）提出职教集团在发展过程中应强化政府监控机制，完善职教集团制度设计机制，建立职教集团运行的风险评价机制。马万锋等人[47]（2012）指出，职教集团内部管理机制在宏观层面上包括运行机制、动力机制、约束机制，并依据功能分解三大机制，形成了微观层面相应的具体机制。陈建录[48]（2015）认为，应建立集团协调机制、监控机制、激励机制，并引入市场机制，促进集团化办学运行不畅等问题的解决。

关于行业型职教集团的机制建设，罗红[49]（2013）指出，行业型职教集团存在主要问题是政府缺乏行动、企业缺乏动力、院校缺乏实力，可以通过实施税收优惠、院校强化服务、健全组织机构，促进行业型职教集团的发展。白福民[41]（2014）依托陕西国防工业职业教育集团，通过制定9项集团化办学管理制度和18项校企合作规章制度，建立互惠共赢机制、多元合作机制、协调机制、监控机制，保障职教集团的长效运行。王珍珍[50]（2015）指出，行业型职教集团应按照利益相关者共同治理的思路，打破"内部人"控制的局面，建立常态化的定期议事机制、利益分配机制、奖惩机制以及加入退出机制，并完善理事会制度和集团监督机制。周忠新等人[51]（2015）通过分析全国供销合作职教集团的建设现状和问题，对集团化办学系统运行的管理机制、动力机制和评价机制三个方面提出了思考和建议。乔晓艳等人[52]（2016）结合行业型职教集团的现状及困境，提出应构建深度融合运行机制，包括沟通协调机制、激励约束机制、管理主导机制、办学质量监控机制和集团内部运行机制。于长东等人[42]（2016）指出，行业型职教集团应建立内部目标考核机制、常态化沟通协调机制、工作联动机制。

汇总上述文献，分析得到如下结论：

（1）行业型职教集团在机制的研究上，并未表现出过多的特殊性，且研究时间多集中于 2010 年之后，说明机制建设已成为职教集团内涵建设中亟待解决的重要问题，职教集团的建设与改革已触及核心内容。

（2）关于机制的研究总体相对较少，多数仅限于宏观层面和必要性的介绍，案例研究相对丰富，内涵研究和具体实施方面的研究相对不足，可借鉴性不强，未形成强有力的理论指导。

（3）关于机制的构成，学者们的观点丰富，包括动力机制、沟通协调机制、决策机制、保障机制、评价机制等，但缺乏系统性的架构，研究显得分散而单薄。

第三节 文献研究小结

综上所述，关于行业型职教集团文献研究的主要结论如下：

（1）从国内外发展历程来看，职教集团的发展与国家社会经济体制和教育体系相适应，职业教育集团化办学没有放之四海而皆准的模式，任何模式都应当与特定的文化背景、教育环境、地域条件等相匹配。

（2）从研究内容看，经验总结多，理论提炼少；案例分析多，系统研究少，目前的研究同质化现象明显，缺乏系统性的理论研究成果，理论研究总体滞后于实践，教育研究者对职教集团实践中的问题仍存在困惑，尚未上升概括形成系统的理论指导。

（3）从合作基础看，行业型职教集团的合作基础是专业相似度高，同质性水平高，成员单位可集中优势，共同服务于某一特定行业领域，因此，集团成员的同质性水平直接影响着集团的凝聚力和内生动力。

（4）从研究相关性来看，行业型职教集团占了职教集团的绝大多数，在研究上并没显示出更多的特殊性，多数关于职教集团的研究均为行业型职教集团研究，关于职教集团的研究成果在行业型职教集团的应用中，具有一定的适用性。

（5）从变革趋势看，体制机制障碍仍然是阻碍行业型职教集团发展的瓶颈问题，"集而不团"的现象始终存在，职教集团的建设与改革已触及核心，以资产为纽带的产权关系变革，以及独立法人实体身份的确认可能成为职教集团体制机制的变革趋势。

第三章 行业型职教集团的发展历程与现状

第一节 国内外行业型职教集团发展历程

职业教育集团化办学是职业教育适应经济社会发展、深化教育体制改革和创新办学模式的一种产物；是近年来职业教育深化校企合作、产教融合，促进优质资源开放共享的重要探索；是创新职业教育发展模式，引入社会优质资源、合力推动职业教育科学发展的战略举措。谈到发展历程，行业型职教集团的发展历程脱离不了职教集团的整体发展历程，因此，有必要深入了解职教集团的整体发展历程。

一、国外职教集团发展历程

在国外，具备"职业教育集团化办学"特征的方式最早可追溯到20世纪初美国开展的合作教育运动，即1906年美国辛辛那提大学首次推出的将课堂教学与工作实践相结合的教学方式，合作教育运动开创了把教育推向社会，将行业、企业引入教育的先河。20世纪60年代以后，发达国家和地区的经济进入快速发展的阶段，产业结构转型升级，各行业、企业对从业人员提出了更高水平的技术技能要求，由此引发了职业教育领域的改革，多元主体参与职业教育成为必然，美国、英国、德国、澳大利亚等发达国家和亚洲的日本、印度、新加坡、巴基斯坦等纷纷开展了合作教育实践，并逐渐发展成各具特色的集团化办学模式，例如：印度的 DPS 私立学校连锁、巴西的大型私立学校连锁机构 Objetivo/UNIP、美国的阿波罗教育集团、巴基斯坦的私立教育网络 Beaconhouse 学校等。当然，需要指出的是，其他国家和地区并没有和"职业教育集团化办学"相对应的专门称谓，其原因在于职业教育并不是国外教育集团唯一的教育产品，但结合我国"职业教育集团化办学"的实质就是职业教育合作理念的体现来看，国外存在这样的办学模式，且多数以教育集团和企业集团的方式承担着人才培养的职能，有些职业教育合作组织和私立教育集团也具有相应的职业教育集团化办学特性。

国外职业教育集团化办学实践的快速发展主要分为两个阶段。

（一）20 世纪 60 年代至 90 年代

这期间美国、印度、巴西等国的私立教育集团或接管公立学校的教育集团开始涌现。这期间的主要特征包括：

（1）数量少，多数为私立教育集团；

（2）主要是网络化、连锁化的大型教育机构；

（3）多局限于国家或教育系统内部[53]。

如印度 1949 年创建的 DPS 私立学校连锁网络、1981 年成立的印度最大复合型私营机构国家信息技术学院 NIIT、巴西 20 世纪 60 年代成立的 Objectivo/UNIP 大型私立连锁教育机构、美国 1973 年创建的阿波罗教育集团、巴基斯坦 1975 年成立的 BEACONHOUSE 私立教育网络等都是这一阶段比较有代表性的集团化办学机构。

（二）20 世纪 90 年代之后

这期间是国外集团化办学成长的高峰，基于对高度分散的教育产业的反思与探索，各国将产业规律融入职业教育，早期建立的大型教育组织机构发展迅速，在规模、形式上均有较大的发展和变化，形成了较明显的集团化特征，发展出了跨越国界的职教集团，新的教育集团也快速产生。该阶段的主要特征是：

（1）教育资源得到整合，集团化办学规模逐渐扩大，跨国教育集团开始出现，拓展海外教育市场，如国际著名的加拿大拉萨尔学院集团、新加坡英华美咨询控股有限公司、美国的 Edison School 等，都是著名的国际性教育集团；

（2）教育的产业属性被肯定，开始通过资本市场进行教育融资，如美国的 Edison School、新加坡的英华美咨询控股有限公司等，都是上市公司[54]；

（3）公有制学校逐渐开始被纳入集团化办学，如 21 世纪初美国国有制学校变成私营管理，备受美国经济界与教育界的关注；

（4）校企合作、产学合作形式得到了快速发展；

（5）出于扩大盈利、主营业务拓展和技术服务的目的，国外教育集团已不在局限于教育行业，而是围绕教育培训，开展多业务经营，这已经成为教育集团扩张的新战略，如巴西的 COC 教育公司，业务拓展到电视媒体和广播媒体的领域，拥有了一个覆盖 500 万人口的教育电视台和商业电视台，还拥有了属于自己的出版社，日本的滋庆教育集团已发展成为拥有 30 多个学院、30000 多名在校生的集团，机构遍及日本和美国、加拿大、澳大利亚等国家，此外，该集团还培养某些领域的高级人才，其科研达到世界先进水平，并承担着国际交流合作的任务。

这期间，美国开展了声势浩大的从学校到工作（School-To-Work，STW）教育运动，以及技术准备计划（Tech-Prep）、青年学徒制（Youth Apprenticeship）、高级技术教育（Advanced Technological Education，简称 ATE）等教育改革项目，促进了大量雇主参与到合作教育中来，同时促进了各种集团化办学模式的快速发展。德国也于 1990 年按照"双元制"成立了跨企业职业培训中心，这是目前德国中职层次集团化办学模式的主要代表，属于私营非盈利职业培训机构。在同一时期还涌现了荷兰鹿特丹航运中心集团等一批国际著名的职业教育集团化办学机构。

从国外职业教育集团化的实践来看，国外教育集团一般由多个实体组成，由核心的教育机构或董事会进行管理，董事会成员来自教育、行业协会和企业代表，以连锁、加盟或母子公司等形式扩大规模，通过资本或合同纽带联结，并以教育集团章程的形式确定成员间的职责关系[55]。所涉及的教育领域基本涵盖了职前培训、中等和高等职业教育、本科教育，甚至硕士研究生教育在内的多个教育阶段，以 2000 年美国的十家上市教育集团为例，除了 Edison School 以中小学教育为主，其他九家涉及多个教育领域，而排名前两位的 Apollo Group 和 Argoey Education 更包含了博士教育领域[56]。更加突出的是，国外教育集团依托教育领域，展开多行业经营，主要包括：教育与培训、以特许经营的方式授权使用培训课程、培训包等，以及就业服务、图书出版、多媒体开发等，从而在更大范围内发挥出教育集团的优势和影响力。

出现这些变化的主要原因分别为：

一是社会生产力快速发展，促使企业间的合作以及企业形态不断变革，企业集团的组织形式迅速引入职业教育领域，产业发展的规律和企业运作的方式开始融入职业教育；

二是迅速发展的职业教育产业化和市场化，被许多经济发达国家视为非常具有发展潜力的市场，各类教育组织机构或公司借鉴企业集团的运作模式和组织形态，出现了教育集团化办学的形式；

三是产权制度的完善和发展，以及教育集团产权归属的明晰，促进了教育集团的发展和扩张；

四是日益健全的法规和认证制度，特别是各国管理部门对教育集团的准入许可、教师资格、卫生安全、财务报告等方面的规范，保障了国外教育集团在兼顾营利性的同时，确立了其教育本质，也为教育集团的教育质量提供了保障。

虽然国外在教育集团化办学实践上起步早，发展快，在理论研究上却几乎没有与中国的职业教育集团化发展相对应的专题研究。国外对教育集团的研究一般为案例剖析或实践总结，有深度、专业性的理论研究不多，因此，鲜有理论方面权威、前沿性的研究成果。同时，国外的教育集团与国内的职业教育集团化办学模式在经济属性上有着本质区别，国外已有的教育集团化办学多数是私立、营利性组织，包括跨类型、跨层次、跨行业的校际、校企联盟与产学联盟等，以提高教育质量和顾客满意度为目的，趋利性明显，这与发达国家的市场经济体制是相适应的；而我国职业教育集团化发展以推动公办职业院校资源整合和重组、提高职业教育资源配置效率为目的，以校际合作、校企合作为主，是非营利性多组织集合体，这是与中国经济转型期的社会主义市场经济体制相适应的。但对国外的教育集团化现象的考察也可以在一定程度上为我们提供比较和启示[57]。

这些启示主要表现在：

一是职业教育集团化办学的发展是与国家社会经济体制和教育体系的现状相适应的，国外教育集团在20世纪90年代后的快速发展也充分证明了这点。

二是职业教育集团化办学没有统一、可套用、放之四海而皆准的模式，任何模式都应当与特定的文化背景、教育环境、地域条件等相匹配，从而促进职业教育资源的效益提升。

三是美国的Edison School等快速扩张的历程表明，职业教育集团的发展应当主要依托内生动力，产权制度的完善、企业集团组织运作模式的融入有助于职教集团的发展与扩张。

二、国内职教集团发展历程

与国外相比，我国职业教育集团化办学起步要晚些，从兴起到发展，只经历了短短30年，大规模产生于20世纪90年代初，出现了两条平行发展的集团化办学轨迹：一条是以广东信孚教育集团（1989）、浙江万里教育集团（1993）等为代表的校校集合型教育集团，以民办为主；另一条是以北京西城区旅游职业教育集团（1993）及河南、天津、江苏等地为代表的校企集合型职教集团，以公办为主[58]。

我国职业教育集团化办学从总体发展上看，基本经历了四个阶段。

（一）20世纪90年代以前——初步探索阶段

这一阶段并未形成具有代表性的职教集团，但为后续职教集团的快速发展积累了必要的认识基础和实践基础。主要特征是"三教统筹、上挂横联下辐射、燎原计划以及县级职教中心"等农村职业教育改革措施。其中，"三教统筹"是指统筹管理基础教育、职业教育和成人教育；"上挂横联下辐射"包括：上挂是指与高等学校、科研单位挂钩，争取智力支持；横联是指县内各部门协调配合；下辐射是指将信息和技术等向乡村农民文化技术学校与职业学校辐射；"燎原计划"是充分发挥农村各级各类学校技术优势，积极开展与当地建设密切结合的实用技术和管理知识的教育[59]。这些在当时颇具时代性的措施围绕农村职业教育，依托县级职教中心和农村职业学校，覆盖职前、职后培训，为培养新型农村建设者，开展农业技术推广作出了巨大贡献，充分体现了合作发展与统筹发展的教育理念，为职业教育集团化探索积累了有益的经验。

（二）20世纪90年代初—2002年——理论与实践累积阶段

这一阶段的主要特征包括：（1）教育体制改革力度加大，提出了"联合办学、产教结合、工学结合、校企合作"等理念；（2）多数为自发组建的市级或区域职业教育集团；（3）以中等职业教育为主要领域；（4）发展速度相对缓慢，集团化办学尚处于个别地区自发探索的萌芽期。1991年10月，国务院《关于大力发展职业技术教育的决定》是这一阶段的起点，其中提出"我国职业技术教育必须采取大家来办的方针，要在各级政府统筹下，发展行业、企事业单位办学和各方面联合办学"，应"积极发展校办产业，办好生产实习基地。提倡产教结合，工学结合"。1996年，《职业教育法》明确规定职业学校与培训机构应当"为本地区经济建设服务，与企业密切联系，培养实用人才和熟练劳动者"。这一时期提出的这些理念虽然与今天的内涵有区别，但是为职业教育集团化发展奠定了政策导向和实践基础。这一时期，北京、苏州、上海、天津等经济发达城市率先成立了一批有代表性的公立或私营职业教育集团。如北京蒙妮妲美容美发职业教育集团（1992）、西城区旅游职业教育集团（1992）、苏州旅游教育集团（1995）、上海卢湾区职教产业集团（2000）、上海松江职业教育集团（2001）等。这是我国职业技术教育伴随着经济体制改革和教育管理体制改革主动、自发开辟的合作途径。

（三）2002—2009年——创新拓展阶段

自2002年开始，国务院先后召开三次全国职业教育会议，中央和地方政府介入职业教育集团化办学的宏观指导，相继出台了积极促进职业教育适应社会主义市场经济体制的相关政策，推动职业教育集团的发展。这一阶段的主要特征包括：（1）高等职业教育开始承担职教集团的组建、发展及研究等重头工作；（2）职教集团由自发组建到政府参与组织组建，多种模式齐头并进；（3）政府重视力度加大，职业教育集团化办学逐渐进入战略化、规模化、规范化的良性发展轨道。这一阶段，行政推动及高职教育的快速发展促使职业教育集团化办学呈现出数量与规模快速增长，类型与层次多样发展的特征。浙江、江西、河南等省教育行政部门在2002—2003年间率先出台了有关职教集团的专门性政策文件，此后，各地政府、教育部门、行业组织等纷纷发文，并先后在各地批准或推动组建了区域型、行业性以及两者相结合的职教集团。特别是2005年国务院《关于大力发展职业教育的决定》和2006年教育部《关于全面提高高等职业教育教学质量的若干意见》出台后，职教集团如雨后春笋般迅速发展,并总结出著名的"天津模式"、"河南模式"、"海南模式"、"陕西模式"等一批成功的典型。这些探索有力地推进了职业教育的改革和发展,职业教育集团化办学的模式得到拓展,职业教育服务社会经济的能力大为彰显,理论研究也开始努力紧跟实践探索的需要。

(四) 2009年至今——快速发展深化改革阶段

2009年,教育部《关于加快推进职业教育集团化办学的若干意见》特别指出,"集团化办学是职业教育管理体制、运行机制和人才培养模式的重大创新"。2010年后,各级政府制定了有针对性的鼓励措施,职业教育集团化办学获得了良好的政策环境,职业教育集团化办学走上了规范有序发展的道路。同时,每年开展的全国职业教育集团化办学交流研讨会,在一定程度上推动了职业教育集团的理论研究,关于职教集团方面比较重要的研究专著和论文也基本出现在这一阶段。在国家、地方政府及教育主管部门的政策引导和具体指导下,职教集团的发展速度保持在较高水平,集团化办学进入快速发展期。

从国内发展历程来看,职业教育集团化办学是我国职业教育在不同的历史发展阶段,为适应社会主义市场经济体制改革、为解决职业教育自身发展困惑,在实践中不断摸索发展而来的一种符合职业教育和经济发展规律的合作式职业教育改革路径。

三、国内职教集团政策演变

2000年之后,国家对于职业教育集团化办学的指导思想越来越明晰,各类指导性政策密集出台。2002年8月,国务院《关于大力推进职业教育改革与发展的决定》中要求,"深化职业教育办学体制改革,形成政府主导、依靠企业、充分发挥行业作用、社会力量积极参与的多元办学格局"。此后,各省、市、自治区教育主管部门纷纷加强对职业教育集团化办学的引导与支持，浙江、江西、北京、河南等陆续出台组建职业教育集团的政策文件。2005年《国务院关于大力发展职业教育的决定》指出，"推动公办职业学校资源整合和重组，走规模化、集团化、连锁化办学的道路"。2009年，《教育部关于加快推进职教集团化办学的若干意见》中提出，"集团化办学符合科学发展观的基本要求和职业教育发展规律，是发展中国特色职业教育的重要举措"，提倡我国的职业教育要进行集团化办学、集约式发展。2010年，《国家中长期教育改革和发展规划纲要（2010—2020年）》指出，"要支持一批示范性职业教育集团学校建设，促进优质资源开放共享"，并明确把示范性职业教育集团学校建设，作为"职业教育基础能力建设工程"的重要项目之一。2014年，《国务院关于加快发展现代职业教育的决定》指出，"鼓励多元主体组建职业教育集团。研究制定院校、行业、企业、科研机构、社会组织等共同组建职业教育集团的支持政策，发挥职业教育集团在促进教育链和产业链有机融合中的重要作用"。《现代职业教育体系建设规划（2014—2020年）》提出，"初步建成300个具有富有活力和引领作用的骨干职业教育集团"。2015年，教育部《关于深入推进职业教育集团化办学的意见》进一步提出，"到2020年，初步建成300个具有示范引领作用的骨干职业教育集团"。《高等职业教育创新发展行动计划（2015—2018年）》提出，"要开展多元投入主体依法共建职业教育集团的改革试点，通过人员互聘、平台共享，探索建立基于产权制度和利益共享机制的集团治理结构与运行机制……支持有特色的专科高等职业院校以输出品牌、资源和管理的方式成立连锁型职业教育集团"。

纵观职教集团的政策发展历程，得到以下几点认识：

（一）政策指导思想逐步清晰

国家政策由最初提出多元办学格局，到提倡集团化办学，到明确把示范性职业教育集团学校建设，作为"职业教育基础能力建设工程"

的重要项目之一,再到最近的探索建立基于产权制度和利益共享机制的集团治理结构与运行机制,以及支持成立连锁型职业教育集团等,体现了国家对于职业教育集团化办学的指导思想,越来越清晰。特别是通过最近10余年职教集团的高速发展,各类研究和实践成果的逐渐丰富,教育管理部门已经意识到,职教集团虽然被赋予了丰富的内涵功能,但并未充分发挥作用和实现预期效果,这期间虽然在某些地区涌现出了成功个案和典型模式,但地区经济的差异化,以及集团本身管理体制的特殊性等,使得这些成功的案例和模式,始终停留在某些特殊个体,不具有推广性或推广性不足,想要在其他的环境背景下,完全复制这些模式存在较大困难。因此,政策的演变,也向我们传递出,职业教育集团化办学始终是现代职业教育引进社会优质教育资源、推动多元主体办学的重要途径,其深化发展必然要适应不同的社会经济环境及文化背景,走集约化、内涵式发展道路,并将触及基于产权制度和利益共享机制的集团治理结构与运行机制等方面的核心改革,要想在职业教育集团化办学上有所作为,必须在核心的治理结构与运行机制改革等方面取得突破性进展,实现这点无论是理论研究还是实践探索都任重而道远。

(二)多元投入主体改革逐步深化

《国务院关于加快发展现代职业教育的决定》(以下简称《决定》)首次提出,企业要发挥"重要办学主体作用",并将以政府购买服务或税收优惠等方式给予支持,进一步明确办职业教育不仅是学校的事,也是企业的事;多元主体办学也不应狭义地理解为企业出资兴办学校,还应包括参与教育教学过程,如参与制订人才培养方案、接受学生实习、派遣技术人员讲课等。2015年,《高等职业教育创新发展行动计划(2015—2018)》(以下简称《创新发展行动计划》)再次强调了"要开展多元投入主体依法共建职业教育集团的改革试点",表明国家已经清晰地认识到,企业的积极参与在职业教育发展中的重要意义。过去若干年的职业教育改革探索也已经证明,产教融合、校企合作可以有效地解决人才培养的针对性问题以及职业教育的出口问题，同时也满足了企业的实际用人需求。在《决定》和《创新发展行动计划》中，同时提出了配套的相关措施，以保障多元投入主体改革和企业参与办学的积极性。例如，《决定》中强调了企业的社会责任，要求规模以上企业要有机构或人员实施职工教育培训、对接职业院校，设立学生实习和教师实践岗位，企业开展职业教育的情况要纳入企业社会责任报告；提出探索发展股份制、混合所有制职业院校，允许以资本、知识、技术、管理等要素参与办学并享有相应权利；探索公办和社会力量举办的职业院校相互委托管理和购买服务的机制等。这些政策的出台都不再流于形式和口号，而是要切实推动职教集团体制机制的突破，引导全社会关心、支持和参与职业教育，营造职业教育发展的新环境。政策得到了社会各界的充分响应，2016年有262家企业面向社会首次发布《企业参与高等职业教育人才培养年度报告》。

（三）骨干职教集团建设逐步推行

《现代职业教育体系建设规划（2014—2020）》（以下简称《规划》）和《关于深入推进职业教育集团化办学的意见》（以下简称《意见》）均提出要求，到2020年建成300个具有示范引领作用的骨干职业教育集团。同时，《意见》还提出，要扩大职业教育集团覆盖面，职业院校集团化办学参与率进一步提高，规模以上企业参与集团化办学达到一定比例，初步建设一批中央企业、行业龙头企业牵头组建的职业教育集团，基本形成教育链与产业链融合的局面。自2015年之后，全国各省、各行业指导委员会逐步推行骨干职教集团的申报、评选和建设，并采取了一系列的指导性措施，包括：

（1）通过建设骨干职教集团的评价指标，建立申报遴选办法，推动各地区、行业、院校加大职教集团的经费投入，加强对职教集团的建设力度。

（2）通过支持示范、骨干职业院校，围绕区域发展规划和产业结构特点，牵头组建面向区域主导产业、特色产业的区域型职业教育集团；支持行业部门、中央企业和行业龙头企业、职业院校，围绕行业人才需求，牵头组建行业型职业教育集团；支持地方之间、行业之间的合作，组建跨区域、跨行业的复合型职业教育集团等方式，积极吸收社会优质教育资源参与职业教育集团建设，推动多元主体办学，不断增强职业教育集团的整体实力。

（3）通过规范建立职业教育集团治理结构，完善决策、执行、协商、投入、考核、监督等运行机制，强化产教融合、校企合作，系统培养技术技能人才，推动建设以相关各方"利益链"为纽带，集生产、教学和研发等功能于一体的生产性实训基地和技术创新平台，促进校企、校企多方共赢发展，保障职业教育集团可持续发展。

针对目前全国已经成立的1200多个职教集团，300个骨干职教集团的建设和选拔将具有极大的吸引力，全国有34个省级行政区和59个职业教育行业教学指导委员会，相信一旦全面贯彻执行下去，将更好地推动职教集团的建设，极大地促进职教集团中产教融合、体制机制建设、多元主体办学等热点难点问题的解决。

第二节 国内行业型职教集团发展现状

为研究行业型职教集团的发展，笔者收集整理了截至2017年5月的全国职教集团的名录，作为研究分析的基础，见本书附件1。

一、职教集团覆盖全国

从20世纪80年代末以来，专家学者们一直从理论上探索集团化办学的有效路径，20世纪90年代以来，职教集团在实践中快速成长，数量和规模持续增加，结合《中国职业教育集团化办学发展报告

（2015）》[60]和笔者收集整理的数据资料，全国职教集团的数量情况如图 3.1 所示。

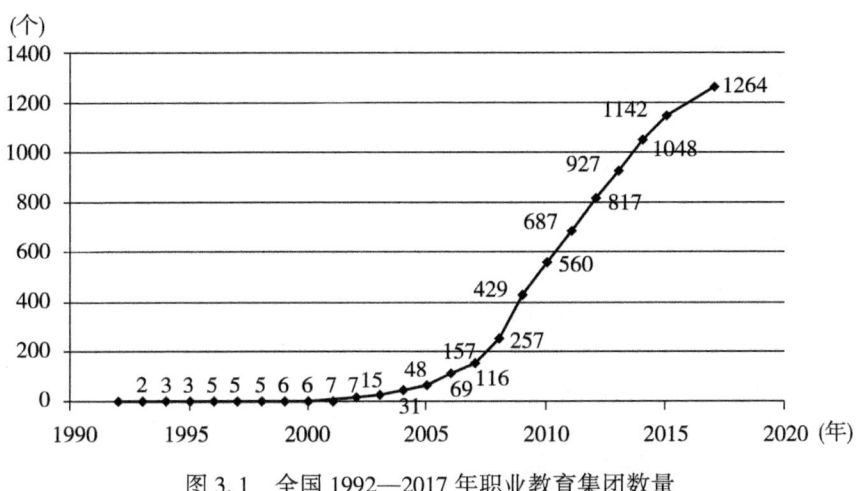

图 3.1　全国 1992—2017 年职业教育集团数量

资料来源：中国职业教育集团化办学发展报告（2015）、2017 年数据为笔者收集整理

从国内职教集团发展的时间轴上来看，在 2002 年之前，职教集团发展走势低迷，增幅缓慢，平均每年增加 1.2 个；2003 年之后，处于加速上升态势，平均每年增加职教集团 82.2 个，特别是 2008 年之后，增速更加明显，达到平均每年递增 100.7 个。同时，在 2008 年之后，职教集团不仅表现为数量的急剧增加，同时开始关注到集团质量内涵建设，更多的学者开始深入思考职教集团的体制机制建设及可持续发展的系列核心问题，这一阶段也是关于职教集团的各类研究论文的集中发表期，出现了许多优秀的、有代表性的研究成果，具体参见本书第 2 章。

根据笔者收集的资料，截至 2017 年 5 月，全国职教集团的数量已经达到 1264 个，基本覆盖了全国内地除西藏以外的所有省、自治区、直辖市、计划单列市和新疆生产建设兵团，以及全国主要行业。近几年，全国各地职教集团的增长情况如图 3.2 所示。

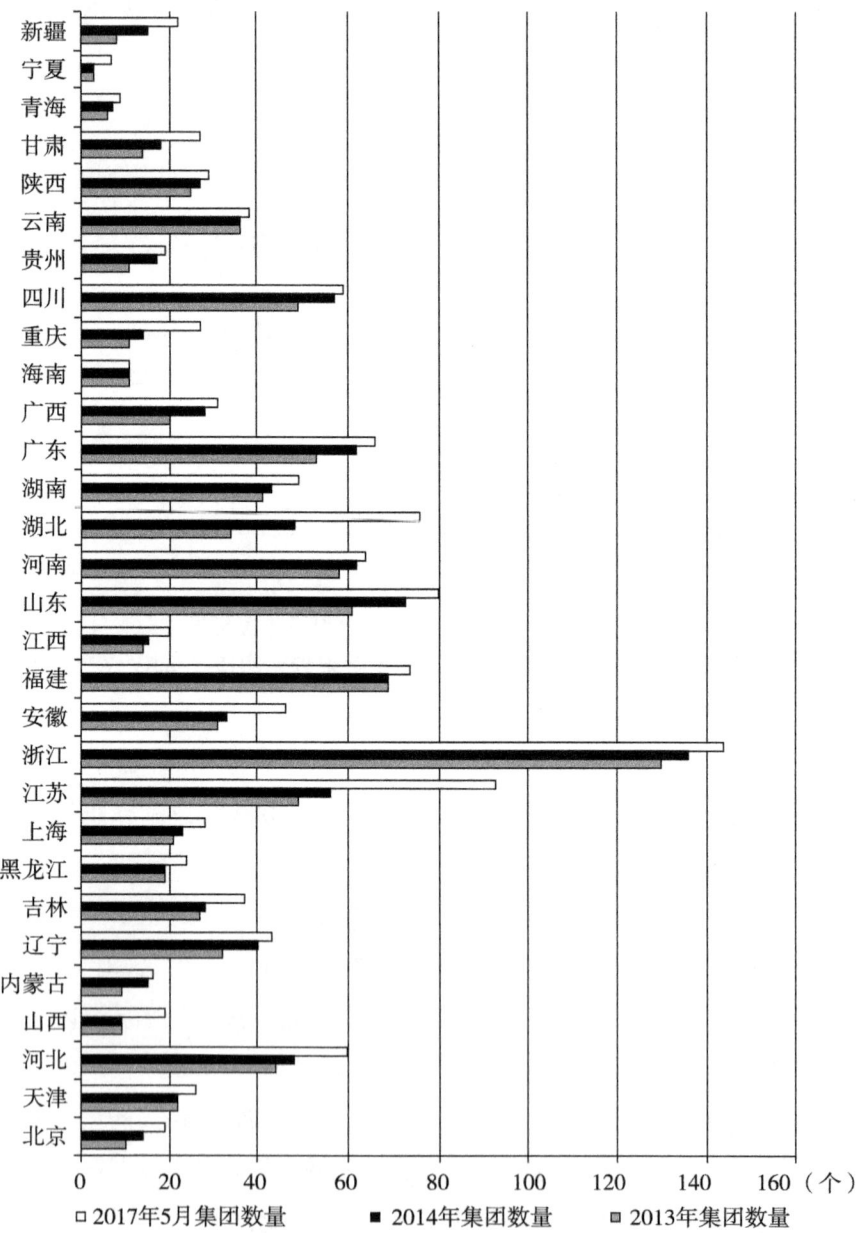

图 3.2 全国内地各省级行政区近几年职业教育集团数量情况

资料来源：笔者收集整理，截至 2017 年 5 月

二、职教集团发展存在区域差异

按照我国的行政区划代码,用华北、华东、中南、东北、西南、西北六大区域进行统计分析,分别为:

华北(北京、天津、河北、山西、内蒙古)

东北(黑龙江、吉林、辽宁)

华东(上海、山东、江苏、浙江、江西、安徽、福建、台湾)

中南(湖北、湖南、河南、广东、广西、海南、香港、澳门)

西南(四川、贵州、云南、西藏、重庆)

西北(陕西、甘肃、宁夏、新疆、青海)

得到各区域职教集团分布情况以及各区域职教集团各省平均数量,如图3.3和图3.4所示。

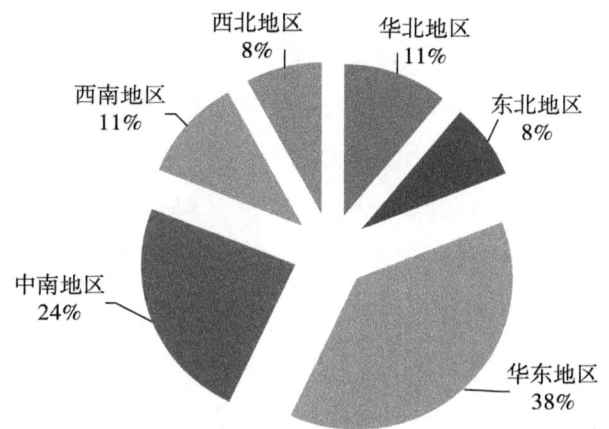

图 3.3 全国六大区域职业教育集团分布情况

结合图3.3、图3.4可以了解到,

(1)从职教集团发展的空间域来看,华东地区和中南地区无论从职教集团的总量,还是区域内各省的平均数量来看,均位列前茅。其中

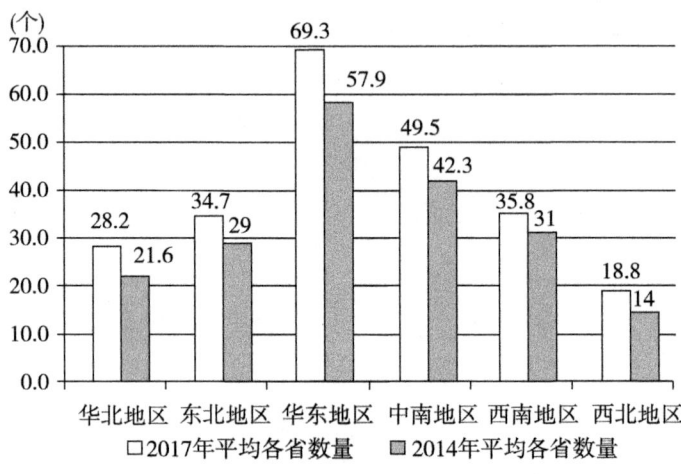

图 3.4 全国六大区域职教集团各省平均数量

以华东地区的江苏、浙江、福建、山东和中南地区的湖北、广东、河南的职教集团数量最多，特别是浙江省，职教集团总量远远超过各省，达到 144 个，华北地区的河北成长也较为迅速，上述省份职教集团的数量均超过 60 个，这与各省的经济发展水平总体相适应。华东地区依据其得天独厚的区位优势，大力发展外向型经济，经济实力较强；中部地区则在"中部地区崛起"的国家战略指引下，经济发展保持良好势头。

（2）西北 5 省职教集团在总量和各省的平均数量上均较低，特别是宁夏和青海，职教集团数量较少，这与地方经济和行业的发展水平相适应。西部地区经济相对落后，但人文资源和民族特色文化丰富，这是西部经济发展的优势所在，也是职教集团服务的行业优势[61]。

（3）东北地区的职教集团总量虽然不高，但东北三省的集团平均数量并不低，这与国家支持振兴东北老工业基地的宏观政策分不开。在良好的政策环境影响下，东北老工业基地结合自身传统优势，生产总值增速超过其他区域，发展速度居各区域之首。

（4）从职教集团的增幅来看，各地区中，华东地区的增幅最大，各省的平均增幅超过 10 个，其次是中南地区、华北地区和东北地区，平均超过 5 个；各省中，江苏省的增幅最大，超过 30 个，其次是湖北省，超过 20 个，这与江苏、湖北教育大省的身份是分不开的，重庆、安徽、河北、山西的增速也非常快，均超过 10 个；而西南地区和西北地区各省的平均增幅相对较低，除重庆、新疆、甘肃外，普遍增速缓慢，职教集团的发展略显滞后。西藏职教集团的发展尚未开展，但西藏自治区人民政府在 2016 年 7 月出台了《关于贯彻国务院关于加快发展现代职业教育决定的实施意见》，其中明确提出"引导、推进院校、行业、企业、科研机构、社会组织等各类办学主体开展集团化办学，建立职业教育集团"[62]。

综上所述，我国职教集团已经覆盖到全国，平均发展规模、数量等与区域经济发展水平、产业发展水平及政府的重视程度明显相关，区域经济发展水平、产业发展水平及政府的重视程度是影响职教集团发展的重要因素，经济发展水平高、产业发展水平高以及政府重视的区域，职教集团数量也会相应的增幅较快。

三、行业型职教集团成为主要类型

根据笔者整理，截至 2015 年 5 月底，在全国 1264 个职教集团中，行业型职教集团 962 个，占 76.11%，区域型职教集团 302 个，占 23.89%，行业型职教集团相比 2014 年底 76.53%[5]的比重和 2013 年底 76.48%[3]的比重，略有小幅下降，图 3.5 展示了近几年行业型和区域型职教集团的增长情况。

对全国各地的行业型职教进行梳理，得到各区域行业型职教集团的各省平均数量，如图 3.6 所示。

对各区域行业型职教的占比进行整理，得到各区域行业型职教集团占区域职教集团总量的比重情况，如图 3.7 所示。

通过图 3.5、图 3.6 和图 3.7 可以了解到：

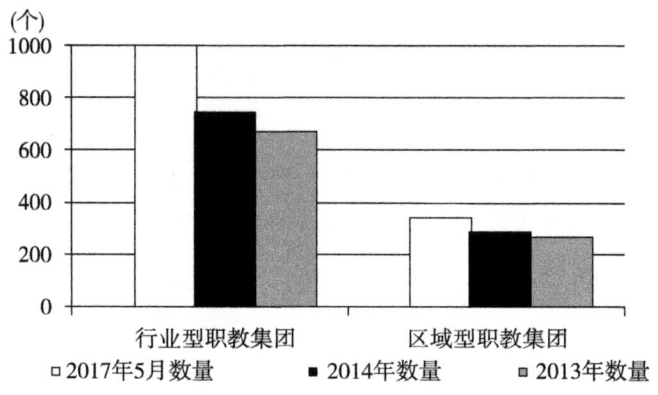

图 3.5　全国行业型和区域型职教集团增长情况

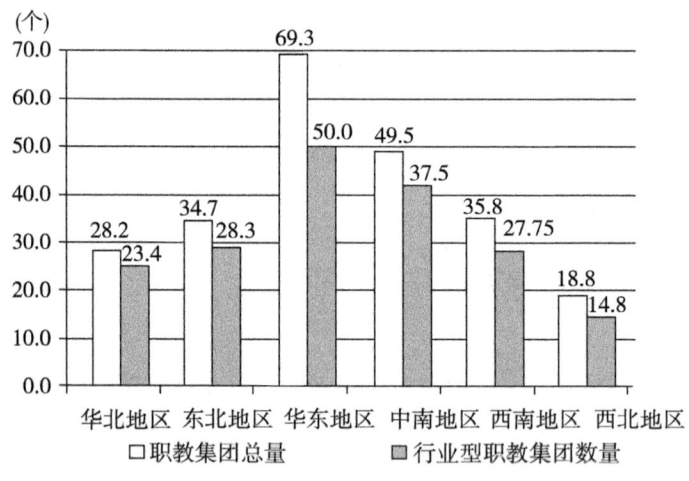

图 3.6　全国六大区域行业型职教集团各省平均数量

（1）总体来看，无论是从全国的职教集团总量来看，还是从各区域中各省的职教集团平均量来看，行业型职教集团均占据主体地位，行业型职教集团已经发展成为职教集团的主要类型。究其原因，主要是因为行业型职教集团中的成员单位，不论是院校还是企业，因为属于同一行业，以行业资源为纽带实现共享与合作，有共同的发展愿景，有互补

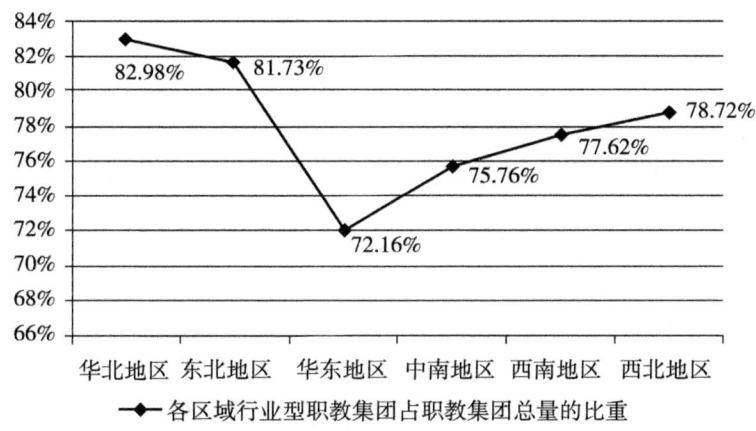

图 3.7　全国各区域行业型职教集团占区域职教集团总量的比重

的资源优势，因此，更容易找到共同的利益诉求，从而建立合作发展的形态。

（2）从区域型职教集团的纵向发展来看，其比重略有增加，说明各地市级及以下政府和职业院校、职教中心等开始注意到职教集团这种办学方式，对集团化办学的认同度与积极性在不断提高。在对政府牵头的 65 个职教集团的分析中发现，51 个为区域型职教集团，占 78.46%，说明政府牵头组建职教集团，多出于对地方职教资源整合的需求，主要目的在于突出区域职教优势，服务区域产业升级发展和地方经济建设的需要。

（3）从行业型职教集团的区域对比来看，华东地区和中南地区的行业型职教集团占比最低，究其原因，主要是这两个区域具备较强的区位优势，更加有助于地方政府集聚区域职教资源。2009 年，上海市教育委员会《关于本市推进组建区域职业教育集团工作的指导意见》中明确指出，"在继续推动组建行业职业教育集团的同时，加快组建区域职业教育集团工作，是本市职业教育集团化办学的进一步创新与发展的重点工作"[63]。湖北省教育厅也在《省教育厅关于推进职业教育集团化办学的意见》[64]中对行业型职教集团和区域型职教集团进行了明确的概念和组建原则界定。相关政策的出台也为该地区区域型职教集团的快速发展起到了较强的引导作用。

四、职业院校成为集团化办学主力军

2000年以来，职业院校逐渐担负起职教集团建设和发展的实践重任，特别是越来越多的高职院校作为牵头院校组建职教集团，结合各自的行业背景和资源优势，进行了多种形式的有益探索，有效地推动了职业教育集团化办学的改革与发展。根据"全国职业教育集团化办学专题统计"，截至2015年底，在当时全国已组建的1142个职业教育集团中，共有4.6万余个成员单位，涉及中职学校7200所、高职学校950所、本科院校180所、行业协会1680个、企业2.35万个、政府部门1630多个、科研机构920个、其他机构1450个[5]，成员单位具体类型分布情况如图3.8所示。这其中，涉及的职业院校有8000余所，在职教集团的总体构成中，仅次于企业的数量，成为主力军，说明院校、企业已经成为集团化办学的主要力量，反映了职业教育集团化办学的属性要求和功能定位。而在全国1万余所中高职院校中，职业院校的职教集团参与率已经达到85%，预计到"十三五"末，职业院校的职教集团参与率将达到90%[1]。

在笔者最新统计的数据中，截至2017年5月，院校为主牵头的职教集团占绝大多数，有1164个，占全国职教集团总量的92.09%；其次是政府牵头的职教集团，多数为区域型职教集团，有65个，占总量的5.14%；企业为主牵头的职教集团有25个，占总量的1.98%；行业协会社团牵头的有10个，占总量的0.79%，如图3.9所示。其中，中高职院校牵头的职教集团已成为当前职业教育集团化办学的主要类型。

在对最新统计的962个行业型职教集团进行分析中发现，有922个以职业院校为主牵头组建，占行业型职教集团总数的95.84%；以政府

第二节 国内行业型职教集团发展现状 | 49

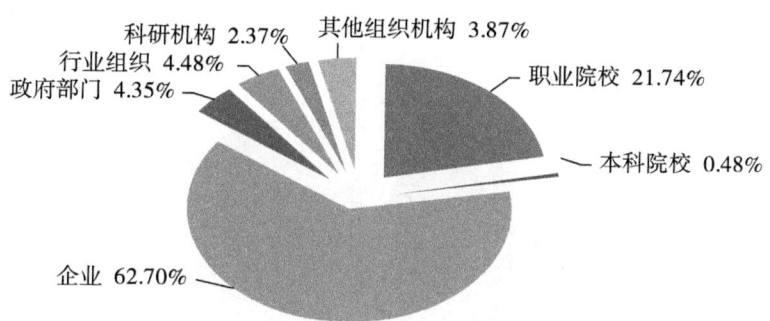

图 3.8 全国职业教育集团成员单位类型分布状况

资料来源：全国职业教育集团化办学专题统计，2016.

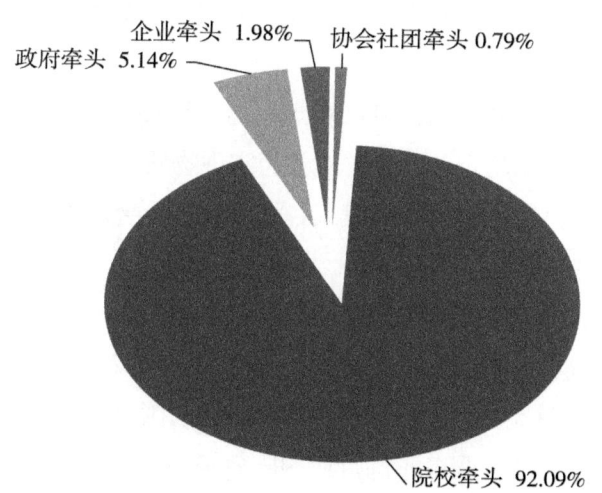

图 3.9 全国职业教育集团牵头单位类型分布状况

为主牵头组建的有 14 个，占总数的 1.46%；企业为主牵头的有 19 个，占总数的 1.98%；以协会牵头的有 7 个，占总数的 0.73%。如图 3.10 所示。

根据上述分析，可以了解到：

（1）职业院校已成为职教集团以及行业型职教集团建设的主力军，特别是在行业型职教集团中，职业院校牵头组建的职教集团所占比例更

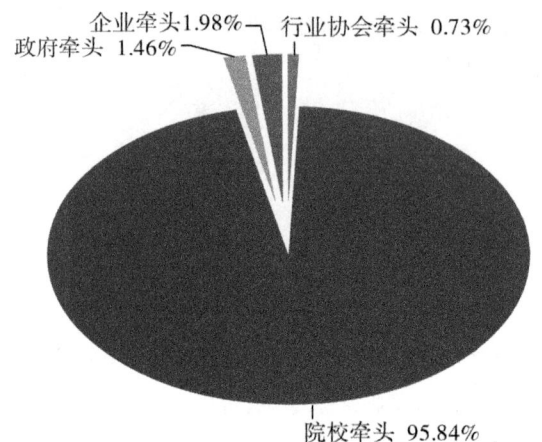

图 3.10 全国行业型职教集团牵头单位类型分布状况

高,说明职业院校从其内在发展特点来看,更加具有服务行业的动力,各中高职院校利用与企业合作的机会,实现物质、制度甚至精神文化层面上的交流,推动校企双方的发展,提升院校社会效益的同时,进一步促进了职教集团的整体发展。

(2)以职业院校为牵头单位组建的职教集团,一般由区域内办学水平较高、具有一定实力或影响力的中、高职院校牵头,根据学校发展特色、区域行业优势,以及与各级各类院校和行业企业的联系紧密程度,组建不同类型、服务不同行业的职教集团,为当地产业发展和区域经济转型升级作出了巨大贡献。

五、行业型职教集团积极服务三大产业

行业型职教集团从成立之初主要是对接产业,集聚产业优势资源,最终服务于各产业的发展。在对行业型职教集团的分析中了解到,我国各地区行业型职教集团的服务产业类型均涉及第一、二、三产业。其中,服务于第一产业的有 85 个,占行业型职教集团总量的 8.82%;服

务第二产业的有 397 个，占 41.45%；服务第三产业的有 480 个，占 49.73%。如图 3.11 所示。

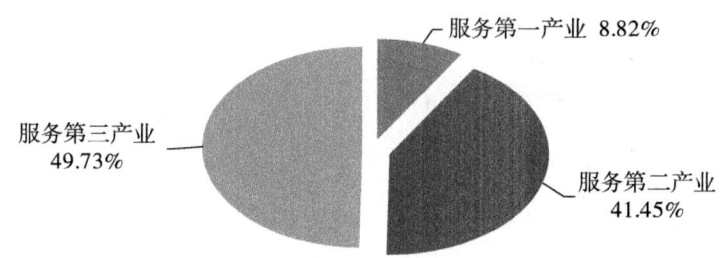

图 3.11　全国行业型职教集团服务产业情况

总体来看，服务于第三产业的行业型职教集团占比最高，服务于第一产业的行业型职教集团占比最低。行业型职教集团的产业分布与产业规模的发展情况高度一致。

根据图 3.12 和图 3.13 了解到：

（1）第一产业主要包含农林牧渔业，东北地区第一产业职教集团比重最大，华北地区第一产业职教集团比重最小，其他各省基本持平；从各省的情况来看，黑龙江和湖北的第一产业职教集团数量最多，其次是江苏、浙江、安徽和云南四省，这与地方产业的发展特色相适应。

（2）第二产业主要包含制造业、采矿业和建筑业等，华北地区的第二产业职教集团占比相对较高，其他地区第二产业职教集团占比大致相当，中南地区则最少。

（3）第三产业主要包括交通运输业、通信业、商业、餐饮业、金融保险业等，中南地区的第三产业职教集团占比最大，东北地区最低，其他地区的占比则大致相当。

总体来看，职教集团服务的产业类型比较均衡，各种产业类型均有涉及，以农业为主体的第一产业在职教集团服务产业类型中所占比重最低，大部分职教集团都以第二、三产业为主，尤其是第三产业在华北地区以外的各地区职教集团中所占比重最大，受到各地区教育主管部门的

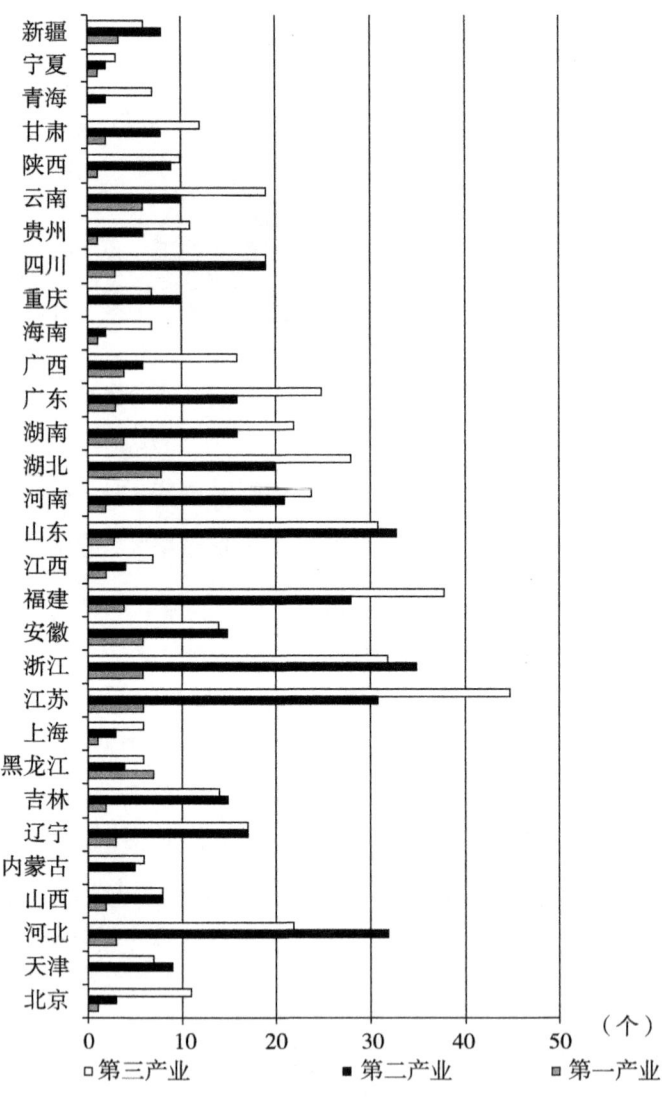

图 3.12 各省行业型职教集团服务产业情况

重视。各区域行业型职教集团服务产业的情况与地方经济发展的特色总体相适应,说明行业型职教集团与地方经济发展,以及行业发展水平联系紧密。

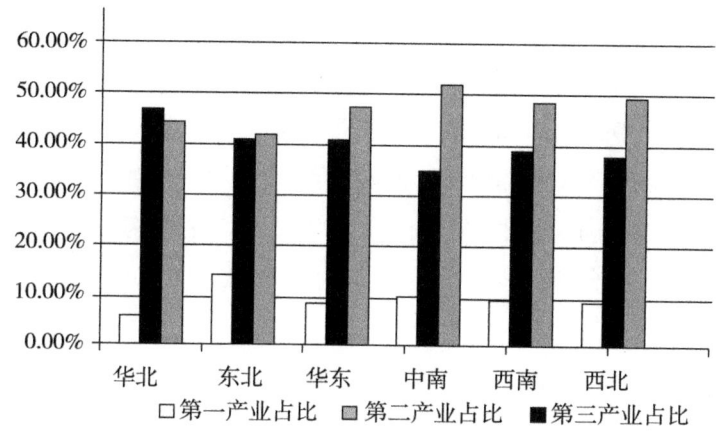

图 3.13　各区域行业型职教集团服务各产业比重

六、行业型职教集团体制机制有待完善

为保障集团化办学的常态运行与作用发挥，各地针对职教集团组织性质与集团化办学功能定位，不断推进组织体系与管理制度建设，探索形成了一批各具特色的治理模式。笔者选取《全国职业教育集团化办学典型案例汇编》2015 年和 2016 年中的 103 个行业型职教集团作为样本，进行行业型职教集团体制机制建设状况分析，样本选取主要原因如下：

（1）这 103 个行业型职教集团均为全国范围内征集遴选的优秀案例，其中完全由职业院校牵头组建的有 98 个，由企业和院校共同牵头组建的有 2 个，由行业协会牵头组建的有 3 个，涉及内容全面，具有一定的代表性，能够体现我国职教集团建设的较高水平。

（2）这些案例内容详实丰富，表述较客观，能够真实地反映各职教集团的体制机制建设状况。

经过研究分析，关于抽样的 103 个行业型职教集团的体制机制建设情况如下：

（1）已建立完备章程的达 100%，建立理事会或董事会的达到 100%，建立集团秘书处或办公室的达到 100%，有 13.6% 的行业型职教集团建立了监事会，28.2% 设立了服务机构或专业委员会。这说明我国行业型职教集团的体制建设已相对完善，基本采用理事会负责制，理事会为最高决策机构，集团秘书处或办公室为常设工作和协调机构，服务机构或专业委员会负责各项具体工作的落实和组织实施。如图 3.14 所示。

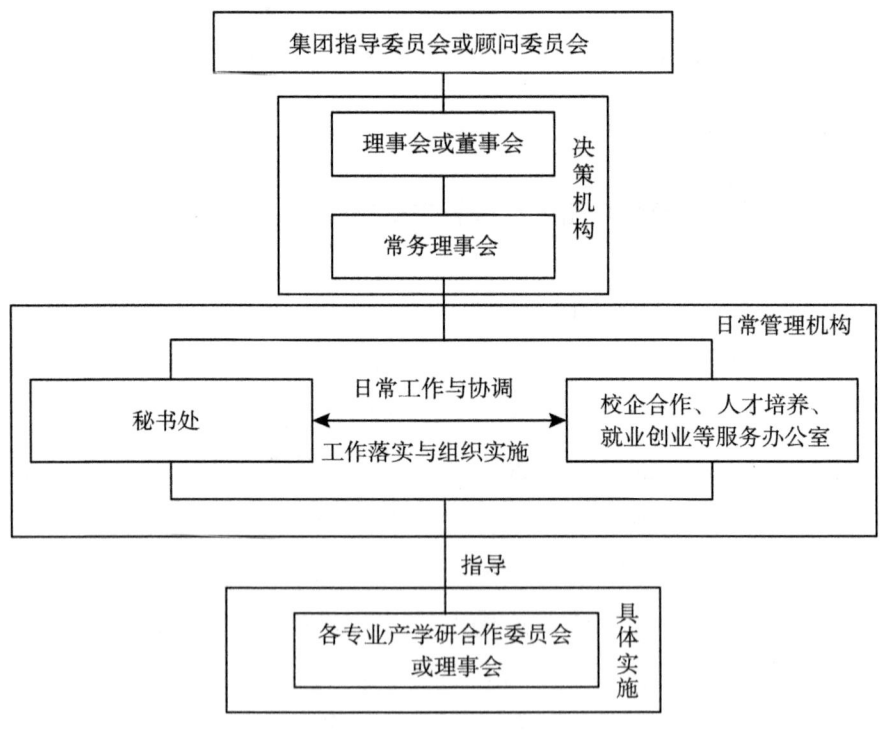

图 3.14　行业型职教集团基本组织机构

（2）设立监督机构的行业型职教集团较少，这与职教集团的松散型结构相关，由于这类职教集团多数不是独立的法人，基本不涉及资产或股份重组，以及资金往来等经济关系，多数没有设立独立的财务机构，因此监督的职能和作用被大大降低。

（3）这些行业型职教集团中，已建立网站的占 42.7%，其中，一直保持有最新信息更新的占集团总数的 32%，近三个月无信息更新的占 10.7%，表明多数集团并未建立网站或未建立网站信息定期发布机制，集团的信息通道尚未完全建立起来，集团外部对于集团的状况难以实现深入的了解，可能影响到行业型职教集团的服务和资源集聚等功能的发挥。

（4）在行业型职教集团的机制建设中，笔者重点从考核评价机制、沟通协调机制、激励机制、决策机制、监督机制等五个方面进行了资料收集，具体情况见表 3.1。

表 3.1　　　抽样行业型职教集团机制建设情况

行业型职教集团机制建设	考核评价机制	沟通协调机制	激励机制	决策机制	监督机制
所占比例（%）	34.0	61.2	75.7	17.5	17.5

集团内部的机制建设，反映了集团的运转是否规范、有序和发挥实效，是职业教育集团化办学稳定发展的前提。从上述数据来看，抽样的行业型职教集团中，多数建立了激励机制、沟通协调机制和考核评价机制，这几类机制的建立关系到职教集团中各利益相关者之间能否建立紧密的联系，以及集团能否正常的发挥服务行业的功能，同时也说明行业型职教集团日益重视集团内部校企、校校之间的联系和对接。

（5）多数集团还没有明确的决策机制和监督机制，关于集团重大事项的决策基本停留在"章程"中提到的集团理事会为决策机构上，更谈不上进入退出机制的建立，同时，监督机制的建立情况与监事会的组织建立情况基本吻合，这也体现了行业型职教集团松散型组织结构和非法人身份的特点，因此，从机制建设上看，行业型职教集团对自身成员的约束十分有限，常态化的工作机制尚未形成，致使集团会商、对话等活动较难持续开展。从实际情况来看，多数行业型职教集团的会议频率较低，基本保持在一年一次，除少数职教集团建有定期的成员会议及协商活动外，多数行业型职教集团的协商、对话机制尚未建立，影响了合作的不断深化。

综上所述，行业型职教集团"集而不团"的现象始终存在，组织结构的松散、集团的非法人身份，以及约束力有限的各项制度，都导致职教集团各利益相关者对于集团总体目标的服从和实现达不到预期，行业型职教集团的体制机制建设仍有待探索和加强。

第三节 行业型职教集团主要建设成效

一、有效服务于地方产业转型升级

行业型职教集团经过多年的发展，目前已占据职教集团的主体地位，许多职业院校通过职业教育集团化办学，加快推进了与行业企业共建技术工艺和产品开发中心、实验实训平台、技能大师工作室等方面的建设，使其在推动政府、行业、学校、企业联动，促进技术技能的积累与创新、服务行业企业转型升级等方面取得了一定的成绩。例如，浙江省建设职业教育集团加强校地对接，积极服务于舟山、湖州、丽水、宁波等地经济建设，服务涉及10多个乡镇、162个行政村，服务金额超1000余万，与企业共建研发中心13个，近三年合作经费达2100余万；山东省现代服务业职业教育集团在山东省科技厅的支持下，建成了农产品储运保鲜技术、食品检测中心等多个省级产学研合作平台，并联合集团内行业企业承担国家863项目、国家科技支撑项目等，科研经费超1.2亿，科研成果极大的服务于山东当地农产品、食品等行业发展；江苏纺织服装职业教育集团围绕江苏纺织服装行业产业发展的关键和核心技术，联合企业共建市级重点实验室，开展科技创新，先后服务南通市200多家中小型企业，获得各类专利145项，为企业开发新产品130多个，研发收入达400余万元，实现企业增值4.2亿元；湖南现代农业职业教育集团针对湖南省石漠化面积超过2万平方千米的现状，积极联合当地政府，推动石漠化治理，并联合集团科研院所和企业针对农户开展畜牧兽医和养殖业的技术指导，为当地农业发展发挥了积极作用。这些行业型职教集团结合自身的行业优势，充分汇聚行业优势资源，积极服务于地方经济和产业发展，在一定程度上凸显了集团的服务功能[65]。

二、促进了政府的政策支持

政策既是引导事物发展的指南，同时也是事物发展到一定程度和阶段的产物。行业型职教集团的大力发展，无论是在规模上还是整体质量上，都与各级政府的配套支持政策的完善程度呈正相关关系。在国家政策的总要求和总指导下，各地也纷纷出台了积极支持职业教育集团化办学、校企合作的政策文件，为职业教育遵循教育规律和技术技能人才成长规律办学提供了积极的政策支持和制度保障。如湖北、河南、四川等省市专门出台了推进职业教育集团化办学的意见，从职业教育集团的组建原则、运行机制、主要任务和制度保障等层面对职业教育集团化办学进行指导、规范和支持。贵州省、山东省青岛市、四川省成都市、浙江省宁波市等出台职业教育（促进）条例，在推动校企合作立法的法律层面上为开展职业教育集团化办学提供有力支撑。辽宁、广东等多个省市颁布现代职业教育体系建设规划，对开展职业教育集团化办学进行顶层设计和省域布局，对行业、企业、职业院校、科研机构等积极参与职业教育集团化办学提出明确要求，并给予职业教育集团以有效的资源倾斜和政策保障[66]。

具体来看，集团化办学发展较好的上海市在《上海市职业教育改革和发展"十三五"规划》中提出，到 2020 年，90%以上中高职院校参与集团化办学，职业教育集团覆盖全市各区和主要行业，并将打造品牌职教集团[67]。《浙江省人民政府关于加快发展现代职业教育的实施意见》中鼓励行业企业、政府机构、职业院校利用自身优势组建职业教育集团，充分发挥政府补贴、购买服务、助学贷款、基金奖励、捐资奖励等杠杆在引导和支持社会力量兴办职业教育中的作用[68]。浙江省嘉兴市从 2011 年起，每年从教育资金中安排不少于 600 万元作为职业教育校企合作与集团化办学专项经费，资助市属院校教学改革与集团化办学[69]。福建省教育厅提出鼓励多元主体投资职业教育，力争到 2020 年，建设 10 个左右国家级示范性职教集团和一批省级、市级职教集团，对职教集团培育建设项目，省级将给予 100 万~500 万元经费补助，经认定的示范性职教集团，将安排专项资金予以奖补，把职教集团培育建设项目列为国家级骨干职教集团重点培育对象，并将建设情况作为中央"现代职业教育质量提升计划"专项资金分配的重要因素[70]。《湖南高等职业教育创新发展行动计划（2016—2018 年）实施方案》指出，鼓励行业企业牵头成立服务湖南产业发展需要的基于产权和利益共享的职教集团；支持有特色的高职院校以输出品牌、资源和管理的方式成立连锁型职业教育集团；优化示范性职业教育集团建设方案与管理办法，继续推进 10 个示范性职教集团建设[71]。在 2010 年出台的《湖南省示范职业教育集团建设基本要求》中，对全省职教集团的创建给出具体指南，并每年给每家省级职教集团拨付 20 万元的专项工作经费给予鼓励支持。各行业协会也纷纷推动职教集团建设，中国有色金属工业协会、教育部联合发布的《关于提高职业教育支撑有色金属工业发展能力的指导意见》中指出，支持有色金属行业根据产业布局建立一批以服务有色金属产业发展为宗旨，以人才培养为纽带，以校企双赢为目标的跨区域、紧密型行业职业教育集团，并纳入示范性职业教育集团学校建设试点范围[72]。行业型职教集团的快速发展，一方面，得益于各地政府和教育主管部门相关支持政策的出台；另一方面，也同时推动了地方经济和行业的快速发展，特别是一些职教集团发展态势良好的区域和产业，又反向促进了相关地方政策和配套行业制度的出台，在一定程度上形成了良性循环。

三、推动了集团治理结构的探索

根据本章第二节中的统计分析，行业型职教集团中，95.84%为院校为主牵头的职教集团，并多采用松散的理事会制。随着集团数量的快速递增，为切实推动集团的实质运作，各地不断探索新的集团治理结构，出现了一批特色鲜明的典型治理模式。比较有特色的有：广东食品药品职业教育集团建立了理事会作为决策层、行政管理层作为执行层、监事会作为监督层三者互相制约、权责分明的治理结构，联合集团成员共同建设了天河智慧城健康产业园，共同搭建了"粤港澳食品安全协同创新中心"，为粤港澳食品安全重大战略需求服务；河北曹妃甸工业职业教育集团在集团理事会的框架下设立了企业专家咨询委员会、专业建设工作委员会、校企一体管理委员会、中高职衔接委员会等四个专门工作委员会，分别开展针对性的专项工作，并探索产权改革，联合企业共同建立专业二级学院，试水混合所有制办学，并将探索事业单位性质的集团法人身份的实现；湖南现代物流职业教育集团在集团理事会指导下，设立了人才培养培训、专业建设、产学研合作、就业与创业等四个专项工作委员会，并搭建了湖南第一家行业信息平台——湖南省物流公共信息平台、集团网站、集团空间、集团通讯等交流平台，基本实现了集团成员之间的需求对接与信息互通；陕西航空职业教育集团成立"一会一处一委"，即理事会、秘书处和陕西省航空职业教育行业指导委员会，建立"一会一主题一论坛"的工作机制，即每年召开一次理事工作会；每年重点安排一次主题活动，每年举办一次航空职教论坛，通过对话对接，推动集团化办学。江苏·发那科数控职业教育集团由校企联合牵头成立，企业担任理事长单位，高职院校担任秘书长单位，极大地激发了企业积极性,集团坚持"专业纽带·品牌中心"的办学理念,建立了融合式发展机制,搭建工学融合实训平台、职业化课程开发平台、FANUC 认证师资培养平台和联盟订单式人才培养模式,采取政校企多方投资办法,形成了优质资源共享机制;青岛西海岸职业教育集团有限公司采取理事会领导的"双法人"制和实体化运作模式,即建立事业法人和企业法人,搭建"股份制生产性实训平台、社会资源激活平台、产业人才资源服务平台、职业教育基金运作平台、社会公益性培训平台"等五个平台,推动职教集团内部实现实质性融合与实体化运作,集团将探索建立全国首批股份制学院,争取成为国家级改革试点单位[65][73]。职教集团治理模式的各种有益探索和成功实施,一是有助于引进社会优质职教资源,推动职业教育主体的双元化或多元化,实现职教资源的合理有效配置,促进教育经济效益和社会效益的提升;二是有助于职业院校组织结构和管理方式的变革,优化职业院校的教学模式和教学管理制度;三是密切和强化了教育与行业企业间的联系,促进教育链与产业链的对接。这些模式的探索,为后来更多形式职教集团的开展和组织实施提供了很好的实践借鉴和基础。

四、推进了人才培养模式改革

职教集团促进了产教融合、校企合作,推进了行业企业参与人才培养的全过程,拓宽了技术技能人才的成长通道,为学生多样化选择、多路径成才搭建"立交桥",促进了人才的系统培养、多样成才。北京商贸职业教育集团在集团政府部门的指导下,完成通州"百千万"京郊旅游实用人才培训工作,并联合集团内行业协会实施"北京市美容美发就业人员素质提高工程",为北京美容美发行业培训在职人员 1 万人,并联合制定行业标准,合作开发培训教材,规范了行业人才培养和管理。广东机电职业教育集团以预就业订单班和集团预就业招聘会作为预就业服务平台主要实施载体,成员单位通过预就业服务平台优先享受成员学校提供的"分层分类、混搭管理"服务包,并建立规范的实践教学管理体系,有效地促进了人才共育、过程共管、责任共担、利益共享。青海交通职业教育集团依托校企共建的 9 个冠名学院和 14 个"校中厂""厂中校"、各行业协会和 110 家合作企业以"人才培养、教学生产、师资队伍、技能培训、用人就业、校企文化"六融合形式开展合作,创新人才培养模式 4 个,带动专业群 8 个专业共同发展,建设 9 个省级示范专业,实现教师与学生"一企业、双顶岗"、学生"双身份"、企业"双效益"、学院"双丰收"。安徽非遗职业教育集团联合集团内企业共建非物质文化遗产传习基地,开展引资入校、引智入校、引企入校,共建"大师工作室",探索现代学徒制,突出技能,深化课程改革,创新发展非遗传承人才培养模式。上述案例表明,行业型职教集团的快速发展,有力地推动了工学结合、校企合作模式的创新,优化了职业院校的专业建设和课程开发,促进了人才培养模式的改革,增强了人才培养的行业适用性,为推动教育教学改革与产业转型升级衔接配套,加强行业指导、评价和服务,发挥企业重要办学主体作用,实现校企协同育人起到了积极的作用。

第四节 本章小结

通过对行业型职教集团的历程与现状研究,本章内容总结如下:

一是国内外职教集团的发展历程表明,职业教育集团化办学的发展是与国家社会经济体制和教育体系的现状相适应的,职业教育集团化办学没有统一、可套用、放之四海而皆准的模式,任何模式都应当与特定的文化背景、教育环境、地域条件等相匹配。

二是自 2002 年之后,国内职教集团的发展,无论是从政策环境、实践探索,还是理论研究上,都进入了创新发展的阶段,政府重视力度逐年加大,特别是在 2009 年之后,职教集团进入深化改革阶段,在全国范围内发展迅猛，基本覆盖了全国内地除西藏以外的所有省级行政区，以及全国主要行业，区域差异较明显。

三是行业型职教集团已成为职教集团的主要类型，多数为院校主导的松散型组织、不具备法人身份，高职院校承担了职教集团的组建、发展及研究等重头工作，集而不团的现象始终存在。行业型职教集团的作用发挥尚未达到预期，体制机制建设正在逐步深化，但仍有待探索和完善。

四是行业型职教集团办学产生了一定的成效，促进了工学结合、校企合作，搭建了校企交流平台，创新了合作模式和合作载体，推动了行业职业教育资源整合，有效的服务于地方产业转型升级，推动了集团治理结构的探索，促进了人才培养模式改革，提升了人才培养的行业适应性，拓宽了职业教育服务功能，提高了职业教育的办学水平。

第四章 行业型职教集团的结构模型构建

第一节 研究理论基础

一、产业集群基本理论

集群是一种产业组织形态,因其空间上的聚集效应而形成独特的竞争优势。对集群的关注和研究始于 1896 年,并直至现在。目前,集群理论已经发展成为具有多种内涵的新型产业政策框架的理论基础,集群的方法和理论得到了联合国贸易与发展委员会(UNCTD)、联合国工业发展组织(UNIDO)、经济合作与发展组织(OECD)、世界银行等国际机构的积极研究、提倡和推广。

产业集群理论源于对产业聚集的研究,著名的新古典经济学家马歇尔(Alfred Marshall,1890)、韦伯(Alfred Weber,1909)等曾分别从构成要素、工业区位等角度对产业聚集现象作出过相当精彩的论述。至 20 世纪 90 年代初,迈克尔·波特(Michael E. Porter,1990)的《论国家的竞争优势》和保罗·克鲁格曼(Paul R. Krugman,1991)的《收益递增与经济地理》两篇重要的文献刊出,促进了产业集群理论的发展和繁荣。波特分析了技术创新与竞争优势、技术创新与产业集群的关系。波特指出,在一个国家的经济体系中,有竞争力的产业通常不是均衡分布的,国家的产业竞争优势趋向集群式分布。克鲁格曼则建立了一个简明而有效的关于中心—外围的模型,说明了区域或地理在要素配置和竞争中的重要作用,并对产业聚集给予了高度的关注,认为经济活动的聚集与规模经济有紧密联系,能够导致收益递增。产业集群的研究开创了经济学研究的新领域,使经济学家开始更多地关注产业发展与区域发展的关系,借鉴经济地理学或地理学的研究成果,丰富了产业组织的相关理论;同时,又成功地把规模经济、外部性、竞争与垄断、产业关联这些经济概念应用到区域研究中。

传统的产业集群研究强调产业的经济外部性(规模经济与范围经济),以及自然资源、资金、劳动力等有形要素的重要性。现代的产业集群理论吸收了知识管理、生物学、社会学等多个学科的营养,更加重视知识、技术、制度、文化等无形要素在集群发展过程中的作用,同时也拓展并深化了产业集群的研究内容,不再仅限于产业集群的概念、产生原因、决定性因素、集群的度量以及产业集群相互之间的竞争与均衡等方面的研究[74]。

关于产业集群的含义,最具代表性的定义是迈克·波特[75](1990)提出,产业集群是在特定领域中,同时具有竞争与合作关系,且在地理上集中,有交互关联性的企业、专业化供应商、服务供应商、相关产业的厂商以及相关的机构(如大学、制定标准化的机构、产业公会等)的经济聚集现象。

石莹[76](2013)综合中外学者对于产业集群的定义,归纳出产业集群的基本含义:

(1)在地理位置上,集群企业往往居住一地,联结成片;

(2)在相互关系上,集群中的企业之间既合作又竞争,彼此间在技术、知识等方面共享、互补,相互依赖;

(3)在经济效益上,表现为经济聚集,降低成本,取得协作效益;

（4）在绩效上，凸显优势，并实现增值；

（5）在组织协同上，除企业外，集群内还存在大量政府、金融、咨询等机构，它们都发挥着重要的协同作用，更加有利于互相学习、不断创新。

关于产业集群产生的原因，王冰、顾远飞[77]（2002）指出，产业集群具有的两种机制——知识共享机制和信任机制超越了市场/价格和科层/权威。沈秋英、王文平[78]（2009）指出，产业集群的竞争优势在于基于网络化合作的知识学习和与此紧密相关的技术创新，而创新能力的提高很大程度上依赖于集群中多主体之间的相互作用的学习过程，基于信任机制下的知识传播、知识共享决定着集群及集群中知识型企业创新绩效的关键。因此，企业之间的知识共享和相互信任是产业集群形成的重要原因，也是集群得到进一步发展的重要条件。

二、复杂网络基本理论

著名的物理学家霍金认为：21世纪是复杂性的世纪。复杂网络的研究是复杂性理论研究的一部分，作为研究复杂性科学和复杂系统的有力工具，复杂网络为研究复杂性提供了全新的视角。复杂网络借助于图论和统计物理的一些方法，可以用来捕捉并描述系统的演化机制、演化规律（结构）和整体行为（功能），这是复杂网络的研究蓬勃发展的主要原因之一。

复杂网络在经济、管理领域也有着重要的实际意义。Barabasi & Bonabeau（2003）指出，利用复杂网络理论了解企业、产业、教育科技与经济之间的连结方式，有助于监控和预防大规模的经济衰退[79]。复杂网络的思想可以很好地引入到集群或集团有关的研究中。无论是产业集群还是职教集团，都可以看成一个系统，复杂网络的兴起，为系统科学的研究开拓了视野，提供了全新的视角。

复杂网络作为复杂系统的一般抽象、描述方式和结构形态，它突出强调了系统结构的拓扑特征。以复杂网络形式研究复杂系统，可以加深人们对系统结构的深入了解，随着复杂网络研究的深入以及用网络理论研究系统演化工作的深入开展，复杂系统演化的研究必将出现新的突破性结果；反过来，复杂网络的研究成果对探索复杂性具有一定的启发和借鉴意义；当然也可以从系统科学的角度来研究网络，这也是网络研究的新视角。可见，利用网络理论对系统进行研究，是系统科学一种新的研究手段。

研究表明，像互联网、万维网这样的复杂网络大部分都具有小世界的性质，即网络具有较短的平均路径长度和较高的集聚系数，网络中平均拓扑距离随着节点数增加时增加的非常缓慢（Watt & Strogatz, 1998）[80]。复杂网络的小世界性质表现在网络各节点之间的互动关系广泛而频繁，使得复杂网络有着较高的集聚程度。另一个重要发现是许多网络在统计上有许多的集散节点存在，这种集散节点与其他节点有着大量连接，在数学上可以用幂律分布来描述其度分布，称为无尺度网络，无尺度特征使非集散节点的去留对整个网络的影响不大，而集散节点发生故障则影响整个网络的功能，也被称为网络的"鲁棒性"和"脆弱性"，无尺度网络的拓扑性质已经被证明与系统的物理功能有着密切关系（Barabasi & Albert, 1999）[81]。

简而言之，复杂网络即呈现高度复杂性的网络，其复杂性主要表现在以下几个方面：

（1）结构复杂，表现在节点数目巨大，网络结构呈现多种不同特征。

（2）网络进化：表现在节点或连接的产生与消失。

（3）连接多样性：节点之间的连接权重存在差异，且有可能存在方向性。

（4）动力学复杂性：节点集可能属于非线性动力学系统，如节点状态随时间发生复杂变化。

（5）节点多样性：复杂网络中的节点可以代表任何事物。

（6）多重复杂性融合：即以上多重复杂性相互影响，导致更为难以预料的结果。例如，当两个节点之间频繁进行能量传输时，它们之间的连接权重会随之增加，通过不断的学习与记忆逐步改善网络性能。

第二节 行业型职教集团的基本特征

一、行业型职教集团的集群化特征

无论是产业集群，还是职教集团，所体现的均是一种"群"化发展的模式，体现的是集约化、规模化发展的理念。职业教育的发展因受到社会变革、区域经济、行业发展等外部要素的影响，及其自身发展规律、教育资源紧缺等方面的制约，使得当职业教育发展到一定阶段，必然需要通过加强内涵建设和资源整合，并将职业教育系统置身于政府、企业、行业和教育多个系统的相互作用过程中来优化教育结构，均衡教育差异，促进教育公平，从而形成职业教育的整体优势及持久效应。

职教集团作为职业教育发展到一定阶段的产物，因与职业教育相关的政府、院校、行业企业等各项资源在空间上的聚集而形成了独特和更加强大的竞争优势，从这个角度上来讲，职教集团与产业集群的生态系统有着诸多相似的特性，最终都指向资源的空间聚集、核心竞争力的构建与效益的最大化。

行业型职教集团作为服务于区域内某一特定行业的教育联合体，结合产业集群的基本理论，具有明显的集群化特征，主要体现在以下四个方面：

（一）集聚性

行业型职教集团体现了行业职教资源"集群"式发展的思想，即通过各种行业职业教育要素质量的提高、要素含量的增加、要素投入的集中以及要素组合方式的调整来增进效益，在本质上与产业集群和产业链延伸具有相近的原理。主要体现在以下两个方面：一是空间地理位置的集聚性，行业型职教集团中的政府、行业企业、协会、院校等往往集聚一地、联结成片，形成空间上的集聚体，不断促进集体竞争优势和集聚发展规模效应的强化。二是行业职教资源的集聚性。行业型职教集团既是基于地理接近性的行业资源的集聚，也是基于较高专业相似性或相关性的职教资源的集聚，包括职业教育资源、培训资源、技术资金、人力资源等，有助于行业内职教资源的合理统筹与科学规划，实现人才培养规模化的同时，也实现行业资源利用效益的最大化。

（二）行业性

行业性是行业型职教集团的最基本特征，也是集团成员构筑联系的纽带，与产业集群中的"显著产业联结特征"相似，主要体现在以下三个方面：一是组建方式的行业性。行业型职教集团依托行业发展、在行业主管部门的组织和协调下组建，接受行业指导，围绕行业需求开展各类活动。二是服务对象的行业性。行业型职教集团重点服务于行业发展，为行业改造升级提供有力的人力资源支撑。三是建设内容的行业性。行业型职教集团主要是基于行业内的技术转型与升级的需求，调整行业职教专业结构与布局，推动技术、知识、师资等共享与互补，最终实现特色打造、品牌建设和社会声誉提升。

（三）协作性

行业型职教集团突破了单一组织的边界，着眼于某一特定行业，不再仅局限于个体利益，而是从行业整体来系统思考具有竞争和合作关系的各组织之间的互动与协调发展，并挖掘特定行业的竞争优势。主要体现在以下两个方面：一是集团内部成员之间的协作性。行业型职教集团成员众多，分别来自政行企校等不同领域，代表着不同的利益群体，在经济效益上，表现为通过"集群"式发展，对接行业发展对人力资源的需求，形成行业内专门人才培养与培训的竞争优势与规模效应；在协同合作上，借鉴产业集群的技术创新模式，对接行业发展对技术升级改造的需求，通过频繁的互动和交流，为集团内成员共同开展科技攻关、应用技术培训与推广、技术革新与改造等提供便利，形成行业内共享知识和技术创新的合作优势。二是集团与区域之间的协作性。行业型职教集团正是职业教育主动适应行业和经济社会发展的一种创新性路径选择，必须与时俱进、不断适应行业的转型升级和区域经济的快速变革，同时区域经济的快速发展也为行业型职教集团进一步壮大提供外部条件，因此行业型职教集团具有极强的区域经济适应性，在其发展过程中也必须逐步形成与区域经济互动发展的局面。

（四）统筹性

加强政府对区域职业教育的统筹是深化职业教育改革的重要抓手，面对职业教育与区域经济发展互动中存在的诸多非线性问题，要形成有效率的市场和有价值的人才培养场域，政府必须干预[82]，这是教育改革发展的时代要求，其重点是政府通过顶层设计，加强在完善区域职业教育发展机制和办学模式方面的统筹力度，促进资源共享，提高服务能力[83]。因此，统筹是推动行业型职教集团形成和发展的重要机制，加强政府统筹即要对本区域内的行业型职教集团发展加强顶层设计，制定政策支持。一是根据区域经济社会发展需求，统筹规划各行业型职教集团的布局，逐步引导各行业型职教集团对接区域经济发展的需求，对接各行业转型升级的需要，避免区域内行业型职教集团的重复建设，而造成资源利用效益不高和顶层设计难以有效落实的问题。二是根据各职业院校的专业特色，统筹和引导区域内的职教资源向优质职业院校和专业流动，避免各职业院校因专业设置同质化而分散优质职教资源，从而进一步凝聚行业发展力量，助力强势职教品牌的打造。目前，行业型职业教育集团一般由办学质量好、社会声誉高的品牌职业院校牵头组建，且多为国家示范院校，示范院校改革、发展、建设的成果及长期沉淀所形成的先进理念，可以示范、辐射、惠及集团内的院校与企业，同时，品牌院校凭借其长期在行业领域中的地位与影响，更容易被集团其他成员"接受"，从而确保了整个集团的发展合力和长远走向。

行业型职教集团既是针对经济发展和行业变革需求的有效对接，也是职业教育发展到一定阶段的必然要求，同时也体现了与产业集群发展同源的集体竞争优势和集聚发展规模效应。但是，与产业集群着力于同类产业或产品聚集不同的是，行业型职教集团的核心关键体现在两点：一是要实现高职教育与行业文化内涵的不断融合，并转化为具行业核心价值理念的人才培养模式，如交通行业核心价值观贯穿在人才培养全过程，使职教集团成为技术技能型人才培养、技术培训和技能提升的专业人力资源开发基地，切实构建行业终身教育体系；二是要实现行业技术实力的整体提升，构建以技术人才、技术创新、技术转移等为核心的技术服务体系，不断完善技术文化与创新文化支撑的产学研互动模式，切实推动行业和区域经济的技术进步、发展创新，以行业型职教集团独特的价值和特色去获取社会与行业的认可。

产业集群是经济术语，职教集团是教育术语，二者分属两个范畴，但有联系，也有区别。可以说，职教集团是产业集群理论在职业教育领域的拓展与应用，产业集群的互利机理与共生机制对指导职教集团的发展有着重要的意义。

二、行业型职教集团的复杂网络特征

行业型职教集团具有明显的集群性特征，而集群具有典型的网络形态特征，主要体现在两点：（1）集群内产业间是相互关联的，波特（2000）的钻石模型强调了产业间相互依赖关系是集群竞争优势的重要构成因素，集群内产业间是相互关联的，如果没有联系，只是简单的扎堆则不能体现集群的本质。（2）各种类型组织间存在广泛的互动关系，

GREMI 小组在考察了欧洲高科技集群发展的基础上指出,科研机构与企业、大型企业与小企业间之间的互动关系在集群发展中发挥着突出作用;而从更为微观的角度来看,这些连接是建立在个体组织间关系互动基础上的[84]。

集群的社会网络分析认为,集群网络具有嵌入性(embeddedness)的特点,Harrison(1992)指出,群内经济行为嵌入在网络与制度之中[85],Saxenian(1994)提出,信任、规范和制度等社会文化因素对于群内企业的行为及其竞争优势发挥着重要作用[86],关系的嵌入性和结构的嵌入性是集群分析的两个重要方面,从连接强度来看,Uzzi(1997)指出,强连接有利于组织间信任关系的建立并因此获得信息的交流[87],而罗家德(1997)指出,群内弱连接则有利于新颖信息的获取,从而促进企业的创新行为[88]。

上述分析表明,集群确实存在复杂网络的性质。行业型职教集团由于具有集群的特征,涉及政府部门、企业、行业协会、高校、科研院所等多个行为主体,各主体在交互作用与相互联系过程中,彼此建立起各种相对稳定的、相互反馈作用的、正式与非正式的关系总合,这些关系总合构成了复杂的社会网络。研究表明,现实世界的网络大多都具有复杂网络系统的一般特征,这使得复杂网络不仅可以描述许多网络系统的结构形态,而且还可以作为系统结构拓扑特征的模型[89]。因此行业型职教集团也可以描述为一种结构复杂、关系错综的复杂网络系统,具备复杂网络的特性,用复杂网络的工具、思想和方法来分析行业型职教集团具有很强的理论指导意义。

结合复杂网络的基本理论,行业型职教集团的复杂网络特征主要体现在以下三个方面:

(一)关系聚集的小世界网络特征

Watts & Strogatz(1998)阐述了小世界网络的形成机理,认为小世界网络既具有随机网络的短路径特性,也具有规则网络的高集聚性,由于具有类似小世界现象,故把它称为"小世界网络"[90]。大量的实证研究表明,真实网络几乎都具有小世界效应。行业型职教集团各成员单位由于行业发展和自身需求聚集在一起,各行为主体之间生产、管理、人员、技术等各层面的互动关系广泛而频繁,具有较短的平均路径和相对较高的集聚程度,因而具有网络的小世界特征。在小世界网络中,组织通常很容易连接到目标对象。庞俊亭等人(2012)通过实证研究指出,小世界网络功能具有双重性[91]。对于行业型职教集团来讲,在带来行业职教资源整合的同时,其小世界属性可能导致网络的"锁定效应",不利于网络成员对外资源和信息的交流,导致行业型职教集团对市场需求变化的应对能力和创新能力下降。

(二) 连接分布的无标度特征

在集群网络中,存在着拥有大量连接的节点,称为集散节点。集散节点的连接数目远远超出一般的节点,并且网络主要由这些集散节点所主导和支配,集群网络的这种结构属性被称之为无标度特征[92],集群的无标度特征使非集散节点的去留对整个网络的影响不大,而集散节点发生故障则影响整个网络的功能,也被称为集群的"鲁棒性"和"脆弱性"。网络集散节点的形成主要来源于择优连接机制,在集群网络中,组织选择连接对象是有意识的过程,组织会倾向于选择连接数目较多的网络节点。一方面,择优连接机制的存在是时间的原因,通常集群中老的组织有较长的时间来积累与其他组织的关系连接;另一方面,集群内也存在着节点间的竞争,一些组织通过先进的技术、富有竞争力的产品和良好的管理,在非常短的时间内也能够获得大量的关系连接[84]。因此,对于集群中初始发展的网络而言,集散节点并不显著,因为集散节点的形成需要一个时间累积的过程。行业型职教集团网络在总体上具有密集的关系连接,但组织间互动关系的分布并不均匀,网络中的一些个体会有大量的连接,成为网络的集散节点,而大部分组织的连接数目是有限的。在行业型职教集团中,这些集散节点有的是牵头院校,有的是核心企业，有的是政府公共部门。行业型职教集团的无标度特征使得集散节点在资源整合过程中发挥着重要的主导作用，对行业职教资源具有较强的吸收、整合、创新、输出等功能，因此，集散节点的运作效率对于行业职教资源的整合能力具有重要影响。同时，随着行业型职教集团成立时间的增长，集散节点的功能和作用将得到强化，在行业型职教集团的演化发展过程中将扮演越来越重要的角色。

（三）集团网络的群落特征

群落也被称为"生物群落"，是来自于生态学的概念，指居住在一个地区的一切生物所组成的共同体，它们彼此通过各种途径相互作用和相互影响，是不同种群之间通过种间关系形成的有机整体。集群的各节点在特定群体中集聚程度更高，使得网络呈现出一定的群落特征，而集群的群落特征说明集群本身具有一种自组织、自适应的能力[84]。作为行业型职教集团，其节点构成的网络也具有群落的特征，主要体现在三个方面：一是行业型职教集团核心成员的重要作用体现了生态群落"开敞先锋"[93]的作用。行业型职教集团多由核心成员牵头成立，围绕着核心成员，若干企业、机构与其建立起强连接或弱连接，形成了层次不同的合作关系，核心成员在群体中处于盟主的地位，类似于生态群落的"开敞先锋"在群落优胜劣汰中的重要作用，行业型职教集团核心成员在集团的变革、发展与壮大中发挥着至关重要的影响力和引领作用。二是行业型职教集团产业链上的合作关系类似食物链物种间的相互依存关系。行业型职教集团是地理位置接近的同行业单位组成的有机整体，虽然集团中的成员单位并不一定构成一条完整的产业链，但这种集中也为产业链的构建以及各成员单位的互助合作创造了有利的空间条件，与食物链物种间的相互依存关系类似，各成员充分发挥自身最具核心竞争力的优势，分工协作，实现了自身价值的最大化，并总体上增强了行业型职教集团的核心竞争力。三是行业型职教集团同样具有生态学中的"阿利规律"，即生态群落中存在着"最适密度"[93]，物种过疏和过密都会对种群的增长起到限制作用。行业型职教集团的发展同样也受制于集团内成员的数量和规模，如果把行业型职教集团看作自然界中的一个种群，当集团内成员密度处于适度大小时，集团增长最快。如果成员单位太少，尤其是当核心成员的数量和规模不足时，那么集团将不能有效吸引更多的成员加入，集团发展将会延缓，对区域行业的带动作用将十分有限。但如果集团内成员单位过多，则将使人才、技术、信息等有限资源的稀缺性加剧，部分同类成员单位之间将会产生竞争，产生"拥挤效应"，迫使一部分成员单位退出集团，集团竞争力下降，使得集团的发展动力减弱。因而行业型职教集团在发展的过程中也不能一味地"求大"、"求多"，而应该"重度"、"重质"。

第三节　行业型职教集团的复杂网络结构模型

一、行业型职教集团的网络构成

行业型职教集团显然不是一种简单的线性关系，而是一种根植于区域和行业特殊环境的复杂网络关系。分析网络的构成，网络可以表现行为主体之间的联系，主要包括三个基本组成部分：行为主体、活动的发生、资源（Hakansson，1987）[94]。行业型职教集团网络中的行为主体包括政府、企业、院校、科研机构、行业协会、教育服务机构等；行业型职教集团的网络活动包括各行为主体内部的知识、技术、信息的传递活动、市场交易活动、生产要素的流动、人力资源的流动，以及与网络内外部之间进行的资源交换活动等；资源包括物质资源、技术资源、人力资源、知识资源等。

下面具体来分析一下行业型职教集团各行为主体的行为及其相互影响。

（一）院校

院校作为教育部门，教学、科研和人才培养是其基本职能。但随着区域经济的快速发展和行业转型升级的需求变化，需要大量适应行业变化发展的人才、技术和资源。对于各类院校来讲，脱离行业发展的人才培养和技术开发已经不能适应社会的发展，同时，寻求与企业合作办学、合作育人、合作就业、合作发展的机会，也是源于院校、特别是职业院校对于品牌建设、内涵发展、办学资金、成果转化、人才培养以及自身发展的需求。院校功能的转变推动了人才培养模式和技术创新模式的改革，促进了大批技术技能人才的培养，同时在一定程度上促进了技术的市场适应性，加速了技术转化为现实生产力的速度。因此，院校具有强烈的意愿不断深化与企业的合作，实现产教融合、工学结合，只有通过深入的合作交流，校企才能实现知识、信息、人才、技术等的共享，才能满足快速市场变化的需求，才能有效提升社会声誉，得到社会各界的共同认可。行业型职教集团也是在校企基于深化合作交流，实现优势互补、协同发展的共同需求基础上而产生的社会组织。

（二）企业

企业作为人才和新技术需求的主体，是行业型职教集团网络的核心要素之一。现实中，企业往往存在人才流动快、人力资源成本高、资金缺乏、技术创新成本高、市场变化快等风险因素，这些因素的存在导致以企业为单一主体开展人才培养和新技术开发有很大的弊端。因此，企业出于长远发展的需要，寻求与院校的合作，以减轻各种风险和障碍因素的制约。校企合作是人才培养、技术开发、教育资源共享等不同功能目标互补过程的体现，行业型职教集团网络的增值最终要通过成功的促进行业转型升级、行业效率提升、技术水平与管理水平提升等方面来实现，而这些无不需要人才的支撑和技术的创新。因此，只有企业不断实现人力资源水平提升、技术创新成功、经济活力增强、竞争实力增强，才会对行业型职教集团网络中的其他行为主体提供更多的支持，才会使得行业型职教集团对于行业发展和转型升级显得更加有价值。

（三）政府

政府不仅是人才培养和技术创新的主要参与者，而且更是校企合作的推动者。政府通过引导、激励、协调等方式影响着校企合作的整个过程。与企业和院校不同，政府作为行业型职教集团的主要节点，其行为可以影响到网络中其他行为主体，并对各行为主体的合作发挥重要的作用。在网络发展的不同阶段，政府部门分别扮演着推动者、管理者和服务者等不同的角色，它通过公共政策和行动对行业型职教集团网络中各成员的行为进行推动、规范和协调，保障着整个网络的协调运转和健康发展。

（四）科研机构

在行业型职教集团网络中，科研机构的参与既是行业创新发展的客观需要，同时，也为创新型人才培养营造良好的氛围。借助行业型职教集团的良好平台及资源，科研机构在技术创新开发的同时开展对行业技术发展方向的规划，实现行业技术创新的引领，同时，科研机构通过与院校、企业的合作，更加有利于其科研成果转化为现实生产力，从而获取技术创新所需要的源源不断的资本支持和人力支持。科研机构基于行业应用的技术创新成果将推动企业以及行业的整体发展，行业企业也通过这类合作，不仅降低了技术创新带来的人才风险、资金风险和市场风险，而且还获取了高校人才与科研机构的研究成果输出，并将其作为企业发展的原动力，同时，也为研究机构、高校提供技术创新和人才开发所需要的资源，从而实现合作的多方共赢。

（五）行业协会

在行业型职教集团网络中，行业协会是学校与企业开展合作的纽带，在规范校企合作行为、向政府建言献策、搭建合作平台等方面发挥了重要的影响力，对深化产教融合、工学结合起到了积极促进的作用。行业协会作为本行业企业的联合管理组织，肩负着开展行业管理、促进行业发展等职责，行业协会往往代表了该行业企业共同的利益，对行业内企业具有天然的约束力，对行业技术发展水平、人才需求等具有重要的发言权。行业协会能够引导企业参与校企合作，营造全社会积极参与校企合作的局面。同时，行业协会也是行业资格标准的主要制定者，密切关注着产业结构的调整和岗位需求的变化，是学校人才培养目标制定的引导者，能够有效促进专业与产业对接、课程内容与职业标准对接、教学过程与生产过程对接，促进教育资源整合，实现人才培养质量的提升。

(六) 教育服务机构

作为行业型职教集团网络节点的中介机构，虽然不是核心要素，但作为校企合作活动的主要辅助者，在促进校企合作和发展方面，发挥着一种重要的"黏合剂"作用。教育服务机构活跃于行业型职教集团网络各行为主体之间，它们主要沟通院校、科研机构和企业间的人才培养、技术创新、资源流动等，促进行业型职教集团网络体系内各主体间的互动，起到穿针引线、铺路架桥的作用，使它们实现协同合作的目的。通过一系列人才培养、教育服务、技术咨询、技术推广、人才推荐等服务项目的开展，为行业型职教集团网络中其他行为主体的良好运作提供必要的支持。

行业型职教集团的各行为主体的需求情况如表 4.1 所示。

表 4.1　　　　　**行业型职教集团的行为主体需求**

行为主体	总体需求
牵头院校	整合职业教育资源，校企一体化办学，中高职协同发展，提高人才培养质量，提升自身实力，提升行业影响力，获取良好社会声誉

续表

行为主体	总体需求
其他院校	资源共享，增加交流与合作，协同发展
政府	推动、规范和协调各主体行为，促进人才培养与产业发展相适应，区域经济发展，社会稳定，就业率高，保障着整个网络协调运转和健康发展
企事业单位	人力资源水平提升、技术创新成功、经济活力增强、竞争实力增强、多元化经营
科研机构	促进科研成果转化为现实生产力，从而获取技术创新所需要的源源不断的资本支持和人力支持
行业协会	规范校企合作行为、向政府建言献策、搭建合作平台、开展行业管理、促进行业发展
教育服务机构	沟通院校、科研机构和企业间的人才培养、技术创新、资源流动等，促进各主体间的互动，实现协同合作的目的

除了上述行业型职教集团网络各行为主体相互之间的影响之外，外部环境对各行为主体的行为也会产生不同层次的影响。其中，社会文化是国家文化背景、价值观念和公众态度的体现，因此可以说社会文化是影响最深层次的精神动因；政策环境尤其是国家的职业教育发展战略、产业支持政策、职教集团政策等对行业型职教集团各行为主体的影响很大，可能直接影响到行业型职教集团的发展方向；科技环境对行业型职教集团中的合作技术创新有着直接的影响，它既可以对合作创新活动产生推动作用，也有可能对合作创新活动产生不利的影响。同样，经济环境和法律环境也直接或间接地为行业型职教集团运作和发展提供所需的空间和规范。总之，外部环境既为行业型职教集团提供发展动力，也影响着行业型职教集团的发展方向，并为其运作和发展提供保障。

因此，行业型职教集团网络是以院校、企业为主，同时包括科研机构、行业协会、政府、教育服务机构等其他行为主体及外部环境，不同的主体之间、主体与环境之间相互作用的复杂系统。行业型职教集团网络各行为主体在交互作用与协同发展过程中,彼此建立起各种相对稳定的、能够促进合作的、正式与非正式的关系。这些关系包括基于共同的社会文化背景与信任基础上结成的非正式关系,与基于市场交易或知识、技术创造过程中的正式关系[95]。显然,这些关系根植于当地的社会、经济、文化当中,比跨区域的行业联盟更具有持久性和生命力,并且不可复制。

行业型职教集团网络的行为主体构成如图 4.1 所示。其中,院校和企业是网络中最重要的单元,也是直接参与并推动职业教育发展的最直接行为主体,院校和企业的互动也是行业型职教集团中最重要的互动关系;院校、科研机构、行业协会是网络中知识融合和科技创新的重要载体,在网络中发挥着行业技术引领、促进技术转化、服务行业发展的作用;地方政府及公共部门虽然不是职业教育活动的直接参与主体,但在积极营造职业教育发展的区域环境、促进职教资源的优化与整合、有效规范区域经济个体行为以及挖掘区域潜在资源等方面发挥着不可替代的作用;教育服务机构在直接或间接参与职业教育的过程中,发挥了教育与行业联系纽带的作用,对推动教育链与产业链的对接起着重要的辅助和促进作用。各主体之间的网络关系根植于区域社会、经济、科技、制度、文化环境当中,并不断的与外界环境发生着交换,吸取外部的先进经验和好的做法。

二、行业型职教集团的网络关系

行业型职教集团网络是由各行为主体与环境有机融合而形成的复杂系统,所以,在构建行业型职教集团网络时,应充分考虑到网络的互动性,力求通过对网络内各行为主体资源的优化配置和整合,使各资源要素能够相互作用、相互制约,从而形成一种网络型的互动关系,构成网络型的合作体系结构。

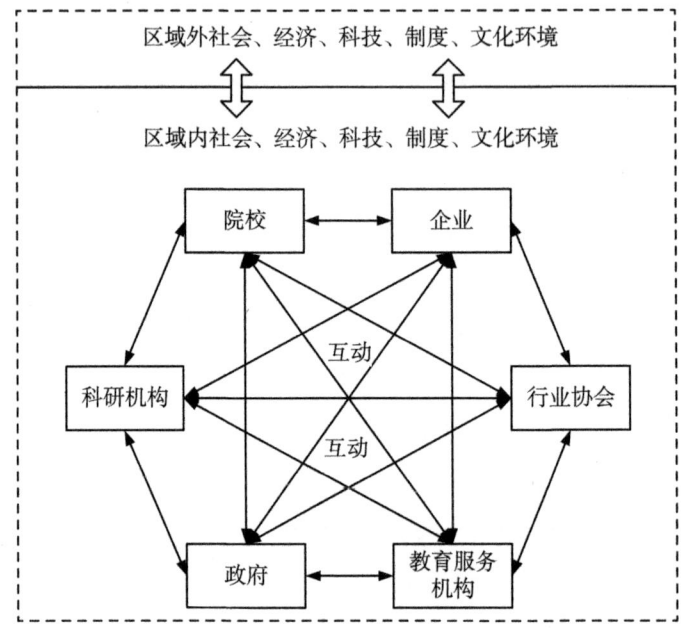

图 4.1 行业型职教集团网络的行为主体构成

本书将行业型职教集团网络分为三层网络,即核心网络(Core Network,CN)、辅助网络(Auxiliary Network,缩写 AN)和外部环境网络(Environm- ental Network,缩写 EN),如表 4.2 所示。根据本书 4.3.1 的阐释,CN 包括大学和企业,二者具有最直接的合作关系。AN 是为 CN 提供服务的辅助系统,EN 是为网络组织提供环境机制和制度保障的主体集合,是合作系统必不可少的条件。

表 4.2   行业型职教集团网络的要素分析

子系统	要素	功能
CN	院校	人才培养、人力资源输出、新技术开发
	企业	人才培养、新产品新技术商业化

续表

子系统	要素	功能
AN	政府	合作引导、政策支持
	科研机构	技术创新、技术转化
	行业协会	行业指导、行业规范管理、行业发展
	教育服务机构	合作的桥梁纽带
EN	社会文化环境	文化认同、精神激励
	政策环境	政策支持、合作激励
	经济、法律环境	金融支持、法律保障

资料来源：刘岩．校企合作创新网络的结构模式和运行机制研究［D］．河南农业大学，2011[96]．

行业型职教集团网络是由政府、企业、院校、科研机构、行业协会、教育服务机构等节点组成，同时也存在着联结这些节点的关系链条。这些关系链条既包括基于共同的社会文化背景下建立的教师、技术人员、科研人员、教育管理者等之间的人际关系网络，又体现在大学与企业在合作办学、合作育人、合作就业、合作发展过程中，选择性地与其他行为主体以资金、信息、人才、技术、知识等要素的流动为联结的交互关系网络。通过这些互惠的正式的交互关系以及非正式的人际关系，各网络节点都可以超越自身的资源和能力限制，把原本属于其他行为主体的互补资产、互补技术等大量外部资源纳入自身的发展需求当中。

（一）人才链

行业发展的核心在企业，企业发展的核心在人才，如何集聚人才是影响行业能否健康发展的关键问题。人才链是行业型职教集团网络中各行为主体基于人才培养而产生的关系，行业型职教集团网络的人才链对于各行为主体来说，有着其他合作模式无法比拟的优势。行业型职教集团往往汇聚本行业内多所院校、企业、机构等，整合了行业内优质的教育资源，校企之间的紧密合作促进了专业与产业对接、课程内容与职业标准对接、教学过程与生产过程对接、学历证书与职业资格证书对接、职业教育与终身学习对接，对推动行业高技能人才培养和产业提升产生联动效应。

（二）技术链

技术链是行业型职教集团各行为主体间基于技术发生的关联，技术的链接过程就是技术的创新与扩散过程。从行业型职教集团网络整体的角度看，技术链包含行业型职教集团网络内部的技术链和行业型职教集团网络与外部的技术联系。各主体间在技术上的链接关系涉及技术合作、技术交流、技术转化、技术引进、技术创新等关联方式。为了保持网络内企业在技术创新上的活力，这些企业不仅要经常在网络内开展技术合作，而且还要通过正式或非正式的途径与网络外的院校、企业等进行技术链接，防止因长期接触相同技术链造成学习途径依赖效应，而被外界的新技术抛弃。

（三）项目合作链

行业型职教集团网络的形成和发展是基于一定的项目合作的，网络各行为主体之间通过频繁广泛的项目合作来加强联结的紧密性。通过项目合作，可以促进网络节点间的相互了解，同时有利于双方建立良好的信任基础和利益分配机制。

（四）信息传递链

信息传递是行业型职教集团网络节点间沟通的重要手段。在行业型职教集团网络中，往往会出现各种组织机构举办的各种形式的会议以及论坛等，所有这些构成了网络成员之间沟通信息的重要渠道。从信息传递链的类型看，主要有产品、人员、技术三种信息传递链。行业型职教集团网络中各种正式和非正式信息的传递，有助于增进各行为主体之间的了解，促进了相互之间的合作，有利于对市场机会的把握。

（五）人际关系链

行业型职教集团网络中各个节点之间的人际关系是联结他们的稳固渠道。在人与人的接触中，所需要的信息能够很快获得，通过面对面的交流，信息能够在交流者之间及时扩散和反馈，并且双方都能够同时做出反应。不仅如此，人际关系链还具有很强的信息搜索功能，交流者可以借助各种人际关系链来搜索并捕捉市场、技术、人才、政策等方面的信息，所以人际关系链是一种快速、有效、低成本的市场拓展手段。

（六）人员流动链

行业型职教集团网络的建立，促进了不同节点间人员的接触和流动，同时人员的流动又促进了知识、技术在网络中的扩散。行业型职教集团网络内人员流动一般发生在大学和企业之间。随着人员流动的扩大和发展，在网络内可以逐步形成一个工作关系网，带来的是源源不断的"技术流"、"信息流"、"知识流"、"经验流"，有力地促进了专业性知识和技术的溢出与扩散。

（七）资金链

资金链是反映行业型职教集团网络内主体的融资渠道。而高校和企业由于自身的局限性，资金来源相对狭窄。但是由于资金在企业和高校发展过程中的重要地位，行业型职教集团网络内的主体会采用各种途径来拓宽融资渠道。从行业型职教集团网络资金链接方式来看，资金的链接过程不一定是一对一的单线连接，可能是多主体的立体性连接关系。如企业、行业协会或教育服务机构、院校共同出资进行的技术合作或人才培养项目。随着行业型职教集团网络的发展，对资金的需求量也会逐步增强，所以，建立合理的融资结构是加强资金链强度的关键。

综上所述，行业型职教集团网络的节点是通过上述各种关系链的作用产生凝聚力，共同组成的一个正式或非正式关系群体，达到使网络组织顺利运行的目的。

三、行业型职教集团的网络结构模型

行业型职教集团网络的主体是大学和企业，二者由于需求的互补性往往建立起最直接的合作关系，同时，二者也是构成网络的核心节点；政府、科研机构、行业协会、教育服务机构组成辅助网络层，通过与核心网络内的各成员之间的联系与合作，为行业型职教集团网络持续发展提供有力支撑，其中，政府具有制定各种政策法规的权利，对校企合作具有导向作用；科研机构通过提供技术支持，保证了行业型职教集团具有具有源源不断的创新动力；行业协会为行业发展提供规范管理和前瞻性指导，保障了行业发展的方向；教育服务机构在整个合作过程中起到桥梁纽带作用；市场需求、社会文化、政策法规、经济、技术环境等外围要素组成外部环境网络，为行业型职教集团网络可持续发展提供进一步的支撑和动力，如图4.2所示。培树行业型职教集团的可持续发展能力，必须要构筑核心网络，在此基础上，不断发展完善第二层和第三层，以进一步提升行业型职教集团服务行业的能力和水平。

复杂网络理论对行业型职教集团的启示：一是行业型职教集团长效运行机制就是要推动区域行业内院校、企业、科研机构、行业协会、政府及教育服务机构构建起网络，并保障其能够进行全方位、全过程的互动；二是行业型职教集团的研究与实践要有宽广的视野，要放到教育、科技、经济协调发展的战略高度来对待，行业型职教集团不仅仅是学校与企业之间的简单线性合作；三是行业型职教集团根植于区域具体环境当中，受区域社会、经济、制度和文化等因素的影响，院校必须走出象牙塔，开放办学，创新体制机制，促进校企文化的融合；四是学校专业设置要紧紧围绕区域经济发展和特色产业进行调整和优化，增强学校与

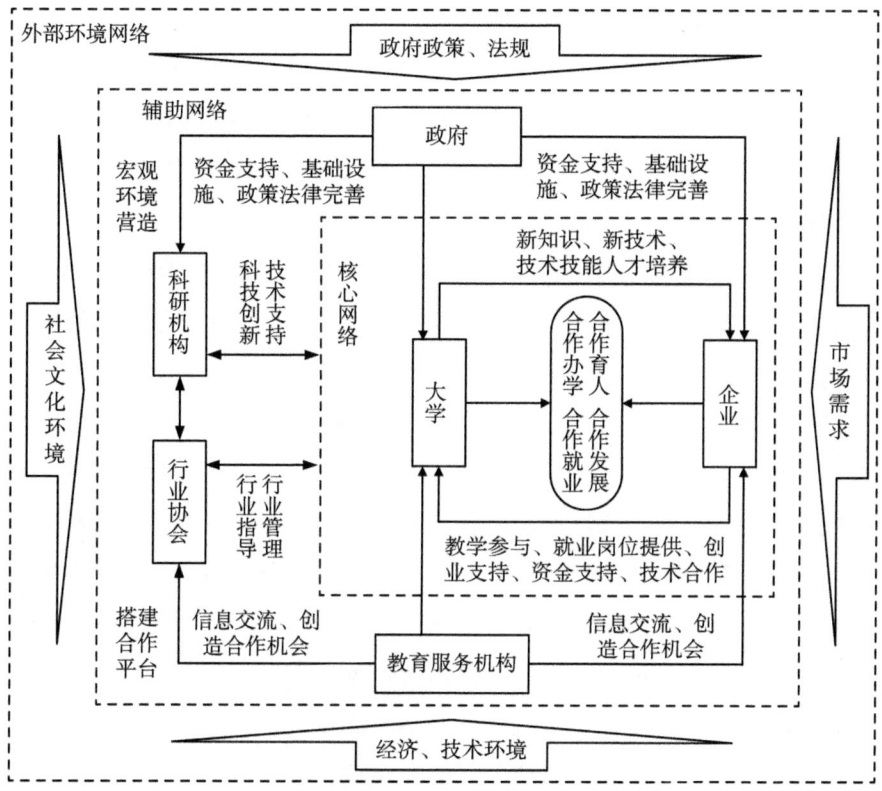

图 4.2　行业型职教集团网络结构模型

参考来源：刘岩. 校企合作创新网络的结构模式和运行机制研究［D］. 河南农业大学，2011.

区域的产业联系；五是积极争取政府的支持，营造校企紧密合作的良好环境。

第四节　本 章 小 结

通过对行业型职教集团复杂网络结构模型的构建，本章内容总结如下：一是无论是产业集群，还是职教集团，所体现的均是一种"群"

化发展的模式，行业型职教集团作为服务于区域内某一特定行业的教育联合体，具有明显的集群化特征，主要体现在集聚性、行业性、协作性、统筹性四个方面。职教集团是产业集群理论在职业教育领域的拓展与应用，产业集群的互利机理与共生机制对指导职教集团的发展有着重要的意义。

二是行业型职教集团由于具有集群的特征，涉及政府部门、企业、行业协会、高校、科研院所等多个行为主体，各主体在交互作用与相互联系过程中，彼此建立起各种相对稳定的、相互反馈作用的、正式与非正式的关系总合，这些关系总合构成了复杂的社会网络。因此行业型职教集团也可以描述为一种结构复杂、关系错综的复杂网络系统，具备复杂网络的特性，主要表现在关系聚集的小世界网络特征、连接分布的无标度特征、集团网络的群落特征三个方面。用复杂网络的工具、思想和方法来分析行业型职教集团具有很强的理论指导意义。

三是借助复杂网络的理论来分析行业型职教集团。网络的构成主要包括三个基本组成部分：行为主体、活动的发生、资源。行业型职教集团网络中的行为主体包括政府、企业、院校、科研机构、行业协会、教育服务机构等；行业型职教集团的网络活动包括各行为主体内部的知识、技术、信息的传递活动、市场交易活动、生产要素的流动、人力资源的流动，以及与网络内外部之间进行的资源交换活动等；资源包括物质资源、技术资源、人力资源、知识资源等。此外，外部环境对各行为主体的行为也会产生不同层次的影响。

四是行业型职教集团网络分为三层网络：即核心网络（CN）、辅助网络（AN）和外部环境网络（EN）。其中，CN 包括大学和企业，AN 包括政府、科研机构、行业协会和教育服务机构，是为 CN 提供服务的辅助系统，市场需求、社会文化、政策法规、经济、技术环境等构成了 EN，是为网络组织提供环境机制和制度保障的主体集合，是合作系统必不可少的条件。

第五章　行业型职教集团运作机理研究

　　分析行业型职教集团的运作机理是我们研究行业型职教集团的重要基础。正如前文分析，行业型职教集团已占据职教集团的主体地位，并已基本覆盖全国，在我国已经形成了广泛的影响，在促进人才培养、行业发展等方面起到了不可忽视的作用。而关于这一办学模式"从哪里来"、"要往哪里去"等问题是理解行业型职教集团发展的关键，因此，只有充分了解行业型职教集团的运作机理，才能更好地分析和判断行业型职教集团"要往哪里去"。

　　目前对机理有两种解释：一是指为实现某一特定功能，一定的系统结构中各要素的内在工作方式以及诸要素在一定环境下相互联系、相互作用的运行规则和原理；二是指事物变化的理由和道理，从机理的概念分析，机理包括形成要素和形成要素之间的关系两个方面。在化学动力学中，所谓"机理"，是指从原子的结合关系来描绘化学过程，如果其过程是动力学控制的，机理是指原子水平的表面过程。

　　将机理的概念套用至行业型职教集团，即指将行业型职教集团视为一个系统，为实现集团系统目标，集团内部各行为主体的内在工作方式以及各行为主体者在一定环境下相互联系、相互作用的运行规则和原理。因此，从这个概念来进行分析，行业型职教集团运作机理，主要包含行业型职教集团的主要功能和目标、形成发展动力和演化发展过程等方面的内容。本章将从这几个方面展开，对行业型职教集团的运作机理进行深入研究，力图为我们更好地理解行业型职教集团提供良好的视角。

第一节 行业型职教集团的功能与目标分析

行业型职教集团涉及政府部门、行业协会、企业、高校等多个行为主体，实现了多个领域的综合跨界，各主体在各种正式或非正式的交互作用与相互联系中，构成了复杂的社会网络，往往涵盖了政校、政企、校校、校企等多种网络关系，从本质上可以说，是一种基于建设与整合行业内优质职业教育资源、通过一定的体制机制扩大行业职教资源影响力，并实现品牌化的复杂系统。

每个行业型职教集团都有其自身特定的阶段性使命和价值追求，明确功能与目标，是研究行业型职教集团的重要前提。在这里，"功能"表述的是在一定历史阶段及经济社会条件下，行业型职教集团实际发挥出的有利效能；"目标"则指行业型职教集团向其发展或未来预期应达成的愿景。行业型职教集团从实际走向愿景，需要有效处理现实与未来之间的关系，在必要条件支撑下，构建适当的体制机制，更好发挥自身功能，向理想愿景迈进。

一、功能分析

作为职业教育的重要组成部分，行业型职教集团具有优化人才培养、促进经济发展、推动科技进步、传承行业文化等功能。在不同国家和地区、不同历史阶段，对行业型职教集团的功能有着不同理解和阐释，呈现出多重性与多元化特征。本书将行业型职教集团的功能概括为社会功能、经济功能与人文功能三大类。

（一）社会功能

社会功能是指将行业型职教集团作为社会成员，其社会身份和功能发挥作用的大小程度，社会功能体现了行业型职教集团的社会利益关系。职业教育是一项庞大而重要的社会事业，行业型职教集团是职业教育的重要组成部分，因此，行业型职教集团能否与社会协调发展就显得十分重要。从这个角度看，行业型职教集团的社会功能体现为：

1. 维护社会稳定

职业教育是维护社会稳定、提升全社会教育水平的基本途径之一。行业型职教集团在此方面作用巨大：一是为社会培养具有一定综合素养和社会公德的合格公民，构建稳定的社会政治结构；二是向各类受教育者提供赖以生存的职业技能，指导其投身行业建设，形成积极向上的职业观念，完成从自然人、学校人向职业人、社会人的合理过渡，从而维护社会和谐稳定。

2. 服务行业变革

一是通过集团成员的共同努力，优化行业人才培养模式，培养大批符合社会发展需要的技术技能人才和高素质劳动者，参与经济社会建设和行业转型升级；二是通过深化教育链与产业链的对接，有力地促进了职业教育对于技术开发与成果转化的参与度，推动更多的实用新型技术走向市场，服务行业发展。

3. 促进终身教育体系构建

职业教育是"面向人人的教育"，是平民教育，具有基础性、全纳性、终身性和全民性等特征。我国现实的职业教育还是"断头教育"，使得大批职业教育毕业生以及在职人员的后续教育与职业发展存在差距，造成许多行业的高端技能人才，尤其是具有高技术水平的技工、高级技师等严重缺乏，出现低端资源过剩与高端资源严重不足的矛盾。行业型职教集团利用自身优势，整合行业内职业教育资源，通过纵向上的跨界，以专业或专业群为纽带，有效地推动不同层次教育资源的衔接，如中高职衔接、高职与本科衔接，以及在职培训与学历提升等，满足不同层次职业教育的需求，促进了终身教育体系的构建。

（二）经济功能

1. 深化校企合作

校企合作是当前职业教育发展面临的首要难题，是行业型职教集团形成的源动力之一，绝大多数行业型职教集团都以解决校企合作为重要使命，因此，深化校企合作成为了行业型职教集团的首要经济功能。一是通过不断强化及激发集团内生动力，发挥自身优势，优化外生动力环境，为校企合作创造更好的发展契机；二是持续创新校企合作载体，破解校企合作长效机制建设的难题，不断增强校企合作的吸引力，创造性的解决集团发展的"瓶颈"问题，实现校企合作可持续发展。

2. 推动知识交流与技术进步

行业型职教集团的各行为主体对新知识、新技术有着天然的需求。一方面，在行业变革和转型升级的不断刺激下，集团中的各行为主体基于自身发展的需要，主动联合起来开展科技创新，推动新知识的交流和新技术的突破；另一方面，行业型职教集团自身的使命感也迫使其在知识和技术上必须不断与时俱进甚至是超前发展，走在知识技术的前沿并积极寻找技术创新的契机。

3. 促进职业教育资源流动与共享

在职业教育资源因部门限制、地域限制而隔断时，行业型职教集团通过横向上的集群和联合，达到成员间教育资源的充分共享和最大利用。校企双方借助行业型职教集团的平台，通过人才培养、员工培训、师资互聘、共建实习实训基地、技术合作、文化对接等方式，推动资源共享、优势互补和互利共赢，使得双方能够在较短的时间内，解决或缓解职业教育资源不平衡、职业教育师资队伍薄弱、实习实训基地不足与效益低下、技术创新能力不足等问题。

(三) 人文功能

1. 传播职业精神

职业教育发展是推动行业变革、服务行业发展的重要力量。在一定意义上，进步、完善的职业教育制度表征着教育的公平与开放，有助于职业精神的弘扬。行业型职教集团通过搭建平台促进各方交流、增进社会各界对职业教育的了解，弘扬职业道德，传播职业理想，形成对职业教育的正确认识以及正确的舆论导向。

2. 增强企业社会责任

企业的社会责任要求企业必须超越把利润作为唯一目标的传统理念，同时要在生产过程中关注人的价值，承担起对环境、消费者和社会的责任与贡献。一方面，国家以及地方文件对企业社会责任提出了明确的要求和政策依据，《国务院关于加快发展现代职业教育的决定》明确提出，支持企业通过校企合作共同培养培训人才，不断提升企业价值，企业开展职业教育的情况纳入企业社会责任报告；另一方面，企业通过积极参与行业型职教集团，落实社会责任，实现了企业经济责任、社会责任和环境责任的动态平衡，为企业树立了良好的社会声誉和形象，对于企业增强投资者信心、吸引优秀人才等奠定良好的基础，进一步提升了企业的竞争力。

3. 丰富职业教育内涵

伴随着职业教育的快速发展，加强职业教育内涵建设成为国家教育发展战略主题之一。在这一背景下，职业教育集团化办学作为职业教育内涵建设的重点被列为各地教育发展的重要目标，国家和区域关于支持职教集团建设方面的文件密集出台，职业教育集团数量迅速增长，类型也更加丰富。行业型职教集团作为职教集团的主要类型，在创新职业教育体制机制、破解产教融合难题与深化人才培养模式内涵建设等方面发挥了巨大的战略推动作用，极大的丰富了职业教育的内涵。

二、目标分析

所谓"目标",是社会个体、部门或组织期望达到的境界或结果,目标强调实践性、可行性。关于行业型职教集团的目标,本书从其自身功能与发展方向出发,同样可归结为社会性目标、经济性目标和人文性目标。

(一)社会性目标——提升职教社会地位,获得全社会认可

当前,我国正在深入推进"中国制造2025"、"脱贫攻坚"、"互联网+"、"大众创业万众创新"等重大国家战略,新旧动能转换提速,新业态不断涌现,新模式快速发展,转岗转行人群大量增加,技能人才缺口急剧增长。为此,在各项国家战略的发展规划和战略布局中,皆对人才培养和教育培训提出明确要求和具体任务。如《国家创新驱动发展战略纲要》指出,要完善高端创新人才和产业技能人才"二元支撑"的人才培养体系,要在各行各业大规模培养高级技师、技术工人等高技能人才[97]。

职业教育在服务国家战略中发挥了重要作用。而作为职业教育重要组成部分的行业型职教集团,凝聚了"政府、行业、企业、学校"等多方力量,在创新体制机制、深入内涵发展、优化专业建设、带动产教融合、实现多方共赢等方面展现出了独特功效,近年来在我国职业教育领域迅速传播,受到国内学者的持久关注。虽然行业型职教集团成员单位构成复杂,目标不尽相同,但其作为职业教育的重要组成部分,归根结底服务于职业教育的发展,因此,行业型职教集团的最终目标是汇聚各种力量,推动职业教育发展,提升职业教育的社会地位,并获得全社会认可。这也是国家和各级政府始终坚定不移的主导和支持职教集团建设的重要原因。

行业型职教集团紧盯重大国家战略中的技能人才需求,优化行业人

才培养模式，培养大批符合发展需要的技术技能人才和高素质劳动大军，推动经济社会更好发展和民生不断改善；行业型职教集团紧紧依托校企合作，紧密对接行业，不断创新"校企共享"的载体建设，共享和丰富职业教育资源，为经济社会建设和行业转型升级实现技术技能积累。

（二）经济性目标——打造优秀职教品牌

关于品牌，营销学家罗洛和昆哈（Louro & Cunha）提出，"品牌是一个功能性、情感性、相关性及策略性的多元化组合体，透过这样的组合体在消费者心里产生一系列独特的联想"[98]。品牌是人们对一个组织机构及其产品、售后服务、文化价值的一种评价和认知，是一种信任，品牌已是一种商品综合品质的体现和代表，当人们想到某一品牌的同时总会和时尚、文化、价值联想到一起。

基于上述关于品牌的表述，再来研究行业型职教集团，我们发现到目前为止很难找到具影响力的品牌，很难在人们心中找到具备功能性和情感性的代名词，且难以将各种类型的职教集团区别开来。这充分说明行业型职教集团目前尚未形成具代表性的品牌，总体来讲，行业型职教集团的整体形象认知度、品质认知，以及通过这些而表现出来的市场认可度和忠诚度是模糊，甚至是缺位的。因此，打造优秀的职教品牌既是行业型职教集团的重要研究课题，更是现实责任和发展目标，需要包括政府、院校、行业企业、社会组织的共同努力。

行业型职教集团品牌化应具备以下特征[99]：

1. 品牌化的行业型职教集团一定是特色发展的

行业型职教集团必须有自己的价值追求才会表现出它的功能作用，而这种价值追求以及发挥出来的功效展示出来就是特色。

2. 行业型职教集团品牌化就是一种默认的人才培养质量保证

行业型职教集团的主要产品之一就是人才，品牌的形成就是质量信誉的建设过程，因此，行业型职教集团品牌化建设就是职业院校自我发展、提高教育质量的手段。

3. 行业型职教集团品牌化可以形成技术技能型人才的相对垄断，从而吸引企业参与职业教育

行业型职教集团的集约化发展，将质量低下的同类专业、学校淘汰出局，促进形成局部或阶段性的专业人力资源垄断，而劳动力供给垄断化，无疑可以抬高职业院校的话语权，提升职业教育的地位，促使企业与职业教育开展制度化的交流。

4. 行业型职教集团在品牌化的基础上可以向连锁化发展

品牌既然是形象和影响力，它就可以被传播。职业教育集团品牌的无形资产可以通过连锁加盟得以扩大，这也意味着品牌化的职业教育标准、规范将可能影响到更大的范围。

（三）人文性目标——培树行业核心价值观，传承和发展行业文化

行业文化，是行业行为与文化相融合的产物，是行业在发展过程中逐步形成的行业物质文明与精神文明建设共同构成的整体境界、规范和价值的总和。行业文化由表层文化、浅层文化、中层文化和深层文化四部分组成。表层文化是指行业的主体形象、建设设施等，是行业文化中的物质文化。浅层文化是指行业从业人员在工作、交流、活动中产生的文化现象，是行业文化中的行为文化。由于表层和浅层文化直接反映着行业文化建设成果，所以被称为行业文化的"脸"。中层文化是指行业的组织形式和各种规章制度，是行业文化中的制度文化，它规范着行业行为，相当于行业文化的"手"。深层文化是指行业的行业精神、管理科学、职业道德、价值观念等，是行业文化中的精神文化，是行业充满生机和活力的保证，相当于行业文化的"心"。深层文化是行业的核心灵魂，一方面，主导和决定着其他三种文化的变化和发展；另一方面，又是其他三种文化的结晶和升华。只有把四种文化有机结合形成行业的整体文化，才是全面、系统、科学的行业文化[100]。

习近平指出，一个国家，一个民族的强盛总是以文化兴盛为支撑的。没有文明的继承和发展，没有文化的弘扬和繁荣，就没有中国梦的实现。而社会主义核心价值体系和核心价值观是决定文化性质和方向的最深层次要素，是一个国家的重要稳定器。他这段话，鲜明地将文化与核心价值观的关系摆在了全社会的面前。每个社会都有其主流价值观，每个组织和社会个体也都有其各自的价值观，并受到价值观的支配和制约。价值观对个人或组织的目的动机和行为模式有重要影响。学校教育的一项重要任务在于通过开展及强化国家所强调的主流价值观教育，培养学生形成正确的价值取向和道德观念，形成适应自身需要的判断和选择能力[101]。而作为职业教育，除了培养受教育者学会做人、做事，形成正确的人生理想目标，还应当强化行业核心价值观的培树，加强职业道德培养和职业素质养成，着力培养既掌握熟练技术，又坚守职业精神的技术技能人才，这是职业教育的理想，不仅关系到受教育者的未来成长，而且也关系到经济社会和行业的长远发展。因此，培树行业核心价值观，传承和发展行业文化，是作为职业教育重要组成部分的行业型职教集团的伟大人文性目标与使命。

对于行业型职教集团来讲，培树行业核心价值观，传承和发展行业文化，关键体现在两点：一是要实现高职教育与行业文化内涵的不断融合，并转化为具行业核心价值理念的人才培养模式，如交通行业核心价值观贯穿在人才培养全过程，使职教集团成为技术技能型人才培养、技术培训和技能提升的专业人力资源开发基地，切实构建行业终身教育体系；二是要实现高职教育自身技术实力的提升，以职业教育独特的价值和特色去获取社会与行业的认可。通过不断倡导技术立校、技术立业、技术立企的文化内涵，形成技术人才、技术创新、技术转移等为核心的技术支撑体系和技术服务体系，构建技术文化与创新文化支撑的产学研互动模式[102]，切实推动行业和区域经济的技术进步、发展创新。

培树行业核心价值观，传承和发展行业文化，需要行业型职教集团成员的共同努力，在观念、制度和行为等不同层面，发挥主动性、积极性，积极发挥行业文化的领导力和创新力，构建开放、动态的行业文化环境和行业教育生态。

三、从功能到目标——矛盾调和与体制机制构建

研究行业型职教集团的既有功能和理想目标，是解决其现实选择与长远发展之间关系问题的理论需要与实践需要，特别是要解决好两个问题，即整体目标与个体目标之间矛盾的调和问题，以及整合多方利益的体制机制建设问题，如图 5.1 所示。

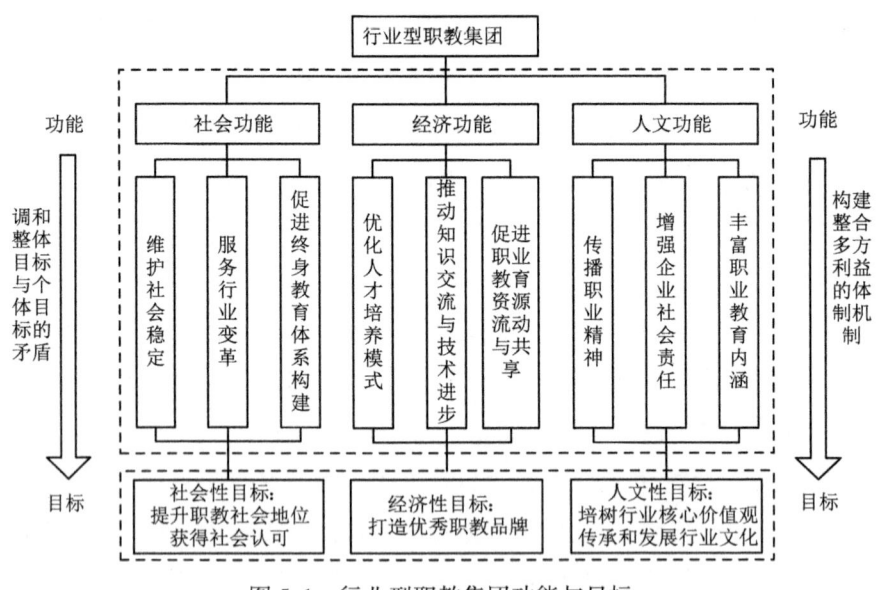

图 5.1　行业型职教集团功能与目标

（一）有效调和整体目标与个体目标之间的矛盾

在第四章中提到，行业型职教集团是根植于区域和行业特殊环境、涉及多个行为主体的复杂社会网络，各主体在交互作用与相互联系过程

中，彼此建立起各种相对稳定的、相互反馈作用的、正式与非正式的关系。行业型职教集团实现上述既有功能并向理想目标迈进的过程，实质上就是集团整体与各单独个体在实践各自目标的过程中，整体目标与个体目标之间的矛盾不断被有效调和的过程。整体与个体在目标和价值观上既有一致性，又存在差异与冲突。从集团整体来讲，应以满足社会需求、实现整体目标为首要前提，同时兼顾个体需求和目标。然而，行业型职教集团的复杂性决定了其整体目标和个体目标之间存在一定的矛盾和差异，前者以实现行业发展和职业教育提升为己任，后者以实现个体发展和优化利益为代表，两类目标之间往往不能同步。解决这两类目标不能同步的矛盾，其根本思路在于以整体目标包容、带动个体目标，以整体发展刺激个体发展，以个体发展促进整体发展，有效调节两者之间矛盾，实现两种目标的平衡、和谐。

（二）构建整合多方利益的职教集团体制机制

行业型职教集团需要各行为主体的全面深入参与，即全面参与育人过程、全面合作开展技术领域创新、全面开放职业技术教育资源共享等，以实现整体目标。然而，当前我国行业型职教集团发展现实与公众期望之间存在较大差距，原因在于行业型职教集团基础薄弱、发展环境复杂、参与主体多元、利益诉求冲突，发展动力不足，但却被赋予较高的职责、较全面的功能和强烈的社会使命感。在现阶段，很多现实困难特别是体制机制障碍难以破题的前提下，确实存在结构松散、管理效能低下、后继发展乏力等系列问题。为此，有必要深入研究现状、深化教育理念变革，努力突破管理瓶颈和体制机制障碍，通过处理好各种关系，如校企关系、校校关系、核心层和辅助层之间的关系，以及集团与社会的关系等，构建整合多方利益的行业型职教集团体制机制，构建各成员之间的共生模式与效益模式，构建集团与社会及新兴产业相融并生的文化体系、产学研协作体系、工学结合体系和人才支撑体系，实现职业教育与经济社会的联动。

第二节　行业型职教集团的形成发展动力分析

行业型职教集团是一种特殊的组织,它具有特定的区域性,参与其中的各成员形成一种既具共同的组织目标,又具有各自发展使命的组织形态,体现出职业教育集团化办学的主体多元化和利益多元化的组织特征。行业型职教集团的形成、发展、功能的实现及其向目标的演进,都是在一定力量的作用下完成的,这就是形成发展动力,即在行业型职教集团网络中,驱动各行为主体网络关系形成、发展和演进的一切有利因素,以及这些因素构成的力量结构体系及其运行规则。

行业型职教集团的形成发展动力按照其根源可分为具有市场自组织特点的内生动力与具有制度政策孵化特点的外生动力,其主要功能就在于将集团中各行为主体的资源要素转化为显性的竞争优势,继而推动各行为主体之间的需求互补与合作共赢。因此,获取持续动态的竞争优势是行业型职教集团不断深入发展的标志。其中,内生动力是一种自发的内在力量,表现为经济利益、资源流动、(地理、组织、文化、制度和行业)邻近性、主体战略等因素;外生动力主要来源于外部环境与政府有意识地对院校和企业进行的规划、调控行为,主要表现为政治、经济、社会、科技等因素。内生动力和外生动力是相辅相成的,它们的相互融合推动了行业型职教集团的形成与发展,如图5.2 所示。

在行业型职教集团网络中,核心网络由院校和企业构成,因此,校企合作关系的形成及发展逻辑就显得非常重要,成为我们研究行业型职教集团良性发展的关键点。弄清校企合作的动力因素及其相互作用规律,就可以深入地把握行业型职教集团的形成、发展逻辑和演变轨迹,同时也有助于保障行业型职教集团持续、健康的发展。

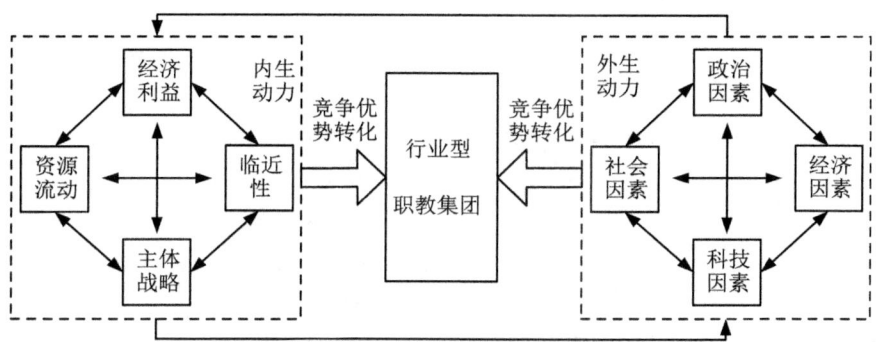

图 5.2　行业型职教集团的动力因素

一、内生动力

在行业型职教集团网络中,存在于各行为主体内部、根植于自身发展需要而产生的驱动力称为内生动力。集团中各行为主体对竞争优势的期望和在实践中对竞争优势的检验反馈,指引了内生动力的调整和优化,内生动力的不断优化又促进各行为主体具备了更有效地利用要素的能力与方式,并促使其去更新或获取更有价值的要素,如知识、技术、信息、人才等资源。因此,持续调整优化合作的内生动力,聚集更有价值的要素,并不断地将要素转化为竞争优势,是行业型职教集团不断发展的内在逻辑,如图 5.3 所示。在所有的行为主体中,核心网络成员(院校、企业)的合作内生动力对行业型职教集团的发展演化具有更加直接、基础性的影响。

行业型职教集团的内生动力具有市场自组织特点,表现为经济利益、资源流动、(地理、组织、文化、制度和行业)邻近性、主体战略、专业化分工、规模经济、技术创新等动力因素。接下来,对其中影响程度较大的经济利益因素、资源流动因素、邻近性因素、主体战略因素四个方面的动力因素进行分析。

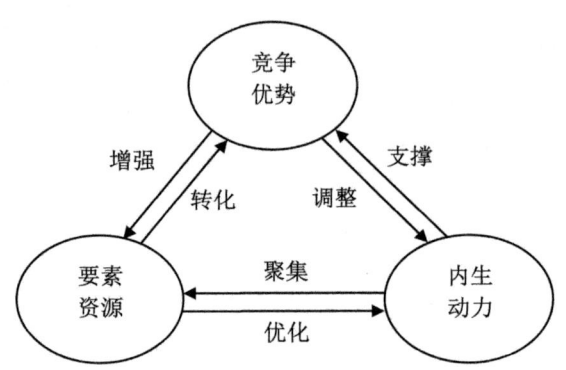

图 5.3 行业型职教集团发展的内在逻辑

（一）经济利益因素

行业型职教集团是由多个独立的行为主体构成的复杂网络，对于大多数自发的合作来说，最直接最根本的动力都在于对经济利益的追逐。无论是追逐利润最大化的企业，还是寻求长远发展而需要累积知识、技术、人才等的高校，进行合作的最终目的都是为了获取高于单独运行能带来的收益。经济效益是各行为主体开展合作的所有动力因素中活跃程度最高的，涵盖的内容很丰富，既包括资金、收益、税收等显性的经济利益，也存在品牌、社会声誉、人才培养质量提升等社会效益。

对于企业来讲，行业型职教集团的主要参与动机和目的是新技术的获取、研发和人才培养成本的降低、税收的减免等直接或间接的经济效益。区域经济的快速发展、行业的转型升级、经营模式的转变等，都需要大量的资金、技术、人才作为支撑，特别是现代社会高度的专业化分工与更加密切的社会化协作，导致我国产业结构和劳动力结构发生了深刻变化，对劳动者的数量和质量也提出了新的迫切要求。因此，通过行业型职教集团搭建的平台，企业能否以较低的成本、较快捷的方式持续获取知识、技术、人才等要素，并转化为动态的市场竞争优势，直接决定了企业参与行业型职教集团的积极性，以及行业型职教集团持续吸引外部企业加入进来的能力。

对于院校来讲，行业型职教集团的主要参与动机和目的是教学质量的提升、技术项目的开发、师资队伍的建设、办学条件的改善、办学资金的获取等。针对以财政拨款为主要资金来源的公办院校来说，其内在动力更多地表现在与人才培养密切相关的教学、科研和师资结构优化等社会效益上。对于民办院校而言，资金主要来自企业的资金、学生的学费，这决定了民办院校的办学实质除了人才培养之外，必然以营利为目的，其在推动学校经济发展、培养符合市场需求人才等方面的主动性非常高。因此，整体来看，在校企合作中，院校的动力更加强劲。同时，由于院校组织大多属于典型的一元结构，这种组织结构有利于在本组织范围内统一管理、统一调配资源，但在与外部环境进行资源交流方面，往往暴露出体制本身难以克服的弊端，特别是在学校扩大规模或经营多元的情况下，容易导致教学与生产实践脱节、专业重复建设、资源浪费、教育效益低下等一系列问题。行业型职教集团搭建了多元化的组织交流平台，促进了院校与外部环境和其他组织之间的资源交流。因此，院校能否有效的与外部环境和集团内其他组织交流，从而获取有效的行业发展信息、各类合作机会等，并转化为促进院校长远发展以及提升院校品牌的知识、技术、人才等方面的沉淀，直接决定了院校参与行业型职教集团的积极性。

总体而言，行业型职教集团良性发展的本质就在于经济利益的实现，经济利益因素对于行业型职教集团各行为主体同时具备吸引以及促进各方的影响。

(二) 资源流动因素

在行业型职教集团中，资源主要是指为了确保各方合作能够顺利进行所需的包括资金、知识、技术、人才、信息等在内的各种资源。在实际的经济生活中，无论是高校、企业，还是研究结构、行业协会等，所有行为主体拥有的资源都是受到有限约束的，并且绝大部分行为主体的资源结构也是呈不均衡状态。所以当各主体进行单独经济活动时，往往会因为某种资源的缺乏而陷入瓶颈，正是这种基于对资源的需求，使得集团各行为主体萌发了合作的意识，并通过合作实现资源结构上的优势互补，以保证合作各方获得更好的收益和更高的成功率。

在行业型职教集团的核心关系即校企合作关系中，校企之间存在较为频繁的资源流动，如图 5.4 所示。企业在资金资源等方面所占的优势比较明显，而拥有的专业技术人才以及技术成果积累都是有限的；院校由于自身缺乏商业化运作在经费、市场信息等方面受到很大的限制，但是高校在长年累月的沉淀中积累了丰富的知识、技术和人才资源，因此，企业大量岗位的提供为合作人才培养提供了落脚点，大量资金的注入为合作创新提供了物质基础，院校的技术技能人才培养、新知识传播和新技术开发等为企业的可持续发展提供了良好的动力基础。同时，企业的市场信息以及院校的技术信息和人才优势更好地融合在一起，引领校企合作与市场需求接轨，为校企双方实现提升提供可能。因此，资源共享因素也是促进行业型职教集团发展的重要动力因素之一。

（三）临近性

行业型职教集团是拥有职教资源的行为主体基于区域与行业的抱团发展，体现了特定区域和行业范围内，形成的有利于职教资源流动、技术技能人才培养以及技术创新等合作关系的互动网络。知识、技术、信息、人才等资源都蕴含在网络中，网络中存在的地理、社会和行业临近性有助于各主体之间的交互，这种频繁的交互使得资源流动与共享变得更加容易，从而有助于各行为主体在行业型职教集团中获得正外部性。邻近性可分为三种，即地理邻近、社会邻近和行业邻近（Boschma, 2005）[103]。如表 5.1 所示。

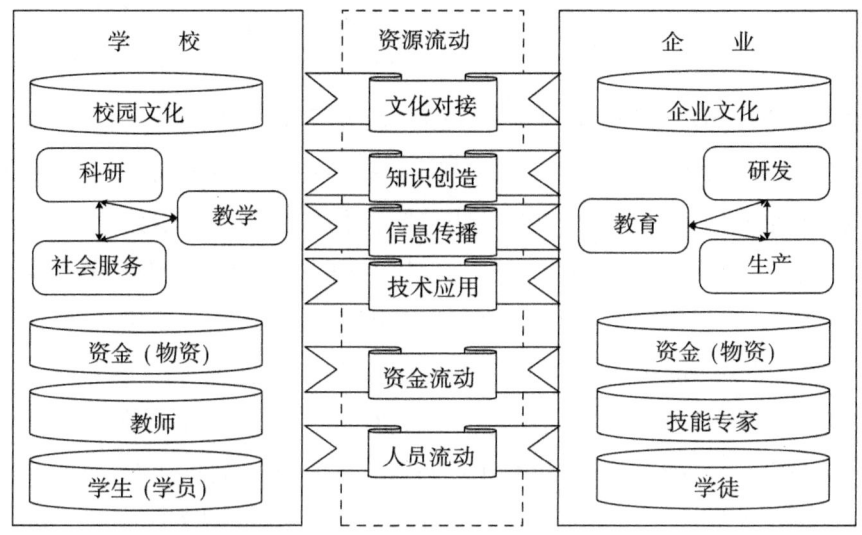

图 5.4　校企之间的资源流动

表 5.1　　　　　　　　三种类型的邻近：一些特征

临近类型		主要维度	太少的邻近	太多的邻近	可能的解决方案
地理邻近		距离	无空间外部性	缺乏地理开放性	本地自播和外部联系的结合
社会邻近	组织	控制	机会主义	官僚主义	松散的联系网络
	文化	信任（基于社会关系）	机会主义	缺乏经济理性	根植和市场关系的结合
	制度	信任（基于共同制度）	机会主义	锁定和惰性	制度系统的核查和平衡
行业邻近		知识鸿沟	误解	没有创新源	基于多样化但互补的能力的共同知识基础

资料来源：RON A. BOSCHMA, *Proximity and Innovation: A Critical Assessment*, Regional Studies, February 2005, Vol. 39.1, p.71.

地理邻近是指区域网络各主体在地域或空间上的距离很近，地理邻近能够使各主体在正外部性中获益，能更容易、更充分地进行面对面的交流信息、转移隐性知识和共享资源；社会邻近与社会根植性概念有关，美国社会学家Granovetter（1985）认为行为与制度、文化是紧密相联的，组织行为是深嵌于社会的共同文化和制度环境的，各主体基于区域内共享的语言、规范和习惯、态度、价值、预期，更容易产生信任，社会邻近又可细分为组织邻近、文化邻近和制度邻近；行业邻近指网络各主体处于相同或相近产业领域的特征，因而具有天然的产业联系[104]。地理邻近性与社会邻近性和行业邻近性往往是相互联系的，一般说来，单有一种邻近性是不能形成具有良好互动关系的网络的，网络存在必须具有两种以上的邻近性。如果缺乏地理邻近性，那么网络只是一个虚拟的网络；如果缺乏行业邻近性，尽管也可能有相互合作的网络存在，那么这种网络只能是松散的联合体；如果缺乏应有的社会邻近性，那么网络的互动不足，合作成效不高。如果行业型职教集团网络同时具有地理邻近性、社会邻近性和行业邻近性三种邻近性形式，且内生的存在于互动网络的结构—关系—行为之中，而不是游离于网络活动过程之外，那么网络中的合作将是深度的，无疑具有优异的合作绩效，如图5.5所示。

事实也证明，院校只有深深根植于区域经济社会和行业发展当中，成为行业型职教集团网络中的重要节点，才有可能与网络中的各行为主体特别是行业企业有良好的互动，形成"合作办学、合作育人、合作就业、合作发展"的良性校企合作体制机制。同时，邻近性超过一定限度后，将会给网络带来脆弱性、锁定（lock-in）、僵化和自满综合症等一系列陷阱和风险，从而导致动力机制的锁定或失效。若从合作的视角来看，过度的邻近性，会导致合作主体间的趋同化加重，过少的邻近性，会导致网络主体间的差异化加重，不利于合作的形成。因此，在行业型职教集团网络的实践中，既要保持网络的地方根植性，又要保持网络的开放性，避免太少或过度的邻近。

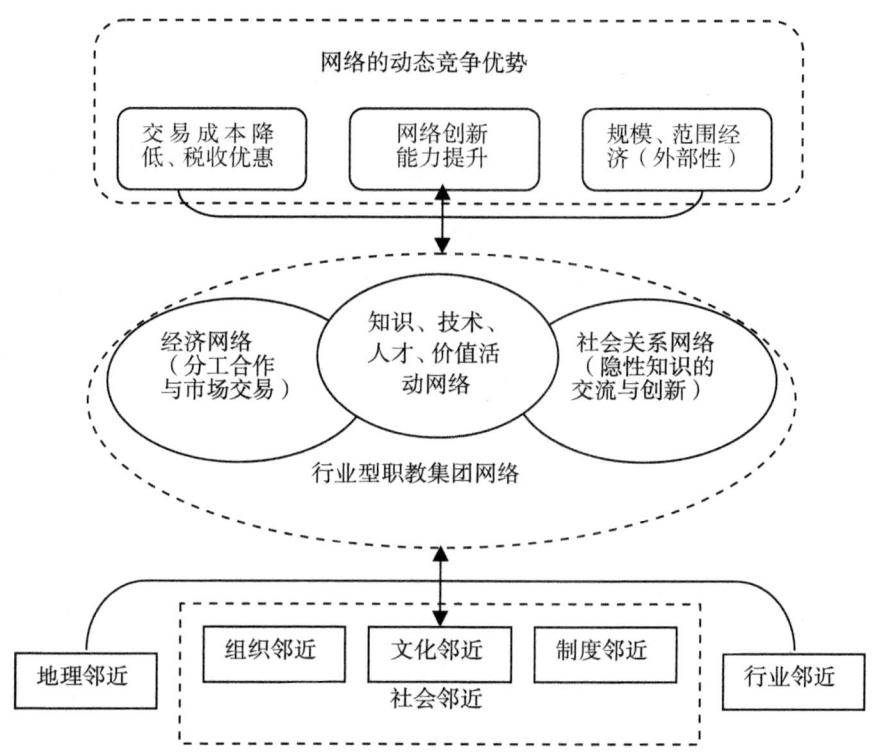

图 5.5 邻近性与行业型职教集团网络的内在互动逻辑

资料来源：王孝斌. 创新集群的演化机理［M］. 科学出版社，2011.

（四）主体战略因素

与资源流动等客观因素不同，另一内部驱动因素主体战略更是从主观意识层面来作用于行业型职教集团的内在发展的。战略是指院校或者企业决策领导层就组织今后的长期发展制订的宏观规划，战略是院校或企业开展各项工作的基本准则。无论是院校还是企业，其领导层在战略规划上决定着主体合作行为开展的程度以及频率。同时，企业的合作动机随着不同的校企合作形式而动态变化。在浅层次的校企合作，如建立实习基地、成立行业指导委员会等形式中，企业的主要动机更多体现为非经济色彩的感性动力上，如增强自身社会责任意识、提高自己的公众辨识度以及社会声誉。而在校企合作的深层面中，重要的是拉动经济的发展，为人才提供支撑的平台，如订单式人才培养模式，减少了企业在用人方面的成本，提高效益。企业的不同发展战略对于企业的主体行为至关重要，如对于重视人才的主体而言，组织会加大人才引进和人才培养的投入，并建立较为完善的政策措施；而对于重视技术创新发展的主体而言，整个组织不仅在技术创新方面会有更大的人力物力财力等资源的投入，而且组织会形成有利于创新发展的管理制度，更好地为创新营造良好的环境提高创新效率。因此，行为主体的战略对于整个组织的各项资源投入、政策制度建设、文化氛围营造、伙伴关系建立等，都起到了决定性的作用，极大地影响了组织的行为和决策。

二、外生动力

对于行业型职教集团网络来说，其面临的外部环境很复杂，为了能够更加全面且精准地判断出外部环境中的动力因素，本书借助 PEST 分析方法，分别从政府、经济、社会以及技术四个大的方面识别行业型职教集团的关键外部动力因素。

（一）P-政治因素（Politics）

政府在国民经济发展中负有宏观调控的职能，各级政府依据国家经济发展计划出台相应的政策法规，对各经济主体都将产生重大影响，因此，政府因素在行业型职教集团的发展中具有关键意义，是行业型职教集团发展的重要外生动力因素。在校企合作比较成熟的发达国家，政府在其中的推动作用都很强大。例如，美国政府非常重视产业孵化器的建设，专门为高新领域校企合作创新项目的开展提供各类专业性服务；日本提出官产学研四位一体的概念，进一步强调了政府在校企合作中的积极作用，并且在实践中也充分发挥了政府的重要影响力[105]。

近年来，我国国家层面以及教育主管部门先后出台了《教育部关于充分发挥行业指导作用推进职业教育改革发展的意见》（教职成〔2011〕6号）、《教育部关于推进中等和高等职业教育协调发展的指导意见》（教职成〔2011〕9号）、《教育部 财政部关于支持高等职业学校提升专业服务产业发展能力的通知》（教职成〔2011〕11号）、《教育部关于推进高等职业教育改革创新引领职业教育科学发展的若干意见》（教职成〔2011〕12号）、《国务院关于加快发展现代职业教育的决定》（国发〔2014〕19号）、《教育部等六部门关于印发〈现代职业教育体系建设规划（2014—2020年）〉的通知》（教发〔2014〕6号），以及《高等职业教育创新发展行动计划（2015—2018年）》等多个关于职业教育的指导性意见与建设计划，其中，都能找到关于职教集团的内容，充分说明国家政策对于职教集团的重视程度，以及职教集团在职业教育中的重要性已毋庸置疑。此后，各级地方政府也出台关于职教集团的指导性建设意见，国家层面相关行业组织也开始逐步组织落实骨干职教集团的标准制定出台，这些都为行业型职教集团的发展营造了良好的政策环境。

政府不仅能为行业型职教集团发展营造有利的发展环境、制定积极的政策措施，而且还能提供有力的资金支持和人才准备。例如，政府可积极为行业型职教集团的组建搭建平台、牵线搭桥，在政府信誉保证下，集团合作将在更良好的信任基础上展开；政府在相关的金融政策、法律政策以及人才政策等都可以产生积极的影响。政府在为行业型职教集团营造良好的政策发展环境方面有着不可替代的重要影响力。

（二）E-经济因素（Economy）

经济因素，是指国家的经济形式、经济制度、经济结构、产业布局、经济发展水平及经济发展趋势，企业所面临的产业环境和竞争环境等。由于网络中的各经济主体是处于宏观大环境中的微观个体，经济环境决定和影响了各主体的战略与经济行为，以及各主体之间的相互关系。经济全球化促进了各主体之间的相互依赖，网络中各组织在战略决策过程中还需要关注、预测和评估网络内外其他组织的经济状况。

对于行业型职教集团而言，经济因素包括集团整体以及网络内各经济主体所面临的经济环境、产业发展走势和市场竞争环境等。行业型职教集团的形成，其出发点应来自于职业教育发展的需求，职业教育的发展不能脱离区域经济现状，不能脱离行业企业的实际需求。因此，行业型职教集团的发展必须与宏观经济的发展和行业走势相适应。行业型职教集团网络中各行为主体相互合作的成果，无论是人才培养成果，还是技术开发成果等，最终也必须回归到经济环境中，满足市场的需求，才能实现最终价值，行业型职教集团的存在才有了必要性。在行业型职教集团网络中，合作主要包含基于技术创新的合作和基于人才培养的教育合作等形式，大量实证分析结果显示，技术创新活动中由市场需求拉动的数量比超过60%[105]，而技术创新合作仅占较小的一部分，多数合作为基于人才培养的校企教育合作，经济结构决定产业结构，决定市场的人才需求结构，进而决定校企教育合作的需求方向。因此，经济因素在行业型职教集团的合作方向上占据了决定性因素，各行为主体的市场意识要时刻保持强烈。

在经济环境中，各主体可能处于需求者的角色，或是供给者的角色，或者两者兼而有之，其间都存在竞争与合作。无论是竞争还是合作，其出发点都是源自于市场需求，并且最终要回归到市场需求。各主体都会主动寻求的技术、人才、资源等优势来提升实力，持续的满足经济发展和行业需求，并促进和引导新需求的产生。无论处于何种角色，市场需求的拉动力都是显著的，促进了基于技术、人才、资源等不同要素的合作，促进了各主体的相互渗透和相互补充，促进了行业型职教集团的发展。

（三）S-社会因素（Society）

社会因素是指组织所在社会中的文化传统、价值观念、教育水平以及风俗习惯等因素，它们常常具有高度的延续性，通过多种方式传播并沉淀，因此具有相当的稳定性。每一种文化都是由许多亚文化组成，它们由具有共同语言、共同价值观念体系及共同生活经验或生活环境的群体所构成，不同的群体有不同的社会态度、爱好和行为，从而表现出不同的市场需求和经济行为。行业型职教集团以服务区域经济和行业发展为目标，因此其与区域经济、社会文化、行业发展之间很容易建立起天然的联系，这种联系导致社会因素对行业型职教集团的建设进程具有较强的影响力。

在行业型职教集团的建设进程中，无论是行业文化的融入，还是技术文化与创新文化的支撑，都是主文化背景下，属于集团所特有的精神风貌和特征，构成了集团亚文化，它不仅包含着与主文化相通的价值与观念，而且也有属于自己的独特价值与观念，赋予了集团一种可以辨别的身份和特殊的印记。集团亚文化是在社会综合文化背景下形成的，是统一在主流核心价值观之下，即集团亚文化是在社会统一核心价值观基础上的文化，隶属于主流文化之中，并受到主流文化的高度控制。对于行业型职教集团，集团亚文化的形成对强化集团竞争力具有十分重要的意义。

同时，社会因素对行业型职教集团的主要构成主体——职业院校和企业的行为偏好也产生了重要的影响。对于职业院校来讲，职业教育属于"准公共产品"，其教育资金的投入必然受到社会经济发展的影响，其教育活动的开展需要引进各种教育资源和社会支持，其专业设置与调整必然受到社会产业结构的影响，这些都为院校的发展带来了动力和机会，因此，院校从来就不是社会中的孤岛，必须与时俱进，不断社会化。对于企业来讲，作为营利性组织，企业经营必然存在风险和不确定性，特别是现阶段，创新成为企业核心竞争力的源泉，社会对待风险以及追求改变的态度将在很大程度上影响企业的创新能力发展以及其他行为选择，进而影响到企业的生存和发展。社会对于企业社会责任的认可程度也决定了企业在追逐经济利益的同时，能否自愿按照社会目标和价值去作出决策和承担社会义务的可能性，如法律和道德责任等。这些社会因素已经成为了推动行业型职教集团发展的重要外生动力，行业型职教集团的生命力也是在与社会发展的不断适应过程中逐步增强的。

(四) T-科技因素 (Technology)

科技是生产方式中最活跃的因素,科技环境日新月异的巨大变革不仅积极影响着企业尤其是科技型企业的运营,同时对于高校教育以及科研工作的展开也有深刻的影响,因此也极大影响了行业型职教集团的发展。一方面,科学技术的快速发展对于行业型职教集团的技术能力提出更高的要求,集团必须不断吸收新的前沿技术更要积极寻找技术创新的契机;另一方面,集团作为行业引领者和服务者,其对技术的方向性把握也必须是与时俱进甚至是超前的。在科学技术发展的推动下,行业型职教集团各行为主体都有提升自身技术水平的需求,于是强强联合、校企合作成为技术创新的高效方式,不仅能够共享技术资源,而且能够大大地缩短技术创新周期。

科技因素对于行业型职教集团科技创新的推动是一种良性的循环,在新技术的迅猛发展刺激下,集团内各行为主体联合建立合作创新关系,不断推动新技术突破,新技术的产生和发展进一步又成为新合作的推动力量。当新技术一旦被模式化之后,就会形成能够源源不断产生新技术的技术轨道,这种模式在学术界被定义为"技术规范—技术轨道"模式。此外,科技因素对于集团创新的影响还包括方向诱导以及技术预期等方面。

第三节 行业型职教集团演化发展研究

一、形成演化过程

集群的形成主要有自下而上、自上而下,以及两种模式的混合类型。行业型职教集团的形成演化虽然并没有完全标准的模式，但其作为教育领域的集群形态，普遍来讲，行政指令和互动联系是行业型职教集团形成演化的主要逻辑。从这个角度来说，多数行业型职教集团是自上而下形成，自下而上演化发展，政府可以规划布局、指令其组建，但不能规划联系、指令其发展，但政府可以在其中发挥作用，加速其演化。目前，我国大多数行业型职教集团都是在行业主管部门或教育主管部门的行政指令下成立的，多由政府、院校或者企业牵头成立（本书第三章第二节中有详细论述）。在形成之初，多表现为同行业的政府部门、行业企业、院校等单位及其关联组织在某一时空上的聚集，这种聚集普遍经历着平衡—偏离—平衡—偏离—……—平衡的循环往复过程。

从行业型职教集团的演化过程来看，由于初始聚集多为行政指令下的聚集，多表现为松散型聚集，组织之间的联系并不紧密，集团在松散状态下达到初始平衡。然而，集团中的个体类型差异较大，行为具有多样性，在差异性的内生动力和外生动力作用下，各行为主体展现出不同的演化行为，同时，各主体的学习、创新、整合资源的能力不同，以及对其他个体的影响力不同，推动集团系统不断发展演化，这种演化行为具有不确定性和复杂性。当集团内各主体的演化行为发展到一定阶段，或者多主体演化行为的不确定性和复杂性发生较大的相互影响时，如原有成员的自然淘汰或退出，新成员的不断加入，行业新模式或新技术的产生等，都会使集团整体的稳定性出现较大破坏，集团的初始平衡被打破，发生偏离，这种偏离可能是正偏离，即促进集团的发展，也有可能是负偏离，即阻碍集团的发展，但无论是哪种偏离，最终都将使集团经过失衡获得新的稳定性，从而在新的状态下实现平衡。

从复杂网络的形成演化过程来看，核心网络的形成发展对整个网络起到了至关重要的作用。在行业型职教集团网络中，核心网络包括院校和企业，行业内优秀的院校和企业通过产业链、价值链，相互之间建立起强相关联接，形成关系紧密的核心网络。在核心网络的成长发展过程中，有两点非常重要：一是核心网络的成长性；二是择优连接机制。成长性是指核心网络通过集聚效应，体现出来的对网络外组织和要素资源的整体吸引力，从而使核心网络行为主体拥有更多的配置资源的机会，表现出更大的成长性。择优连接机制是指核心网络外的关联组织在进行合作选择时，更加倾向于把自己作为一个节点连结到那些拥有较多连节点、成长性更好的重要节点（集聚点）上，这种倾向性选择就是择优连结机制。成长性和择优联接机制较好的核心网络具有强大的生命力，外部组织在吸引力与排斥力的权衡中，优先向已经拥有较多联接资源的核心网络靠近，不断形成新的联接关系，从而促使行业型职教集团不断发展壮大。因此，核心网络的成长性和联接机制起到了非常关键的作用，很大程度上决定了行业型职教集团的可持续发展能力。

同时，行业型职教集团具有的生态学"阿利规律"（见本书第四章第二节第二目）表明，集团成员的数量应当保持在合适的密度。即使核心网络具有良好的成长性和择优联接机制，资源特别是优质稀缺资源是有限的，甚至是不可再生的，集团的加速成长意味着集团对资源的需求量增大，对人才、技术、信息等资源的独占性必然引发集团内部对资源特别是优质稀缺资源使用权的争夺，这会使得有限资源的稀缺性加剧，产生"拥挤效应"，部分成员将会转而向外寻求新的优质资源，从而抑制了集团的扩张，因此，集团在一定程度上具有适度规模的自调节机制。

行业型职教集团正是在经历多次平衡—偏离—平衡—偏离—……—平衡的循环往复过程之后，才逐渐演化成为具有稳定结构与规模的复杂网络组织形态。

二、演化发展路径

根据前文对行业型职教集团的功能、动力及形成演化过程分析，借鉴生态学、集群、复杂网络等理论，可以大致描绘出行业型职教集团的演化发展路径，该路径是对大多数行业型职教集团发展轨迹的一个客观描述。行业型职教集团的演化发展过程是集团网络各节点之间知识、技术、人员、资金等资源向纵深方向交互的过程，是一个动态的过程，同时也是行业型职教集团不断完善的过程。

(一) 形成阶段

行业主管部门或教育主管部门行政指令，由行业内骨干职业院校或优质企业牵头成立行业型职教集团，部分院校、行业企业、协会、机构等因其既有的合作关系、行政指令或利益驱动等原因聚集在一起，各主体仍然保持其独立的法人地位，各主体的个性化特征使他们一开始表现为对其在集团中的角色和合作预期绩效不确定，持谨慎融入的态度，存在合作行为与总体目标不协同的现象。在此阶段，行业型职教集团只能被看作是行政指令下行业多样化组织的简单集中，牵头单位的龙头作用尚未完全发挥，各主体之间的合作并不频繁，联系多表现为部分主体之间的单向联系，网络联接关系并不明显，各网络成员需要重新认识自身在集团中的新角色以及优势。

(二) 发展阶段

通过行业型职教集团的各类活动，各主体之间的相互认识逐步深入，地理邻近性与产业关联（行业邻近）促使各主体增进了解彼此需求，相同的社会文化背景和历史基础促使各主体之间的信任度加强，相互之间的联系不断增加，网络联接关系逐步增强，基于这种联接之上的人才、信息、技术交流在网络内开始快速扩散和流动。合作成员通过调整自己的行为，明确合作方向，各主体之间关系逐渐融洽，一个相互信任、相互协作的良好交互环境逐步构建。这一阶段，以牵头单位及其强相关组织为主的核心网络开始形成，吸引新成员不断加入集团，网络规模不断扩大，网络联接迅速增加，同时，以促进合作、增进交流为目的的内部体制机制建设和完善成为这一阶段的重要表现，各网络成员对网络整体目标有了进一步认识。

（三）成熟阶段

行业型职教集团建立起更为成熟有效的网络联接，主要表现在生产网络与社会关系网络的基础上形成的知识联系、资源联系与价值联系。成员通过成熟有效的网络联接开展合作，建立集体学习和提升的机制，完成各自所需资源的吸收与整合，获得有利于自身和网络整体发展的新能量，进而使各种网络联系（正式与非正式的）成为促进个体和集团整体发展的源泉。成员之间网络关系进一步强化，网络链接的传递速度加快，从而使合作互动频率增加，集团网络中的核心网络和辅助网络更加成熟，外部网络环境相对完善。更为重要的是，网络联接从知识联系、资源联系、价值联系逐步上升到文化联系，依托行业打造融入行业特征的集团特色文化成为这一阶段的突出表现。总体来讲，在行业型职教集团网络联接的稳定阶段，网络联接的增长速度开始趋于平缓，网络规模维持在一定的水平上。

（四）更迭阶段

行业型职教集团各行为主体利用网络联系、集体学习获取的新能量不断实现个体和集团整体提升，反过来，又不断优化网络与合作发展环境，完善集团功能，不断增加集团的附加价值。但这并不意味着集团能够长久地保持持续发展的动力和竞争优势，在此过程中，衰退或更替是行业型职教集团在成熟期后发展的两种可能的趋势。如果集团缺乏足够的开放性，出现网络联系和优势的"锁定效应"、部分主体的"搭便车"现象，以及个别主体由于合作项目或自身发展因素导致参与网络合作成本优势减弱等现象，那么都将会引起集团吸引力减弱，因此，可能出现集团成员降低与其他成员的联接强度直至退出网络，网络就可能退化或空洞化，出现衰落的趋势。但是，如果集团保持足够的开放性，政府或集团自身不断引入新兴的成员单位，进入核心网络与辅助网络，并重新结网、互动，不断调整网络现有格局，那么此时，集团将向更高级的网络跃迁，表现为不断的更迭交替、升级跃迁、动态发展，集群进入新的成长期。

基于上述分析，以发展阶段为纵坐标，以网络成熟度为横坐标，可以绘制出行业型职教集团的演化发展路径图，如图5.6所示。这里的网络成熟度是指行业型职教集团网络发展、完善的程度。

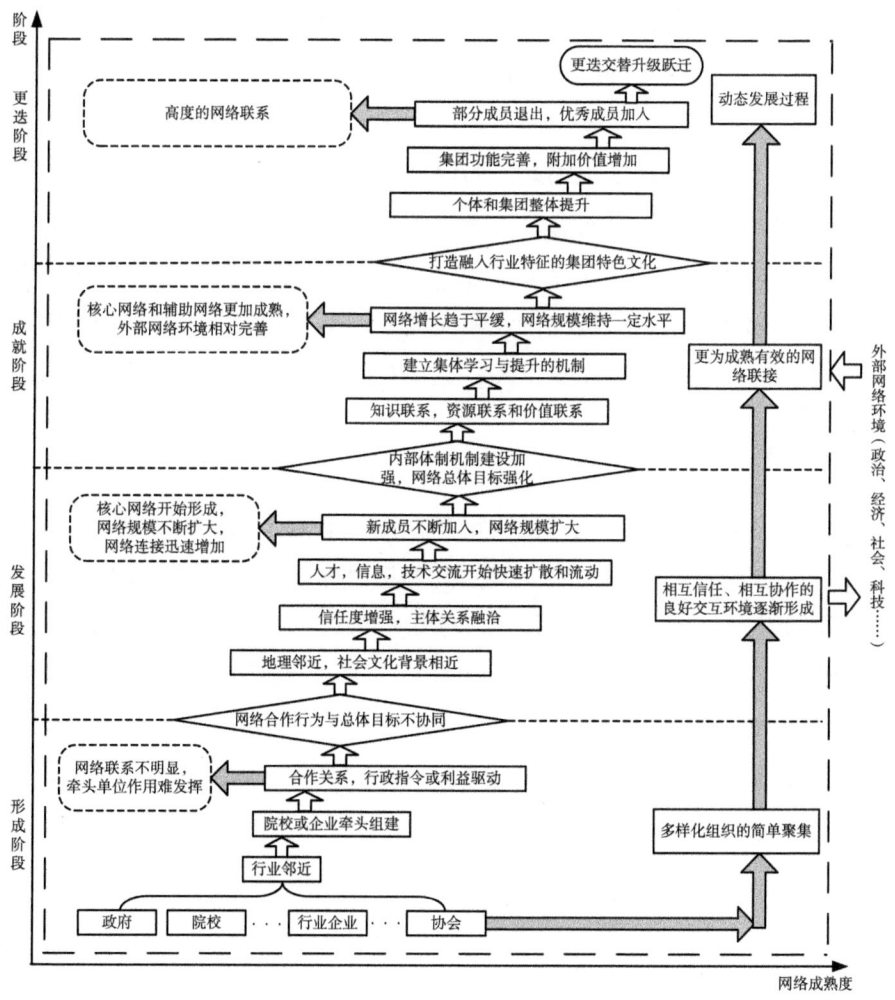

图 5.6　行业型职教集团的演化发展路径

三、演化发展的关键

(一) 核心网络能力提升

从行业型职教集团网络的演化发展过程来看，核心网络的形成发展，特别是核心网络的能力对整个集团网络的可持续发展起到了至关重要的作用。核心网络的成长性和择优连接机制直接影响到集团网络的吸引力，以及各成员单位的合作意愿与合作成效。核心网络由牵头单位及其强联接单位共同组成，因此，为保证核心网络的成长性，牵头单位的实力显得尤为重要。同时，合作本身也需要合作者不断提升自身素质，增强竞争力和吸引力，在互动交往中不断寻求各方共同成长、利益共赢的机会。因此，牵头单位的行业领先能力、学习能力、组织能力、创新能力等都将与集团发展息息相关，这也对牵头单位提出了更高的要求。

(二) 整体目标明确

行业型职教集团的复杂性决定其整体与个体在目标和价值观上既有一致性，又存在差异与冲突，集团向理想目标迈进的过程，实质上就是整体目标与个体目标之间的矛盾不断被有效调和的过程。因此，行业型职教集团的整体目标必须是建立在以实现行业发展和职业教育提升为己任这个大前提下的，目标明确、并具有时代感、使命感和包容性，是行业型职教集团能够调和个体目标差异、汇聚各方力量、始终沿着正确轨道前行的必要条件和关键之一。

(三) 体制机制建设与优化

1. 建立共同主导的集团体制

职业教育面向人人、面向社会，职业性、开放性特征显著，市场导向鲜明，深化产教融合、校企合作是集团的重要功能之一。目前，多数行业型职教集团建立了理事会—常务理事会—秘书处—分会等组织架构，但由于集团天生存在的非法人属性、组织结构松散、隶属不同体制范畴等问题，使得集团体制存在与经济建设客观需要不相匹配的地方，深化产教融合、校企合作等活动缺乏灵活有效的组织和制度保障。如果将行业型职教集团看做一个完整系统的话，那么需要从系统总体来建设和优化体制建设和组织结构，考虑建立以职业院校和行业企业等共同主导的集团化组织形式，提升集团整体的系统集成能力，使之更有效的解决多方利益诉求、汇聚行业力量，服务行业发展。

2. 建立紧密合作机制

当前，行业型职教集团多面临着发展基础薄弱、后续动力不足，但却被赋予较高社会期望的矛盾，要解决好这个矛盾，构建整合多方利益的集团机制，构建各成员之间的共生模式与效益模式，显得尤为重要。对于行业型职教集团，理事会重要职务多数由院校领导担任，企业的作用被不同程度地弱化，行业企业参与合作的积极性并没有因职教集团的建立而发生根本性转变，使得集团运行没有形成长效的良性互动，各成员单位多元合作很难达到理想的互补状态。为此，必须努力突破管理瓶颈和机制障碍，在处理好集团各种关系上下功夫，建立起紧密合作机制，促进资源共享，实现职业教育与经济社会的联动。

（四）合理设定网络规模

根据行业型职教集团存在的生态学"阿利规律"，集团成员的数量应当保持在合适的密度。目前，多数职教集团成员数量偏多，亟待实施"瘦身"计划，控制成员规模。职教集团成员单位在互动发展中，核心网络的形成是组织规模趋于稳定的基本标志，根据核心网络的构建规则，应以院校和企业为主体。优化成员结构时，应适当提高集团进入门槛，可考虑以长期紧密合作为基本要求，选择优质的合作对象。集团内企业成员应具有先进的技术和一流的管理，要从提升行业职业教育能力、整合行业职教资源的角度除法考虑合作企业的选择。重点把握以下几条原则：

（1）集团内政府成员的选择不宜过多，且应以地方或行业主管部门为主；

（2）集团内院校成员的选择应关注办学质量高、与行业联系密切、发展潜力大、主观意愿较强的中高职职业院校，同时不应忽略与普通本科院校的合作；

（3）集团内企业成员的选择应关注本行业内社会声誉好、重视人才培养、重视长远发展、配合性较好的企业，同时，只关注眼前利益、仅希望学校提供廉价劳动力的企业应排除在集团之外；

（4）集团内行业协会成员应优先选择建立时间较长、行业影响力较大、运作相对成熟的行业组织；

（5）若集团内有国际成员的话，则应选择长期与牵头院校或集团企业开展合作的国际职教机构或跨国公司。

根据国内行业型职教集团的组建经验，集团成员构成中企业：院校：政府机构：行业协会：其他成员大体可以13∶4∶1∶1∶1为经验参考比例。

第四节 本 章 小 结

通过对行业型职教集团运作机理的研究，本章内容总结如下：

一是每个行业型职教集团都有其自身特定的阶段性使命和价值追求，明确功能与目标，是研究行业型职教集团的重要前提。行业型职教集团的功能可概括为维护社会稳定、服务行业变革、促进终身教育体系构建三大社会功能，深化校企合作、推动知识交流与技术进步、促进职业教育资源流动与共享三大经济功能，传播职业精神、增强企业社会责任、丰富职业教育内涵三大人文功能。行业型职教集团的目标，可以归结为社会性目标——提升职教社会地位，获得全社会认可，经济性目标——打造优秀职教品牌，人文性目标——培树行业核心价值观，传承和发展行业文化。从功能到目标的过程，就是解决其现实选择与长远发展之间关系的问题，特别是要解决好两个问题，即整体目标与个体目标之间矛盾的调和问题，以及整合多方利益的体制机制建设问题。

二是行业型职教集团的形成发展动力按照其根源可分为具有市场自组织特点的内生动力与具有制度政策孵化特点的外生动力。其中，内生动力是一种自发的内在力量，表现为经济利益、资源流动、（地理、组织、文化、制度和行业）邻近性、主体战略等因素；外生动力主要来源于外部环境与政府有意识地对院校和企业进行的规划、调控行为，主要表现为政治、经济、社会、科技等因素。内生动力和外生动力相辅相成，共同推动了行业型职教集团的形成与发展。

三是行业型职教集团的形成演化虽然没有完全标准的模式，但普遍来讲，行政指令和互动联系是行业型职教集团形成演化的主要逻辑。在形成之初，多表现为同行业的政府部门、行业企业、院校等单位及其关联组织在某一时空上的聚集，在经历多次平衡—偏离—平衡—偏离—……—平衡的循环往复过程之后，逐渐演化成为具有稳定结构与规模的复杂网络组织形态。行业型职教集团的演化发展路径是对大多数行业型职教集团发展轨迹的一个客观描述，可描绘成形成、发展、成熟、更迭四个阶段，其演化发展过程是集团网络各节点之间知识、技术、人员、资金等资源向纵深方向交互的过程，是一个动态的过程。在这个过程中，面临着核心网络能力提升、整体目标明确、体制机制建设与优化、合理设定网络规模等四个关键点，需要合理、有效、妥善的解决好。

第六章　行业型职教集团体制建设策略研究

"体制",从管理学角度来说,指的是国家机关、企事业单位的机构设置和管理权限划分及其相应关系的制度。体制是管理机构和管理规范的结合体或统一体,不同的管理机构和管理规范相结合就形成了不同的体制。本书中关于行业型职教集团的管理体制,界定为行业型职教集团在机构设置、隶属关系和管理权限划分等方面的制度、形式等的规范体系总称,主要表现为组织结构、机构设置、职责权限等。

目前,我国行业型职教集团的发展已步入了由注重规模扩展向注重质量提升的新阶段,从已组建的职教集团的实际状况来看,绝大多数行业型职教集团目前仍属于联盟型职教集团,集团成员的法人身份相对独立,职教集团本身不具备独立的法人资格,而是以合同或契约形式实现资源配置,从体制上看,实际上是松散的联合体,运行随意性大,运作效率偏低。"集而不团"的现象仍然非常普遍,不少集团的管理体制建设严重滞后,既未建立较为健全的组织体系,更缺乏较为完善的管理制度,已成为制约集团化办学正常运行的关键。

在这些问题影响下,许多行业型职教集团建立时轰轰烈烈,建立后悄无声息,只有一个形式上的组织框架,而缺乏实质性合作,集团组织"空心化"严重。本部分将对针对集团体制构建策略进行研究。

第一节 组织性质分析

一、非法人组织性质及特征

作为政府部门最早出台的职教集团方面的文件,浙江省教育厅(2002)在《关于组建职教集团的试行意见》[106]中明确规定,"职教集团是以集团章程为其共同行为规范,由职业学校和相关企事业单位自愿组成的产教联合体,不具有事业单位法人资格"。而在云南省(2008)出台的《关于组建职业教育集团的若干意见》[107]中,对职教集团的含义、组建原则、成员单位等均有较明确的规定,"职业教育集团是由职业学校和相关企事业单位自愿组成的非法人产教联合体。组建职业教育集团应当坚持平等自愿、互惠互利、共同发展的原则,以集团章程为其共同行为规范。凡自愿遵守职业教育集团章程,具有独立法人资格的职业教育机构和企事业单位均可加入集团,成为集团的理事单位。组建职业教育集团的基本原则是学校、企业或单位的隶属关系不变、产权性质不变,教职工、单位员工身份不变"。湖北省出台的《省教育厅关于推进职业教育集团化办学的意见》[108]中明确提出,"职业教育集团属于非独立法人组织,凡自愿遵守职业教育集团章程,具有独立法人资格的职业教育机构和企事业单位均可加入集团;集团成员单位的隶属关系不变、产权性质不变、教职工身份不变"。以上文件均明确指出,职教集团是不具有法人资格的产教联合体,我国目前的职教集团多数为非法人组织,由此可以看到行业型职教集团面临的身份困境以及由此带来的相关问题。

在这里,要界定清楚这样几个问题。首先,行业型职教集团是不是社会团体?根据2016年2月修订的《社会团体登记管理条例》[109]中规定,"社会团体,是指中国公民自愿组成,为实现会员共同意愿,按照其章程开展活动的非营利性社会组织。……成立社会团体,应当经其业务主管单位审查同意,并依照本条例的规定进行登记。社会团体应当具备法人条件"。也就是说,我国相关法律法规对于社会团体的界定是法人。从法人这个角度来看,严格地讲,多数行业型职教集团由于不具有法人身份,因此不属于社会团体。

其次,非法人组织的概念和特征如何界定?非法人组织作为一种组织形式,在世界各国广泛存在,但其具体称谓不尽相同。德国称之为"无权利能力的社团",日本称为"非法人的社团或财团",英美称为"非法人社团"或"非法人团体"。虽然称谓不同,但其基本含义均是指介于自然人和法人之间的、未经法人登记的社会组织。这类社会组织,是为实现某种合法目的或以一定财产为基础,并供某种目的之用而联合为一体的、非按法人设立规则而设立的群体。

在我国,对非法人组织的界定主要是来自于相关法律条文的规定。《民法通则》没有关于非法人组织的明确规定,《民事诉讼法》第49条第1款规定,公民、法人和其他组织可以作为民事诉讼的当事人。《行政诉讼法》第2条规定,公民、法人或其他组织认为行政机关和行政机关的工作人员的具体行政行为侵犯其合法权益,有权依照本法向人民法院提起诉讼。最高人民法院法(经)发〔1987〕20号文件中规定:工商企业、个体工商户及其他经济组织应当在工商行政管理部门依法核准登记或者主管机关批准的经营范围内从事正当的经营活动。《著作权法》第2条第1款规定:中国公民、法人或者非法人单位的作品,不论是否发表,依照本法享有著作权,这里所指的"其他组织"、"其他经济组织"和"非法人单位"均是指介于公民和法人之间的非法人组织。最高人民法院《关于适用〈民事诉讼法〉若干问题的意见》第40条规定,民事诉讼法第49条规定的其他组织是指合法成立的、有一定的组织机构和财产,但又不具备法人资格的组织。因此,根据上述分析,非法人组织可以简要界定为:具有一定的组织机构和财产,为实现某种合法目的而依法设立,但不具备法人资格的社会组织。

非法人组织一般具备以下特征:

一是非法人组织是现代社会的重要组成内容;

二是非法人组织是相对稳定的组织,组织成员之间的联系相对松散,依靠成员之间的契约或协议来进行维持,成员可以是个人,也可能是机构;

三是非法人组织由于法律上的定性问题,造成其法律地位不明确,可能使非法人组织面临不可预见的困境。

二、非法人组织面临的法律问题

第一,在相关法律中缺乏明确地位。民法规定,如果相关主体希望成为真正意义上的民事主体,那么这一主体必须具备法律人格。虽然非法人组织大量参与相关民事活动,但是由于其不具备法律人格,因而不拥有民事权利。

第二,非法人组织不具备权利能力,没有法律意义上的行为能力,因此无法承担任何的民事责任,也不具备诉讼权利。

第三,非法人组织始终得不到法律和政府部门的认可,独立开展活动的能力有限,影响力得不到有效发挥,因此在我国难以获得广阔的生存空间和发展空间。

以上问题在一定程度上限制了行业型职教集团的发展及其功能的发挥。值得注意的是,目前,各地职教集团已在企业法人型职教集团和事业单位法人型职教集团两种类型上进行了改革探索。例如,中山火炬职业技术学院成立学院资产经营公司,在学院实训校区内,根据学院专业建设需要选引对口企业,并将场地资金设备技术管理人才划分为若干股,分别由学院资产经营公司和入驻企业选持股份,学院资产经营公司以其可经营性的物业厂房和品牌等无形资产折合股份,与 20 余家入驻校区的生产型企业共同合资组建中山火炬职教实业(集团)公司。该

(集团)公司的年产值近 5 亿元,学院也成功利用企业价值近 3 亿元的实训资源,开创了一条不完全依靠财政投入解决学生实训资源短缺问题的新路子,实现校企合作的可持续发展。黑龙江省佳木斯市整合市内职教资源,组建佳木斯职教集团,集团定性为具有事业单位法人资格的实体性职教集团,集团创新区域职业教育管理体制,建立以集团管理委员会为载体的决策机制和以理事会为载体的执行机制,配备编制,独立办公,管委会和理事会的成立与运行对推动集团政校行企深度协同发展发挥了积极成效[110]。

近年来,我国也出现了少量具备法人地位的职教集团,如台州职教集团以事业法人性质注册登记,按照《公司法》规定实行企业化管理,采取有限责任制度,实行独立核算、自负盈亏、自主经营、自担风险的机制。这是不是行业型职教集团的发展方向,也值得我们关注和研究。

三、身份认同缺乏政策支持

职教集团是跨行业、跨社会组织的一种新型组织,根据我国对企事业单位的分类,行业企业和作为事业单位的学校分属不同的组织类型,政府采取不同的公共政策给予管理。我国也尚无法律对职业教育集团化办学进行规定和规范,也没有赋予职教集团合法的地位。在调研的多数行业型职教集团章程中,均明确规定"集团不具有独立法人资格"。

目前,国内多数职教集团由中高职院校牵头组成,本身没有资产投入作为基础,基本上是由教育或行业主管部门批准成立,没有法定的举办条件、主体权利义务、运行规则,没有统一的合作载体和管理机制,从资源、组织结构到制度的集成非常有限,人、财、物等方面很难进行相互融合,学校的教育资源和企业的生产资源无法统一调配,更不可能实现有效整合,集团内成员的联系没有必要的约束和利益基础,关系极其松散。

虽然职教集团有章程作为契约式纽带,但由于没有法律效用,成员是否履约并无强制性规定，基本上形同虚设；同时，集团章程对于成员的权利义务规定非常简单，并且由于成员间缺乏必要的经济利益纽带，这必然导致职教集团成员单位之间的行为缺乏必要的法律约束，由此而形成的组织松散、集中度不够、执行力不强、集约效应不显著等问题是影响行业型职教集团运行效率的重要因素。

职教集团的非法人性质，将造成其无法以法人主体的身份独立地运作和发展，也就是说，职教集团不能拥有财产、无法以法人主体的身份与外界签订协议，无法对外交流合作，无法承担责任，不可能出现任何投资行为，难以开展实质性的活动或与外界发生经济联系，因此，职教集团也很难开辟或拓展自筹资金的渠道。多数集团建设均由牵头院校筹措资金，缺乏有效的资金来源，资金投入十分有限，也限制了集团的有效发展。

四、破解身份难题

多数行业型职教集团都不具有独立法人身份，一般为多法人的组织集合体，但由于这种非法人的性质，组织本身并非法律上认可的具有独立法律地位的组织，在法律上缺乏地位，缺乏独立建立对外经济联系的能力，因此行业型职教集团的组织功能发挥受到了很大的局限。目前，通过组建职教集团实现产教融合、校企合作，在理论和认识层面已经取得共识。但是，职教集团能否与公司集团一样成为依法成立、具有独立法人资格、能够独立承担法律责任的教育组织，始终未得到相关的法律或政策支持。近几年，有些省出台了相关文件和政策，但在立法层面尚属空白。随着我国职业教育改革进程的不断推进，以及职教集团的实践探索日益多样化，行业型职教集团的法律地位可在现有的法制建设和政策制定基础上，通过以下三种方式逐步得到明确和改善：

(一）注册社会团体法人型职教集团

在没有单独立法的情况下，可以考虑通过在民政部门注册，授予行业型职教集团社团法人身份，将其纳入社团法人的管理框架之中。教育部《关于深入推进职业教育集团化办学的意见》也提出，"鼓励集团按照国家有关规定成立社团法人或民办非企业单位法人"。根据2016年1月修改通过的《社会团体登记管理条例》[109]，关于成立社会团体，必须具备以下条件：

（1）有50个以上的个人会员或者30个以上的单位会员；个人会员、单位会员混合组成的，会员总数不得少于50个；

（2）有规范的名称和相应的组织机构；

（3）有固定的住所；

（4）有与其业务活动相适应的专职工作人员；

（5）有合法的资产和经费来源，全国性的社会团体有10万元以上活动资金，地方性的社会团体和跨行政区域的社会团体有3万元以上活动资金；

（6）有独立承担民事责任的能力。

根据上述条件，可由集团中的牵头单位或相关主体，如院校、行业企业、科研机构等，按照自愿原则，共同投入一定的注册资本，在民政部门注册为非营利性社会团体法人，各主体所占股份以及相关权利义务，可根据投入注册资本的数额，通过章程和契约的形式予以约定。同时，各主体投入的资本应由职教集团独立支配使用，并能以之来承担民事责任，才符合社会团体法人的要求。

社会团体法人的特性，促使会员在社会团体内出于互益的目的，提供资源和分享他人资源，从而使社会团体成为资源的拥有者，并具有为会员或社会提供特殊公共利益或普遍公共利益的功能，这与集团化办学投资来源的多样化、治理主体的多元化、管理的民主化以及利益目标的多元化特征相适应。而且，社团法人型职教集团具有非营利分配性特征,集团经营业务收入只能在章程所确定的业务范围内用于规模化和内涵化再生产。这对于增加集团办学资源积累、壮大集团实力、促进集团可持续发展具有十分重要的推动作用[111]。

(二)建立事业法人和企业法人的"双法人制"

争取上级主管部门的支持,将行业型职教集团中的高职院校,特别是牵头院校的部分资产与主体剥离,形成事业法人和企业法人的"双法人制"。目前,很多高职院校都将经营性资产从院校中剥离出来,成立资产经营公司或产业集团,形成企业法人,对高职院校的资产运营、资本运作、科技成果产业化、高科技企业孵化等业务进行有效的管理。

"双法人制"在推动行业型职教集团做大做强上具有较强的优势。第一,"双法人制"更加有利于合理安排和利用集团化办学资源,通过灵活有效地运作产权,如资产租赁、服务外包、委托管理、转让许可等实现利益最大化。第二,可通过完善"企业法人"的考核激励制度,引导"企业法人"服务于行业型职教集团的发展,并通过产权贡献分配集团化办学利益,促进集团发展。第三,"双法人制"更加有利于开展校企合作,可通过建立校企之间的经营合作,改变行业型职教集团难以参与经营活动的困境,将牵头院校与企业的关系由松散合作型改变为资本依存型,不仅降低了高职院校母体事业法人的风险,而且也为行业型职教集团的持续发展探索出了新的体制模式,是职教集团可持续发展的目标模式之一。

(三)多元主体组建企业法人型经营实体

2014年,《国务院关于加快发展现代职业教育的决定》指出,"鼓励多元主体组建职业教育集团"。2015年,《高等职业教育创新发展行动计划(2015—2018年)》指出,"要开展多元投入主体依法共建职业教育集团的改革试点,通过人员互聘、平台共享,探索建立基于产权制度和利益共享机制的集团治理结构与运行机制"。由于多元主体分属于不同的主管部门或不同的行业组织，具有多种体制并存的特点，不同所有制的多元主体在构建新的办学体制中既有综合优势，又会受到原有体制的制约而遇到一些难以解决的问题。因此，在多元主体的体制构建中，政府更加需要履行主体责任，既要引导职教集团发展的方向，又要协调各方集聚力量共谋发展；既要推动社会力量参与办学，又要加大对职教集团的投入。

可以由政府统筹，行业型职教集团的主体，如院校、企业、行业组织、科研机构等，以及其他社会主体，通过资金、技术、品牌等资源入股的形式，共同组建企业法人型经营实体，对职教集团的优势资源进行运营和管理，并参与市场运作，使集团成员在契约联系的基础上，加入资产联系，这有利于密切集团成员的关系，使行业型职教集团由松散的联合体走向紧密的联合体。

一方面，多元主体组建企业法人型经营实体为行业型职教集团成员间的经济往来和集团对外经营提供了平台，为集团的运行与管理提供了相对稳定的经费来源；另一方面，通过市场经营活动更有力地服务行业发展，并在一定程度上促进了职教资源的保值增值，实现行业优质职教资源的充分共享和利用。同时，政府以统筹者、协调者和监督者的身份指导集团的运行，能够更直接地起到政策支持、组织协调，以及对国有资产的保值增值进行监督等作用。

第二节　组织结构设计

一、功能设计困境

组织结构设计离不开功能设计的引导，同时，所有的功能实现最终都需要依靠组织结构的设计来落实，因此，组织结构设计与功能设计密不可分。本书在第五章第一节中详细论述了理想状态下行业型职教集团的功能与目标，那么，行业型职教集团的功能落实情况如何呢？结合近几年行业型职教集团的快速发展和实践运行，不难发现，行业型职教集团在功能设计上存在着理论上的"一揽子方案"与实际操作中"无法承受之重"的困境，如何理解呢？主要体现在以下三个方面：

一是集团化办学的理念很好，行业型职教集团在其产生之初，往往被教育、行业主管部门和职业院校寄予较高的期望，期待通过高水平的行业型职教集团的组织和功能设计，一揽子解决职业教育校企合作、资源共享等诸多问题。然而，任何组织的功能都是有限的，作为一个教育性的组织，行业型职教集团在很大程度上只能解决行业职教领域的问题，而超出该领域，集团所能发挥的功效往往是微乎其微的。

二是各级政府都非常重视职教集团的建设，但是教育部门出台的具体指导措施，难以在社会经济领域发挥作用，对行业企业的指导和约束力较小，同时职教集团的非法人组织身份导致其获取资金的渠道非常有限，各级财政在集团化办学投入的经费和措施严重不足，集团化办学这种形式在实际运作中获取的支持不足，导致其被赋予的功能与实际发挥出来的作用存在一定差距，这种设计功能和实际展现之间存在的差距使得集团的社会影响力受到不同程度的削弱，影响了人们对集团解决问题能力的客观判断。

三是行业型职教集团作为一个非营利性的松散组织，内部联系都是依靠简单的契约关系进行维系，同时，集团内部成员缺乏清晰的利益关系，因此，集团成员对集团章程或制度的遵守，多出于自觉、道义或对利益关系的判断，具有一定程度的不可预测性。过多的集团功能，往往流于表现，最后很有可能也只能是一种功能设计，能不能落到实处，还要看外因的引导和内因的相互作用。

二、组织结构困境

目前，多数行业型职教集团为院校牵头组建，建立了相应的组织机构，形成了理事会—常务理事会—秘书处等组织架构，其中，理事会为集团最高决策机构，常务理事会为集团最高执行机构，秘书处为综合协调机构和日常执行机构等。如《江苏财经职业教育集团章程》中规定，集团实行理事会负责制。理事大会是集团最高权力机构。常务理事会是理事大会的执行机构。秘书处设立在理事长单位。秘书处是集团理事大会的日常办事机构。《北京电子信息职业教育集团章程》规定，电子职教集团建立理事会，作为集团管理的决策机构。理事会下设常务理事会。常务理事会由理事会选举产生，在理事会闭会期间行使理事会职权，对理事会负责。理事会下设秘书处，为理事会的日常办事机构。《嘉兴市欣禾职业教育集团章程》规定，集团在指导委员会的指导下实行理事会负责制。集团设理事会、常务理事会和秘书处。理事会为集团的最高权力机构，常务理事会在理事会领导下进行工作，秘书处为集团的常设机构，具体负责集团日常事务的联系。

通过上述案例，表面上看起来，集团组织结构健全，集团成员各司其职，但现实的情况是，多数集团成员联系松散，缺乏组织约束力，组织机构多流于形式，真正发挥作用的不多，管理人员多来自牵头学校，人员配备严重不足，组织"空心化"问题非常突出。集团理事会召开时，集团人气旺盛，闭会期间冷冷清清，组织日常运转并不顺畅，同时，按照现行的政策，集团进行社团登记的仍然在少数，日常运营管理只能以牵头学校的名义代行集团功能，推进相关工作，组织一定程度上呈现"空心"状态。

为何明明看起来似乎健全的组织机构，到实际运行时却呈现出先天不足、后劲乏力的困境？可从以下三个方面来分析其原因：

首先，从我国目前行业型职教集团的组建方式和组建程序来看，由于政府、行业主管部门以及教育主管部门缺乏具有权威性的标准认定程序或规范性规定，因此，行业型职教集团表面上看是依托行业组建，但实际上由于缺乏规范和权威性而往往流于形式，很难被行业普遍认可。

其次，集团章程和契约为纽带的联接，导致集团组织内部的约束非常薄弱，这种联接关系多半局限在道义责任上，从某种意义上来说，它既不需要承担任何责任，又不需要承担风险，集团虽然组织机构健全，但在个体行为上带有很大的不确定性和随意性，如在规则制定上，强势的个体往往主导了集团内部有关规则的制定，而弱势个体则只能遵守规则；在退出集团这一问题上，对于弱势成员来说，当其基本利益无法通过集团规则和活动得到保障时，它们可能直接选择退出集团，而强势成员如果不能通过集团规则和活动保障其地位和更大利益时，更有可能选择退出集团，这也就是目前许多行业型职教集团在刚刚成立时红红火火，过一段时间则冷冷清清，集团内部成员之间过于松散，组织缺乏约束力是主因。

最后，集团组织成员之间的利益关系不紧密，政行企校各方的利益存在错位，并未通过集团的成立得到很好的实现。没有利益作为驱动力，集团很难有大发展、大作为。因此，不少研究者在考察行业型职教集团的组织困境之后，提出了建立校企之间"利益共同体"的观点，这是一个总体的方向与思路，但是，如何建立利益共同体，并均衡各方利益，这是一个复杂而又长期的组织设计过程。

三、体制构建案例分析

现行的多数行业型职教集团组织结构松散，构成关系复杂，集团的各项工作需要通过集团的工作机构来具体组织与落实，因此，合适健全的体制显得尤为重要。在实际调研中，我们发现国内职教集团在体制构建和管理上良莠不齐，有的缺乏对集团的整体规划，有些只是冠名成立，尚未开展实质性的组织活动，也有不少职教集团已经在组织管理方面探索和积累了一定经验。本书选取目前比较有代表性的体制模式进行案例分析，分别研究其特点。

(一) 理事会制

从调研的情况来看，目前多数行业型职教集团建立理事会制，形成了理事会—常务理事会—秘书处等组织架构，人员构成由集团内各单位的代表构成。部分职教集团尝试套用企业集团管理体制，设立了以董事会或理事会为主管部门的组织结构，但在具体运行中，由于教育体制与企业体制的差异性，基于企业管理模式的组织结构在实践中的作用并不大。总体来讲，体制缺失或不完善是公办职教集团进一步发展的最大瓶颈。在已有的职教集团体制探索中，"理事会制"是目前公办职教集团中比较有代表性的方式。

本书以湖南交通运输职教集团为案例，对"理事会制"进行说明（详见图6.1）。湖南交通运输职业教育集团于2009年3月底成立，由湖南交通职业技术学院牵头组建，组建之时包括湖南省高速公路管理局、湖南生物机电职业技术学院等56家企事业和职业学院组成了当时湖南最大的交通类职教集团，主要以路桥、汽车、交通安全、工程机械等交通运输大类的专业为纽带，实现集团内各职业院校交通运输类专业的优势互补，共享教育培训资源；探索实现集团内中、高职人才培养对接渠道和同层次院校的学分互认，沟通职业技术人才供求信息和教育改革信息，实现湖南省内交通运输高级技能人才的培养[112]。

1. 理事会

理事会一般由各成员单位组成，为集团最高决策机构。各成员单位可推荐1人担任理事，理事代表本理事单位参加集团工作及活动。理事会设立理事长1名，常务副理事长1名，副理事长若干名，可根据需要设立名誉理事。常务理事会为集团最高执行机构。

2. 集团建设指导委员会

一般聘请政府主管部门领导或行业专家若干人担任委员会成员，具

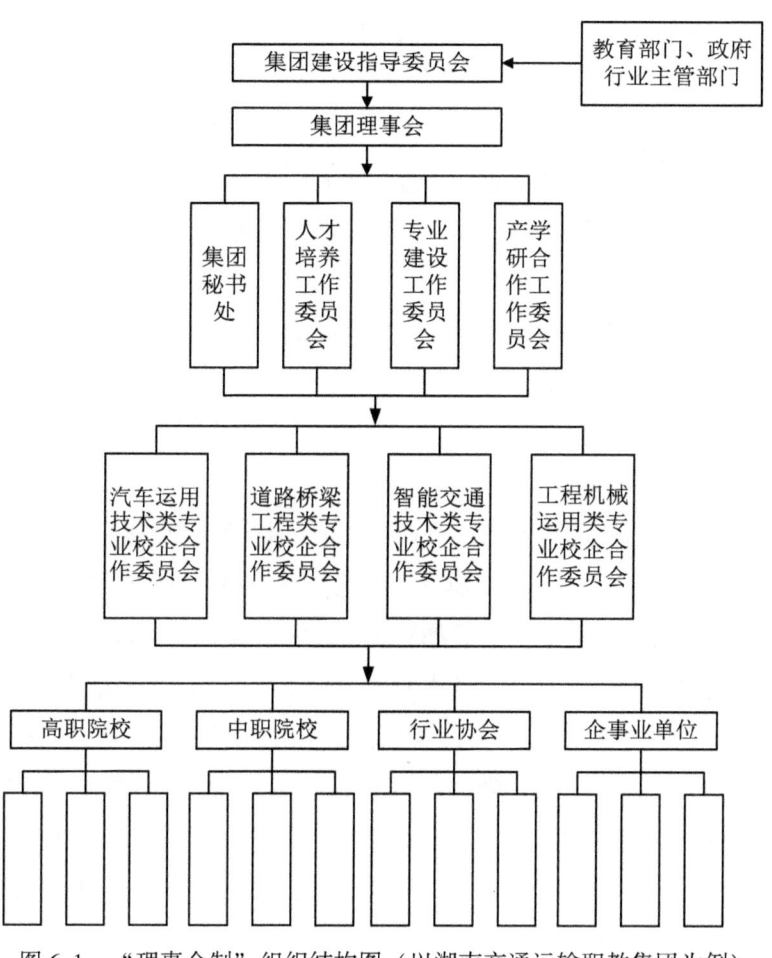

图 6.1　"理事会制"组织结构图（以湖南交通运输职教集团为例）

体指导、联络和推动集团发展的具体工作。

3. 秘书处

秘书处一般设在牵头单位，是集团的综合协调机构和常设机构，具体负责集团的日常工作事务。

4. 工作委员会

工作委员会是与秘书处平行的工作机构，一般根据工作职责设在牵头单位的相应职能处室，例如，人才培养工作委员会可设在招生就业部门，专业建设工作委员会可设在教学部门，产学研合作工作委员可会设在科研部门。

5. 专业校企合作委员会

由各专业结合自身需要，联合本专业行业企业专家、院校专业带头人、教育管理专家、专业技术人员等组成。主要具体负责集团内相关专业的规划、建设与动态调整，专业人才培养方案制定、专业主干课程教学标准、校企合作开展、实习实训基地建设等工作。

（二）双法人制

1. 民办"双法人制"

营利性教育集团一般都以企业集团的体制设计为基准，结合教育产业的特点设计适合各自教育集团的体制。国外的如美国阿波罗教育集团。国内的民办教育集团一般都有比较清晰的组织结构设计，其中比较典型和应用比较广泛是"双法人制"即"公司法人+学校法人"的组织结构（详见图6.2）。例如，位于浙江台州的书生教育集团，是我国第一家以股份制方式组建、投资办学为主的教育公司，于1996年底组建，以教育股本金作为学校的启动资金，集合了32个企事业组织，形成了集幼教、普教、职教、高教为一体的民办教育集团。其成功经验得益于"双法人制"体制结构。

这是一种"教育公司举办学校模式"，其基本做法是各种社会力量（包括个人和各种法人、非法人组织）利用非国家财政性经费出资，设立以举办学校为主要宗旨的教育公司，并由教育公司举办学校。负责资本运营的教育公司与负责学校运营的学校各自以其独立的法人身份自主承担独立的民事权利与义务。教育公司通过金融活动，聚集民间闲散资金，进行资金运作，对学校承诺出资到位，尊重学校的办学自主权。学校租赁教育公司的房产和设备等，依据合同支付租金等。教育公司作为企业法人，学校作为事业法人，各自独立，教育公司的资产与学校的校

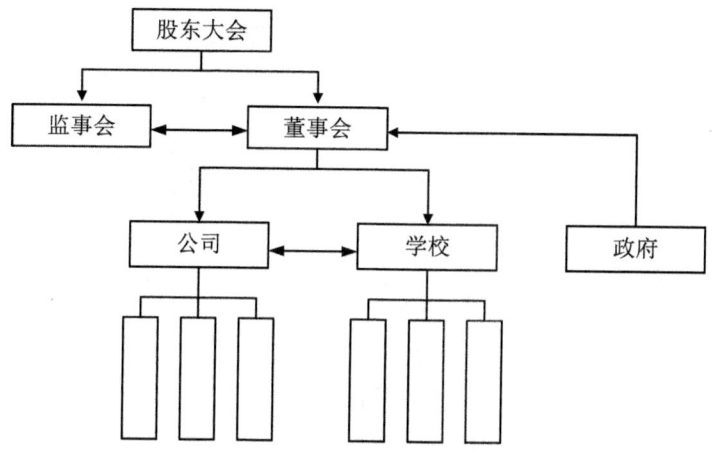

图 6.2　民办"双法人"组织结构图（以书生教育集团为例）

产各自独立[57]。

2. 公办"双法人制"

随着职教集团运作模式的发展，目前也出现了公办的"双法人"职教集团。如青岛西海岸职教集团是由青岛市政府主导的紧密型职教集团（详见图 6.3）。在组建初期，由市政府牵头，引进咨询公司进行设计，并听取了全国多家院校和企业的意见，采用理事会领导的"双法人"运作模式，理事会是集团的领导和协调机构，负责重大事项决策，理事会下设"双法人"，即企业法人和事业法人[113]。企业法人即青岛西海岸职业教育（集团）有限公司（以下简称集团公司），是集团的运作实体，为青岛西海岸新区直属国有企业，主要负责教育资源整合与市场化经营，教育投资与教育项目开发建设与运营等。事业法人由区域内高职院校和中职院校组成，即由青岛职业技术学院牵头，与黄岛区职教中心、黄岛区高职校、开发区职业中专 3 所国办中职院校组建。青岛职业技术学院作为集团内唯一的高职院校，通过中高职衔接等方式，与其他三所中职学校实现了职业教育的上下贯通，构建职业教育"立交桥"。

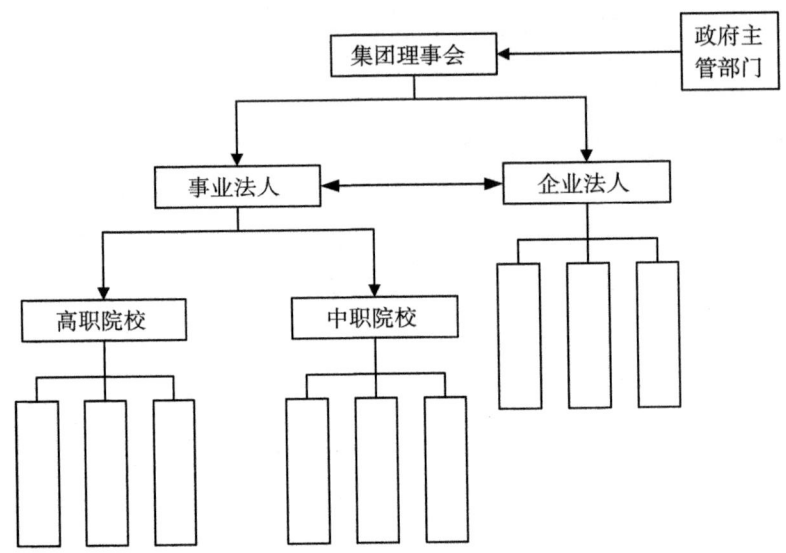

图 6.3　公办"双法人"组织结构图（以青岛西海岸职教集团为例）

这种"双法人制"是以利益纽带破解职教集团建设难题的实践探索。其中，事业法人以完成学历教育为主，着力保障职业教育的公益性。企业法人具有双重职责，一方面，开展实训、配合事业法人完成学历教育；另一方面，作为职教集团实体化运作的根本，以托管、合作等方式整合、承载、盘活事业法人资产，将教育资产转变为市场资源，以经济手段调动校校合作、校企合作的积极性，实现教育和产业发展的深度融合。目前，青岛西海岸职教集团通过事业法人和企业法人的互动，建立了五个平台，包括"股份制生产性实训平台、社会资源激活平台、产业人才资源服务平台、职业教育基金运作平台和社会公益性培训平台"，运转效果良好。

（三）多元主体投入

1. 引企入校，股份制合作

为推动职教集团更好更快的适应区域经济发展，服务地方主导产业人才需求，使专业建设与行业企业需求接轨，不少集团进行了股份制、混合所有制方面的探索。例如，佳木斯职业教育集团为了推动产教融合、校企合作（详见图 6.4），将关心职业教育、经济效益和社会影响俱佳的佳木斯市畅通汽车配件有限公司引入，成为集团成员，在集团校区内为企业提供占地面积 5500 平方米作为厂区，校企双方按照"产权股份化、运行企业化"的方针，以"共同建设、共同管理、实现双赢"为原则，开展混合所有制生产性实训基地的建设和探索。集团按投入厂房等累计资金占 40% 股份，畅通公司按投入生产设备等累计资金占 60% 股份，双方以机电工程专业群为合作基础，建立校企利益共同体。在实际管理中，成立基地管理委员会，由企业总经理担任主任，院校机电系主任担任副主任，充分发挥企业的优势，给予企业较大话语权，推行所有权与经营权分离，双方按照核定比例实施利润分红。在佳木斯职业教育集团与畅通公司的股份制合作中，通过校企共同出资、联合管理、利益共享的方式，极大的提升了企业积极性，增强了集团内部活力，促进了多元主体投入和管理的集团化体制探索。

2. 校企一体、校校联合

很多行业型职教集团成立之初，存在办学体制单一、办学资金不足、校企合作不够紧密等问题。作为集团牵头单位，其在体制机制方面所进行的探索能够极大的影响行业型职教集团的发展。例如，河北省曹妃甸工业职业教育集团的牵头院校唐山工业职业技术学院开展了"前校后厂、校企一体"的职教集团办学模式实践与探索（详见图 6.5），先后通过政府统筹将企业划拨学校作为校办工厂、学校贷款采取市场行为直接收购破产企业等方式，推动行业职教资源与实习实训资源整合，将职业院校与企业重组为一个法人实体，具有教育教学和生产双重职能，内部企业既是校内生产性实训基地，又是提供产品和服务的生产经营单位，教学人员和生产人员实行交叉任职，一岗双责，保证了生产活动与教学活动在目标、内容和时间上的协调性。同时，唐山工业职业技术学院创新中高职协同的体制机制，政府主导将当地 2 所中职院校托管

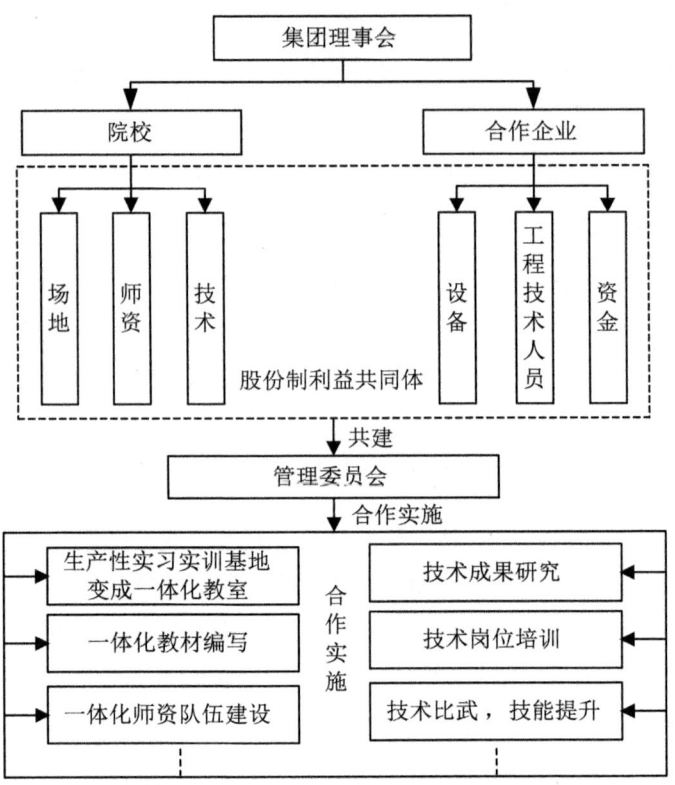

图 6.4 职教集团股份制组织结构图（以佳木斯职业教育集团为例）

给唐山工业职业技术学院进行管理，在保持各校独立法人地位前提下，院校、系处两级领导交叉任职，师资队伍统筹建设，强化了曹妃甸工业职业教育集团中高职衔接的机制。在此基础上，集团内院校分层合作，相互补充，一体化建设中高职实训基地，并通过引企入校共建产教联合体、所有权与使用权部分分离等方式，学校提供场地、师资、技术等资源，企业投入设备、技术、工程技术人员，促进多方共同发展，推动产教融合、校企合作和中高职衔接，提高了人才培养质量，实现了优势互补、互惠互利。

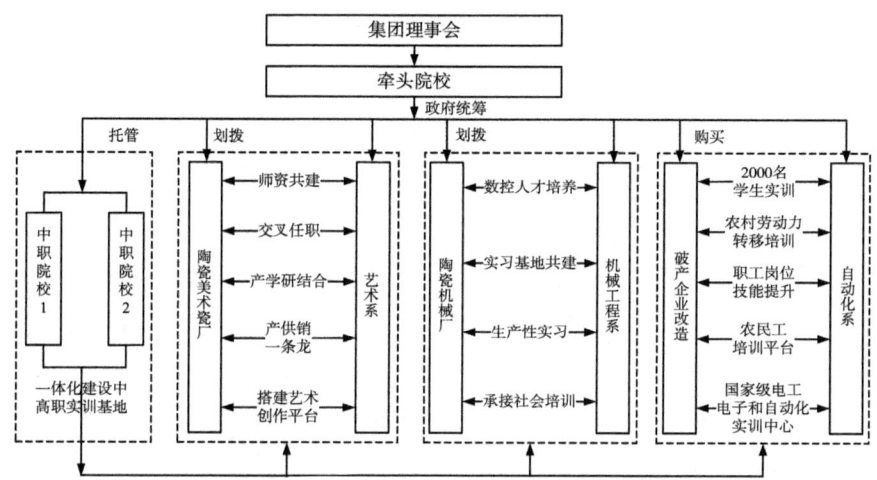

图 6.5　职教集团校企一体组织结构图（以曹妃甸工业职业教育集团为例）

（四）几种模式分析

上述几种体制是当前国内职教集团比较有代表性的组织管理模式，有的应用于民办教育领域，有的应用于公办教育领域，各有一定的适用范围和优势，但在实践中也存在着一些问题。

1. 理事会制

理事会的实质是建立一个跨组织界限的利益协调机构，通过邀请集团成员负责人或相关领导在理事会和各个委员会中任职，来提高集团决策的支持度、信任度和执行度，并推动信息在不同组织间传递和共享，有利于问题的协商和解决。但是，由于行业型职教集团本身的非法人属性和缺乏财产管理权与经营权等问题的存在，理事会和委员会无法被赋予集团层面实质性的管理权限，难以形成有公信力的决策，落实起来就更加困难。同时，秘书处的设置，只是作为一个信息传递和日常业务处理机构，不成其为管理机构，无法在集团管理中发挥管理职能。因此，"理事会制"在公办职教集团发展过程中的作用虽然不可忽视，但单纯的"理事会制"在实践中只能是困难重重、运行机制低效，难免会造成人力物力的浪费，最终导致这种体制不能有效实现职业教育集团的战略目标。

2. 双法人制

"双法人"一般指企业法人和学校法人。一般来讲，企业法人负责集团办学所需的基础设施建设，拥有办学设施、设备的所有权和经营权；学校法人负责学校的日常经营管理，履行办学职能和教育教学职能，两者相互作用。在民办"双法人制"中，学校的法人财产权实质上为企业所有，也就是企业办学的性质，这在一定程度上模糊了法人财产权的归属，院校办学须围绕企业发展需求，可能会引致企业干预学校管理的尴尬局面，使得职教集团在经济理性和教育理性间摇摆，也难免会带来集团的教育利益保障、权责分担等方面的责权利不清等问题，导致集团教育属性的偏离。而对于公办"双法人制"，其实质是在职教集团教育属性中引入了经济属性，组建企业法人，通过各种经济手段盘活事业法人的资产，并获取一定收益，从而支持事业法人的发展，这有利于职教集团的长远发展。但是，不容忽视的是，政府在其中发挥了重要的主导作用，如果没有政府作为主导，那么很可能出现与民办"双法人制"相同的问题。

3. 多元主体投入

多元主体投入建设行业型职教集团符合国家政策发展的要求，以及行业型职教集团自身建设的需求。《高等职业教育创新发展行动计划（2015—2018年）》提出，"要开展多元投入主体依法共建职业教育集团的改革试点，通过人员互聘、平台共享，探索建立基于产权制度和利益共享机制的集团治理结构与运行机制"。在多元主体中，不同主体的定位影响了它们在行业型职教集团作用的有效发挥，从而从整体上影响了行业型职教集团的深入发展。因此，合理定位多元主体是行业型职教集团顺利运行的关键问题。在多元主体中，有四类主体地位非常重要。第一是确立教育行政部门领导地位，建立完善的行业举办职业教育的工作机制，探索基础上出台实施细则，发挥其对行业型职教集团发展的宏观指导作用，为职教集团的发展提供制度保障和政策支撑。第二是确立行业主管部门的主导地位，充分利用其行业行政影响力集聚行业多元主体积极加入职教集团，促进行业内多方合作，发挥其在行业型职教集团发展中的主导作用。第三是确立牵头职业单位的核心地位，不断增强其行业感召力和吸引力，发挥其在行业型职教集团的标杆作用。第四是确定行业企业的关键地位，促使集团为企业发展注入活力，充分发挥企业在行业型职教集团中的引领作用。

四、完善组织结构

（一）组织结构基本形式

行业型职教集团的组建与运行绝不是成员单位的简单聚合，而是行业职教资源、体制、组织结构、制度和运行方式的集成创新。行业型职教集团的组建与发展促进了本行业职业教育组织结构和管理方式的变革，使行业内职业院校、企业冲破原有领域和体制方面的限制，从传统的纵向科层组织向横向互动的扁平化组织机构转变，促使内部组织优化，推动组织矩阵化、团队化、网络化。从国家在职业教育以及职教集团的政策发展来看，职教集团的建设思路已经非常清晰。从职业教育转型和提升的层面，其重心和支点应是结构优化基础上的集约化发展。因此，职业教育集约化发展和职教集团建设的过程能够充分体现我国职业教育不断深化改革的过程。

组织设计主要是指对组织结构的设计或重构，是组织管理成败的关键前提和基础。一般将组织结构界定为"一个组织内各构成要素及其间的相互关系"。恰当设计组织结构是实现组织目标和提高组织管理效率的关键前提。组织结构是支撑组织运作的框架体系，主要包括四项结构：（1）职能结构，即完成组织目标所需的各项业务工作关系；

(2)层次结构,即管理层次的构成,又称组织的纵向结构;(3)部门结构,即各管理部门的构成,又称组织的横向结构;(4)职权结构,即各层次、各部门在权力和责任方面的分工及相互关系。现行的组织管理学所界定的通常是传统的个体组织结构,实际当中往往会涉及集合体式组织模式。

一般来讲,常见的组织结构主要有以下五种形式:

1. 直线制

直线制是一种最早也是最简单的组织形式。它的特点是组织各级行政部门从上到下实行垂直领导,各级主管负责人对所属部门的一切问题负责。其优点是:结构简单,责任分明,命令统一。缺点是要求负责人通晓多种知识和技能。因此,直线制一般适用于规模较小,生产技术比较简单的组织,或者组织发展的初始阶段。

2. 职能制

职能制是组织除了设置行政部门负责人外,还相应地设立职能机构,各职能机构有权在自己业务范围内向下级行政部门发号施令,下级部门除了接受上级行政主管人指挥外,还必须接受上级各职能机构的领导。其优点是:能充分发挥职能机构的专业管理作用,减轻直线领导人员的工作负担。但缺点也很明显:容易形成多头领导,不利于建立和健全各级行政负责人和职能部门责任制。

3. 直线—职能制

直线—职能制是吸取直线制和职能制这两种形式的优点而建立起来的,国内绝大多数组织都采用这种形式。这种形式将管理机构分为直线机构和职能机构两类。直线机构对自己部门的工作负全部责任,职能机构对下级直线机构进行业务指导。其优点是:既保证了组织管理体系的集中统一,又可以在各级行政负责人的领导下,充分发挥各专业管理机构的作用。其缺点是:职能部门之间的协作和配合性较差,加重了上级领导的协调负担,也造成办事效率低。

4. 事业部制

事业部制是一种高度集权下的分权管理体制,一般适用于规模庞大、品种繁多、技术复杂的大型企业。事业部制是分级管理、分级核算、自负盈亏的一种形式,即公司按地区或产品类别分成若干事业部,从产品的设计、原料采购、成本核算、产品制造,一直到产品销售,均由事业部负责,实行单独核算,独立经营,公司总部只保留人事决策、预算控制和监督大权,并通过利润等指标对事业部进行控制。

5. 矩阵制

在组织结构上,把既有按职能划分的垂直领导系统,又有按产品(项目)划分的横向领导关系的结构,称为矩阵组织结构。矩阵制的特点表现在围绕某项专门任务成立跨职能部门的专门机构上,纵向为已有的直线职能系统,横向为完成某一特定的项目而组成的系统。优点是:机动、灵活,任务清楚,目的明确,可随项目的开发与结束而组织或解散,加强了不同部门之间的配合和交流,而人员上的双重管理是矩阵制的缺陷。矩阵结构适用于重大攻关项目,以及涉及面广、临时性、复杂的重大工程项目或管理改革任务。

行业型职教集团是一种超越了传统组织边界和空间障碍的"功能群体",在本书第四章第三节中,构建了行业型职教集团的网络结构模型,因此,作为跨组织、跨边界的网络结构组织,不能直接套用上述组织形式或采用单一的组织形式。在开展行业型职教集团组织设计时,必须明确组织设计维度,结合具体的职业教育集团网络的内外部环境、战略目标、组织成员类型、资源优势等方面的特点,按照科学的设计程序来构建有效的组织结构,并根据集团的战略和战术变化及时重构组织。在上述五种常见模式中,行业型职教集团更适宜直线—职能式与矩阵式的组合模式。

(二)设计指导思想

1. 组织结构应与组织内外部环境相适宜

行业型职教集团是跨越组织和边界的复杂网络,组织结构相对复杂，可能涉及上述多种模式的组合。同时，集团战略的落实，必须要有组织制度的保驾护航以及全体集团成员的共识，因此，具体的组织结构组合范式必须结合具体的集团内外部综合环境来考虑。公办职教集团中颇具代表性的"理事会制"可以作为行业型职教集团组织结构模式的参照基准。

2. 组织结构是动态变化的

行业型职教集团的内外部环境不是一成不变的，组织结构必须适应环境并与环境共同进化，同时，行业型职教集团自身的发展是阶段性的，组织结构也必须根据组织的不同发展阶段做调整和重构，因此，组织结构是动态变化的。在多组织集合的复杂环境中，行业型职教集团的组织结构可以根据集团的阶段性战略重点、组织环境及组织成员间的关系，保持一定的动态性，自适应型组织和学习型组织是行业型职教集团的发展方向。

3. 组织结构没有最好的，只有最适宜的[57]

对于行业型职教集团来说，选择一种组织结构的目的不是寻找最好，而是寻找最适宜本集团的，其目的是为了提高特定环境中行业职教资源的合作配置效率。这需要结合行业型职教集团的行业特点、发展环境、战略目标、成员类型等进行综合权衡，并在相应政策保障下，不断根据内外部环境变化做出适当的调整。一个精心设计的组织结构将有利于行业型职教集团尽快步上良性发展轨道。

4. 依据权责对等的原则明确组织职权

明确行业型职教集团的部门和层次，并配置相应的职权，设计组织结构图。行业型职教集团的组织结构设计可以考虑邀请组织管理领域的专家参与，基于实事求是的调研，认真负责的策划出台，并根据外部经济环境的变化做出调整，而不是简单拷贝某种组织结构模式。职业教育集团结构图是集团组织结构的形象化，一幅构架清晰、层次分明、结构合理的组织图有利于成员组织更好地理解职业教育集团的战略和组织运行规则。

(三) 组织结构分析

本书第五章第三节中对行业型职教集团的演化发展进行了分析,并将行业型职教集团的演化路径划分为形成、发展、成熟、更迭四个阶段。这里以发展阶段为纵坐标,以合作紧密程度为横坐标,可以绘制出行业型职教集团的体制发展图,如图 6.6 所示。

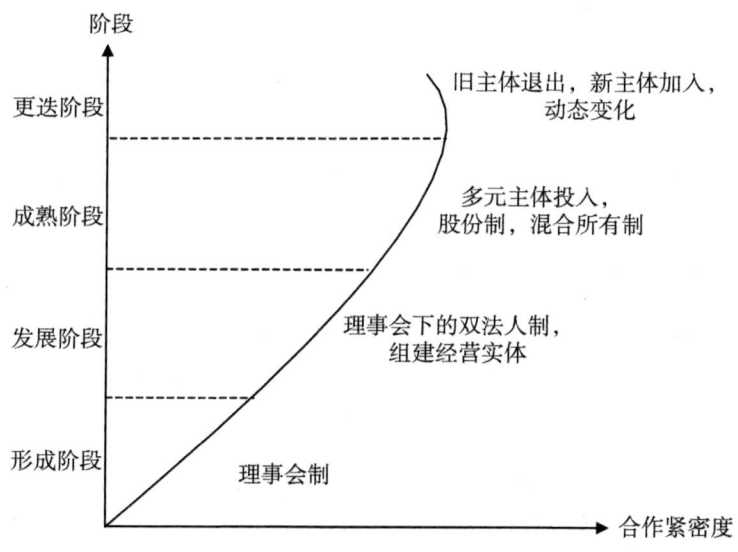

图 6.6　行业型职教集团体制发展图

多数行业型职教集团在产生之初,都采用较为松散的理事会制。随着行业型职教集团的日益成熟,集团成员的互动日益紧密,集团网络关系更加广泛而频繁,集团主体的合作紧密度将逐步增强,这也是集团成熟的必要条件。因此,"双法人制"、"股份制"、"混合所有制"、"多元主体投入"等更加紧密的组织结构成为集团发展更加适宜的选择。但集团网络优势的"锁定效应"、部分主体"搭便车"等现象,使得集团存在衰退或更替的可能,将导致集团网络内部生态平衡的破坏,因此,集团组织结构将处于动态变化中。

第三节 政府作为研究

行业型职教集团是政产学研相互合作、共促发展的联合体。其中，政府的参与必不可少，政府的统筹指导对行业型职教集团的正常运作发挥着不可或缺的关键作用。

一、政府职能

政府职能是政府对社会承担的职责和管理社会所具有的功能的规定，表现为政府"要做什么"、"能做什么"，其往往都要通过法律的形式予以规定和规范。政府职能具有稳定性和动态性相结合的特点，其动态性表现为政府职能与经济社会发展的适应性，动态的社会要有动态的政府职能与之相适应。我国的行业型职教集团是在政府的大力倡导和推动下组建起来的，政府的管理和引导对健全和完善职教集团的管理体制和运行机制发挥着重要的影响作用。那么，在行业型职教集团的建设发展中，政府职能更多体现在哪些方面呢？

（一）优化外部环境的职能

集团网络中合作活动的效率不仅取决于合作各行为主体之间的相互作用影响，而且还受到集团网络外部环境的影响。外部环境是对行业型职教集团外部政治环境、社会环境、技术环境、经济环境等的总称，由存在于集团外部、短期内不为集团所控制的要素构成，例如，社会经济发展状况、行业变革方向、技术更新、社会公众对职业教育的认可等，在短期内具有一定的稳定性。由于这些外部要素的改变仅仅依靠集团自身的力量是不可能解决的，因此，必须要有政府的介入和干预，通过产业政策、税收、法律、法规等资源运作规则，以形成各种的资源配置秩序，直接或间接引导社会资源的流向与结构优化。例如，政府出台行业型职教集团相关制度保障和资金扶持政策；从法律层面明确行业企业参与职业教育的责任义务等深层次问题；引导外部媒体营造有利的舆论环境，倡导行业企业履行社会责任，分担教育功能；推动行业企业与教育开展对话等，来实现外部环境的不断优化，为集团化办学提供良好的外部环境。

（二）提供公共产品和服务的职能

公共产品的非竞争性和非排他性决定了市场经济中追求利润最大化的生产者不会提供这些产品，也就是说，公共产品不能由市场机制的方式来配置，只能由政府行为来配置，或者在政府参与下配置。公共产品和服务是集团网络发展的重要承载者，是形成网络聚集效应的重要来源，也是控制集团网络规模的关键因素之一。越是优质的公共基础设施和服务对行业企业的聚集效应越强，因此，公共物品和服务的布局将引导校企合作活动的聚集。一方面，政府对公共物品投资、生产、经营等活动所诱发出的一系列经济活动，为行业企业的发展创造了市场；另一方面，这些行业企业反过来又扩大了对公共物品的需求，增加了行业企业的聚集效应，最终影响到整个集团网络的合作情况、发展走势，以及持续时间。因此，政府对公共物品和服务的投入与供给状况，将对集团网络成员经济发展和区域空间结构的优化十分重要。

（三）建立规则规范管理的职能

行业型职教集团的发展离不开职业教育本身的发展程度和市场经济的成熟程度，政府是行业型职教集团形成的重要推动力，同时也是促进职业教育和规范市场管理的实施者。从职业教育的角度来看，职业教育本质上是一种准公共产品，同时基于教育的正外部性，必须依靠政府的介入，例如，制定教育法律法规、优化教育结构、加快教育体制改革等方式，才能使其得到更好的发展。对于市场，从理论上分析，市场经济需要政府，在于市场经济正常秩序的形成和维护离不开政府，无论是产权的保护还是市场交易规则的形成和维护，都需要政府以法律的形式加以规范化[114]。同时，由于行业型职教集团各行为主体都无法脱离市场单独存在，必须按照市场规律开展各类经济活动，因此，行业型职教集团正常秩序的建立，各主体之间校企合作关系的建立，以及各行为主体资源产权的保护，也需要政府的引导和规范。为有效地实现对行业型职教集团既定的管理目标和任务，建立一个规范道德且行之有效的规则体系，在规范主体行为的基础上，建立社会信用，协调相互关系，保护各类资源产权，消除进出壁垒，为各类经济主体创造自由选择、公平竞争和安全有效的生产和社会环境，成为政府的当然职责。

二、政府作为的实践基础

行业型职教集团中最重要的网络关系就是校企合作关系，解决好了校企合作中存在的各类问题，就解决好了行业型职教集团的可持续发展问题。世界各国的经验表明，校企合作的发展离不开一只"看得见的手"——政府的支持。

（一）健全有力的法制保障

当今世界，不少国家经济发展中的一个普遍规律是：经济越发达，越重视优先发展教育，特别是职业教育，其共同点首先表现在立法上，以法律法规的形式对职业教育加以规范和激励，以保障职业技能人才培养的规范化和持续化。早在20世纪60年代，美国就明确提出高校和企业之间的合作是职业教育的发展方向，并颁布了《职业教育法》。90年代中期，美国总统分别签署了《2000年目标：美国教育法》和《院校工作多途径法案》，这两项法律的签署极大的促进了职业教育的发展，让高校和企业之间的合作得到了法律的认可和保障，加深了高校和企业之间的合作。日本颁布了《教育基本法》、《学校教育法》、《私立学校法》、《教育公务员特立法》、《临教审设置法》、《教科书法》等多达几十部基于法律规范；德国职业教育出台的最重要法律包括,《联邦职业教育法》(1969年)、《联邦职业教育促进法》(1981年)、《手工业条例》(1965年)、《联邦劳动促进法》(1969年)、《企业宪法》(1972年)、《联邦青年劳动保护法》(1976年)，2005年又将《联邦职业教育法》与《联邦职业教育促进法》合并，颁布并实施新的《联邦职业教育法》。同时，其他的国家也颁布了相关的职业教育法律和法规，如澳大利亚有《国家培训保障法》。这些国家完善的职业教育法律体系是保障职业教育校企合作良性发展的重要条件。

（二）权威有效的政府主导行为

在德国，联邦、各州、行业雇主协会和雇员协会共同制定了多达300多个与职业教育有关的法律规定，德国政府提供经费支持，主持建设"跨企业培训中心"，通过整合多方资源以解决企业培训能力不足的问题，推动了职业教育的快速发展；在澳大利亚，政府主导，引入运行市场机制，引导社会、学校相互合作，组建"新学徒制培训学院"，成为澳大利亚教育与社会结合的有效途径，其培训出的人才为企业，乃至整个社会贡献出很大力量[115]；在美国，职业院校的老师就是直接从公司里面有多年丰富工作经验的人中挑选而来，进入高校进行技术上的指导和教学，同时，美国"技术准备计划中的综合教育集团"对校企合作具有指导作用，加强了校企联系，不断指导理论服务于实践，保障了职业教育的持续发展[116]。这些行业组织是企业和职业教育联系的重要纽带，细化了企业所需人才的培养目标、知识技能要求，评估了学生掌握相关专业知识技能的程度，提升了校企结合的合作层面。

（三）灵活多元的资金筹措方式

国外关于其教育与培训的资金筹措方式从政府、企业、行业到地方基金、民间投资等，是十分多元化的。在澳大利亚有明确的法律规定，企业每年都要向政府缴纳一定的企业员工培训费用,企业必须缴纳与该企业年收入相应的费用。政府和企业之间的多种投资方式赚得了大量的资金用于维系高校和企业之间合作关系。比如,德国职业教育经费分担以企业为主,1998年,企业投入114亿欧元,而国家为40亿欧元,企业占65%;2003年,企业投入103亿欧元,国家为56亿欧元,企业占72%。

(四)系统权威的职业资格认证

在澳大利亚,政府采用比较权威的资格认证框架(AQF),可以有效的维系学校、教育部门和企业之间的关系,形成了没有职业资格证书的人员既找不到工作,企业也不能录用的用人机制和社会环境。德国"双元制"之所以在德国有很好的成效,就是因为它有严格的法律程序,要经过统一的考试和考核才可以颁发证书,才可以上岗;德国力图建立一个"跨教育领域且学校结果导向"的德国国家资格框架(DQR),使其成为各类教育之间衔接与沟通以及职业教育与普通教育之间等值的工具。该框架的宗旨是:国家资格框架所指称的所有能力,基本上都可通过学校、企业、高校以及职业教育和职业生涯等途径实现。该国家职业资格框架对促进教育的发展发挥了重大作用。

三、集团演化中的政府作为

行业型职教集团网络的形成与发展离不开政府作为,但并不是政府随时随地、任何情况下都得参与,而是"有时为,有时不为"、"有所为,有所不为"。换句话说,政府作为应当随着行业型职教集团的演化有所变化与限制,政府作为的"缺位"、"越位"、"时机不当",都会对行业型职教集团的成长产生不利的影响,甚至可能成为其发展中的障碍,这对政府提出了很高的要求。

下面,就政府在行业型职教集团演化过程中的介入程度,来考察政府作为的时机选择。

（一）形成阶段

在行业型职教集团的形成阶段，校企合作虽然产生了多种形式，但多为基于民间非正式关系的自发合作，企业参与校企合作的积极性多基于这种非正式关系的持久程度，如果非正式关系的联系主体发生职务变迁、离职等变化，则将可能直接导致校企合作解体。此阶段，校企合作表现为合作层次浅，合作方式分散无序、合作关系随机脆弱。因此，校企合作的稳定性持久性较差，行业企业参与校企合作的积极性普遍不高，社会对于校企合作的前景走势普遍持观望态度，合作的分散导致行业内职教资源极为分散。在此阶段，政府需要识别、发掘、引导优势的行业院校和企业，通过政策倾斜，促进校企合作，汇聚优质职教资源，推动职业教育发展。职教集团作为职业教育的创新形式和校企合作的重要载体，理所当然成了政府推动职业教育的政策重点。这一阶段，政府的主要任务是优化行业型职教集团的外部环境，包括软环境和硬环境，促进校企之间的联系与合作，推动甚至参与行业型职教集团的形成与组建。其中软环境是指进行相关制度和政策环境的建设，如引导舆论走向、出台职教集团组建的指导意见、推动行业企业与教育开展对话等；硬环境是指投入资金，加强公共基础建设，完善配套设施，营造良好的聚集环境吸引优势行业企业及机构进入本区域。

（二）发展阶段

在行业型职教集团的发展阶段，集团凝聚源——以牵头单位及其强相关组织为主的核心网络开始形成。行业型职教集团逐渐被行业和社会所了解，集团成员之间联系增强，企业作为行业型职教集团的主体，重要性开始凸显，新成员不断加入集团，集团规模逐渐扩大，数量逐渐增加，实力逐渐增强。这一阶段，政府的作用逐渐由直接参与转换到间接参与，建设重点由推动集团组建转变为引导集团发展，因此，一方面，政府在引导企业承担教育责任、促进校企合作等方面积极推动；另一方面，政府会在完善行业型职教集团组织结构与体制机制、树立标杆和先进典型上出台政策，促进行业型职教集团的完善。

（三）成熟阶段

集团网络中的核心网络和辅助网络更加成熟，外部网络环境相对完善，行业型职教集团的资源整合功能得到完善，服务行业能力普遍获得认可，以行业背景为特色的集团文化得以形成，不断涌现出各种新的集团运作模式，集团运作方面的探索更加丰富。这一阶段，政府工作重点由政府单独推动转变为引导市场多元主体共同推动行业型职教集团发展，市场在组织、调整、配置资源方面的作用逐渐凸显，同时，由于多元主体的介入，政府的推动作用还将体现在建章立制、规范职教集团的健康发展上。

（四）更迭阶段

行业型职教集团衰退或更替是行业型职教集团在成熟期后发展的两种可能趋势，因此，部分集团将会失去吸引力而逐渐退化或空洞化，还有部分集团将向更高级的网络跃迁，进入新的成长期。因此，这一时期需要政府在制度和政策上创新，规避风险，推动更多的优质新兴企业加入集团，引导更多的集团升级跃迁，进入新的成长期。

根据上述分析可以看出，行业型职教集团处于不同时期，政府的工作侧重点是不同的。政府在形成阶段，是行业型职教集团组建的主导力量，随着企业在集团中的重要性和影响力日益凸显，政府逐渐从台前退至幕后，其作用逐渐减弱，市场影响力则逐渐增强。到更迭阶段，院校企业出现更替，市场影响力逐渐衰退，政府的政策制度创新则更加重要。因此，总体来讲，政府的作用在从形成到更迭的四个阶段中，其作用是先减弱后增强的。不同行为主体在行业型职教集团网络发展过程中的介入程度如图 6.7 所示。

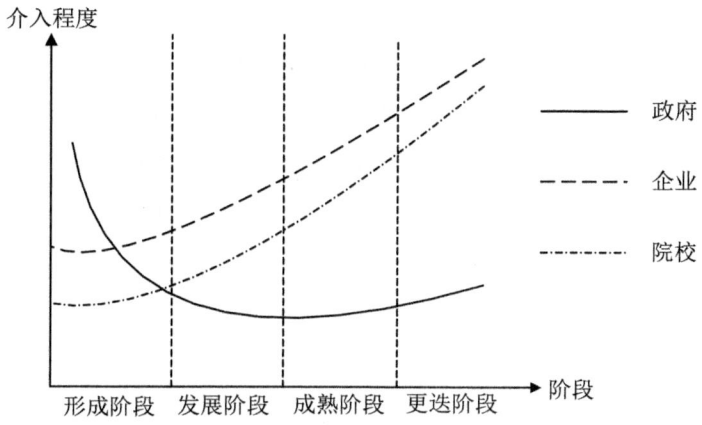

图 6.7 政府和主要主体在行业型职教集团的介入程度

第四节 本 章 小 结

我国行业型职教集团的发展已由注重规模扩展转变为注重质量提升,从体制上看,行业型职教集团建设严重滞后,"集而不团"的现象仍然非常普遍,因此,建立更为完善的组织体制,已成为行业型职教集团可持续发展的关键。本章主要分析和明确了三个体制建设中的难题:

(1) 行业型职教集团的非法人性质,使其无法独立运作和发展,难以开展实质性的活动或与外界发生经济联系,也限制了集团的发展。因此,可以通过注册社会团体法人型职教集团、建立事业法人和企业法人的"双法人制"、多元主体组建企业法人型经营实体等三种方式,明确和改善集团性质的困境。

(2) 行业型职教集团存在设计之初的"一揽子解决方案"与实际操作中"无法承受之重"的矛盾,其中,适宜的组织结构设计是解决问题的关键。在多种基本组织模式中,行业型职教集团更适宜直线-职能式与矩阵式的组合模式。理事会制、双法人制、多元主体投入等体制结构，适合行业型职教集团发展的不同阶段。

（3）政府的统筹指导对行业型职教集团的正常运作发挥着不可或缺的关键作用。在行业型职教集团的建设发展中，政府职能更多体现在优化外部环境、提供公共产品和服务、建立规则规范管理三个方面。在行业型职教集团的不同阶段，政府的工作侧重点有所不同，总体来讲，政府的作用在从形成到更迭的四个阶段中，其作用是先减弱后增强的。

第七章　行业型职教集团机制建设策略研究

行业型职教集团网络中的各行为主体之间,以及各行为主体与外部环境之间,在不断地进行信息物质交换,并相互作用相互影响。事物各个部分的存在是机制存在的前提,因此,行业型职教集团的机制可以从两个方面来理解:一是各主体之间,以及各主体与外部环境之间的关系;二是如何以一定的运作方式将各主体,以及各主体与外部环境之间联系起来,使它们协调运行并发挥出 1+1>2 的作用。如果说,体制建设是实施职业教育集团化发展的必要载体,那么,机制建设就是提高政策执行效力的重要保障,二者相互关联,共同构筑职业教育集团化发展理论有效转化为发展实践的桥梁。本部分将围绕行业型职教集团机制发展策略进行研究。

第一节　运行机制面临的困境分析

运行机制是行业型职教集团良好运行的保障,本部分通过对其机制问题进行分析,将其面临的问题总结为四大困境。

一、组织运行缺乏规范性

行业型职教集团内部成员联系松散,缺乏约束力,直接导致集团内部运行缺乏规范性。由于现有的行业型职教集团的内部关系处理方式，都是各个集团内部成员之间的各种关系联接的探索，而缺乏具体的管理部门标准程序的认定和各个主体之间联接方式的规范，因此具有很大的随意性。

首先，在行业型职教集团的成立和建设问题上，基本取决于牵头院校的行业影响力和建设意愿，以及上级主管部门的支持与否。行业企业参与职业教育的程度并没有通过立法或相关政策，纳入法定义务当中来，成员单位是否能够或愿意在集团建设中发挥作用，只取决于成员单位本身的能力和意愿，并无其他的约束机制，处于可做可不做的状态，这直接导致成员单位在行业型职教集团建设中缺乏参与热情。集团建设发展缺乏制度保障，难以发挥集约效应。

其次，在集团成员的引入退出机制上，什么样的单位能够成为集团成员，缺乏规范性的规定，似乎只要是企业，并有加入的意愿，无论适合与否，能否发挥相应的作用，就都可以成为成员单位，在集团成员引入上缺乏遴选机制；而在退出机制上，当成员单位无法通过集团活动获得相关利益时，可能选择的最直接方式就是退出集团或不再参加集团活动，甚至不需要履行任何相关程序，因为既不需要承担任何责任，也不会产生任何负面影响。集团组织缺乏约束力，导致集团内部联系极为松散，集团内部各项组织活动缺乏规范性。

最后，在集团各项活动的开展和组织上，由于集团自身非法人性质的限制，集团活动的开展受到很大的限制，无法与外界发生各类经济联系。集团活动的类型、范围、频次等都缺乏相关的管理规范，各调研单位行业型职教集团的活动组织形式也比较单一，基本上是以年会的形式在组织活动，同时由于经费投入问题没有得到很好的解决，活动开展普遍较少，基本处于一种维系的状态。

二、内生动力不足

第一，目标不明确。对于很多集团内部成员来说，行业型职教集团的组建目的是什么，为什么要参与其中，恐怕很难说清楚。我们在组建行业型职教集团时，一定要了解三个"获得"，即我在集团能获得什么？企业或其他组织参与集团能获得什么？大家共同努力又能够创造什么、获得什么？这三个"获得"的实质含义就是，行业型职教集团的个体目标与组织目标。例如，在"我在集团能获得什么？"这个问题上，学校真正走出校园、走向企业的信心有多强？服务行业的能力与水平有多高？恐怕这些都还需要大量的工作和努力要做，而这些最基本的问题无法得到解决，那么服务行业企业的目标怎么可能实现？学校的自我提升和行业影响力就如同空中楼阁。对企业来说，目前参与职教集团，很难说有非常清晰的目标或者责任，原因在于无法通过职教集团获得现实的利益和提升，或出于面子，或出于行政部门的过问，由于缺乏内在动力的支持，当然无法推动组织的有效发展。

第二，"设计模式"而非"内生模式"。我们可以深入了解下行业型职教集团的产生背景和原因。虽然我们在分析其产生时，都会提到深刻的经济社会因素、行业变革因素，以及职业教育发展因素等方面的影响，行业型职教集团也的确是在各种因素的共同作用下，而产生的一种新型职教事物。但值得注意的是，如果对行业型职教集团的产生和建设过程进行更为细致的考察，我们发现，其产生并非完全出自"内生"，在很大程度上，它们的产生，也是一种"设计"的产物[99]。例如，一些地方政府把建设职业教育集团作为新时期解决职教核心问题、发展职教的形象工程，仿佛数量越多，职业教育的水准越高，校企合作成果就越普遍，从我国现有行业型职教集团的组建过程和运作模式来看，政府在其中的痕迹非常明显；部分职业院校把成为职业教育集团牵头单位看成为做大做强的标志，而行业型职教集团的牵头单位的确在推动校企合作、改进人才培养模式、获取行业资源、提升行业影响力等方面更具优势，因此，组建行业型职教集团，担任其牵头单位往往也成为部分职业院校的"设计"目标之一；企业在参加行业型职教集团前后对职教的积极性几乎没有变化，多数职教集团并没有很好的解决校企合作、产教融合的问题，普遍感觉力不从心，更多的行业企业只是在礼节性和形式上给予职业院校支持，通常这种支持只是暂时性或阶段性的，没有机制作为支撑，一旦学校发生了组织机构或领导的变更，校企合作的实质情况就会发生变化。因此，要获得持续发展的动力，必须适时地由"设计模式"转向"内生模式"。

第三，校企双方存在需求错位。从职业院校的需求来看，主要是技术技能人才培养，获得社会认可。而根据职业教育的自身属性特点，其人才培养的过程必须有行业企业的参与，才能够保证学生技能和职业素养的提升。因此，职业院校在人才培养全过程中需要并且欢迎行业企业的积极参与。从企业需求来看，企业参与职教集团，多数是出于人力资源的考虑，一方面，是技术技能型毕业生的需求；另一方面，是在职人员的培训问题。而企业参与职业教育的主动性在一定程度上取决于企业发展的阶段和水平。我国市场经济发展的现状决定了我国多数企业仍处在成长阶段，对各类人才需求量大，但还未建立成熟的人才观，也没有形成成熟的人力资源需求规划，这就不难解释我国现阶段大量企业参与职业教育存在短视行为，这种校企合作往往如昙花一现。因此，企业有计划且积极的参与职业教育，并承担更多的社会责任，还有待政府强力支持政策的出台，以及企业在人才观上的更加成熟。

第四，低效的集团组织形式。职教集团中组织效率最为低下的就是契约型职教集团，而这类组织形式恰恰占据了行业型职教集团的主体。契约型的维系方式导致职教集团内部各成员之间的利益关系联系不紧密，难以找到很好的利益契合点；同时由于契约型组织外部约束力不强，导致企业参与职教集团缺乏内部和外部机制支持。而从职教集团本身的吸引力来看，牵头院校的行业背景、技术实力、内涵建设等也是影响到集团发展的重要因素，如果先天不足或后天发展不力的话，那么将会极大地影响集团的内生动力。因此，行业型职教集团呈现理想化的企业主动性景象尚待时日。

三、运行面临两难选择

行业型职教集团采取何种运行方式，将决定其基本性质，同时也将从根本上影响其发展方向。根据第六章的研究，总体来讲，行业型职教集团主要有两种运作方式：一种是理事会制等公共化运作方式；另一种是"双法人制"、"多元主体投入"的市场化运作方式。最终，行业型职教集团何去何从，选择什么样的运作方式，还需要大量的实践探索和充分论证。

我们能否对行业型职教集团采取完全市场化的运作方式，以经济利益为主要的设计目标来引导集团工作？经济利益是否一定能凝聚人心，提高集团效能？从提高组织效率和运作水平的角度出发，实现市场化运作是行业型职教集团的一个较好选择，但是运作方式的设计离不开组织本身的性质和成立目的。行业型职教集团的根本性质是什么呢？就是其教育性和公共性，教育性决定其生产方式，而公共性决定其产品性质，这是行业型职教集团的最根本性质。毫无疑问，市场化的运作方式将会使组织的经济收益最大化，但却会使行业型职教集团的本质发生根本性变化，转变为经济实体，从而影响到行业型职教集团的教育性和公共性的实施，可能会给行业型职教集团带来极为负面的效果。

而关于行业型职教集团的公共性，能否帮助实现行业型职教集团的高效运作呢？公共性契合了行业型职教集团的本质特征，并促使其通过非营利的方式进行运作，但是通过各类非营利组织在我国的生存状况来看，行业型职教集团是否能良好运转下去，需要建立有效的资金投入渠道以及良好的政策环境，否则难以找到适合的生存空间。

因此，行业型职教集团在市场化和公共化两种运作方式之间面临着两难的境况，市场化在提高组织效率、改进资源利用水平等方面确有着天然的优势，然而公共化又是行业型职教集团的本质所在，如何将两者有效结合，充分利用市场化的优势，改进职业教育集团的运作水平，扩大职业教育集团的服务能力，改进其教育性，扩散其公益性，这是需要实践探索和验证。

四、缺乏文化建设

集团文化是集团发展到高级阶段的产物，集团内部形成的文化纽带是实现集团成员沟通、增强集团凝聚力和提升集团竞争力的重要手段[117]。因此，行业型职教集团的有效运行并不完全取决于有形的职业院校、企业或者其他组织、资产的有效叠加，而在很大程度上取决于职业教育集团文化的整合，集团文化的联接作用将随着职教集团的逐步发展而变得越来越重要。

但是，集团文化的形成是有条件的，与企业集团文化类似，职教集团文化也应是在集团各个成员之间相互影响、相互磨合的基础上逐步形成的。职教集团文化也有其差异显著之处，也就是其形成过程中存在文化的异质性，作为教育部门的职业院校和作为经济部门的企业在同一个集团中，文化的异质性将会形成冲突与妥协，既不可能是学校文化压倒企业文化，也不可能是企业文化压倒学校文化。这种状况可能增加职教集团文化形成的难度，但是这种文化一旦形成，将极具创新性与引领性[99]。

那么，目前职教集团有没有集团文化呢？回答当然是否定的，在基本的集团运行问题都没有得到妥善解决的条件下，奢谈集团文化是一种不切实际的想法。从某种意义上说，职教集团没有良性的运行就无法形成集团的融合度，没有融合就不会有集团自身的文化，没有集团文化也就谈不上品牌和连锁。这些问题都是关系到行业型职教集团能否在我国顺利生存并不断发展的关键，且各个问题都是相互影响、紧密联系的。

只有形成了集团文化，行业型职教集团的运行才会更加顺利，集团内部的融合度才能更好；而只有这两点都实现了，职教集团的品牌与连锁才可能实现，集团文化才能更好的持续发展。因此，我们只有首先解决了职业教育集团的运行问题，完善相关的机制体制，才有可能在相关的集团文化建设上取得更为实质的突破。

第二节 运行机制构建策略

职教集团是职业教育组织设计的方向性变革，也是职业教育制度的根本性变迁。在行业型职教集团发展的策略中，机制建设是核心内容之一，在行业型职教集团的发展进程中意义重大。行业型职教集团连接着经济领域以及教育领域两大范畴，各行为主体之间，以及各行为主体与外部环境之间，都在不断地进行信息物质交换，并相互作用相互影响。那么，如何协调行业型职教集团的复杂网络关系，使其实现特定功能，并服务于集团总体目标，正是机制建设所要解决的问题。

根据本书第三章第二节中关于职教集团机制建设的抽样分析结果，结合行业型职教集团的运行现状，本书认为，现阶段行业型职教集团的核心运行机制主要由决策机制、激励机制、沟通协调机制、评价机制等四大要素构成。其中，决策机制是统领，激励机制是手段，沟通协调机制是基础，评价机制是引导。他们相互影响、相互作用，共同促进行业型职教集团的提升。

一、决策机制

对于企业来讲，决策机制是企业在享有充分法人财产权的情况下，对生产、经营等经济活动作出抉择的机制[118]。而当前多数行业型职教集团缺乏法人财产权，因此，在现阶段，对于行业型职教集团来讲，决策机制主要是对集团长远发展和内部各项事务作出决定的机制。决策机制在集团各项机制中处于主要地位，不仅是设计其他机制的基础，而且又贯穿于其他各机制运行的始终。健全的决策机制是有效决策的必要条件，其衡量标准就是看其是否与决策的运行规律相符。

决策系统各要素之间的相互关系和内在机能，客观地反映着决策机体的运动变化规律，并决定着决策行为的有效性程度。对于行业型职教集团，完善和健全决策机制可从以下四个方面来进行考虑：

（一）决策主体

即明确行业型职教集团内部的权力主体。集团内部行为主体众多，涉及教育、经济两大范畴，领域也极其广泛，部分集团还有政府参与其中，为增加决策的有效性，必须明确规定各种决策以谁为主体，并建立相应的决策机构。对于理事会制的行业型职教集团，一般以职教集团理事会为最高决策主体。而对于"双法人制"和"多元投入"组建的行业型职教集团，则可建立相应的董事会或理事会作为最高决策主体，以保证集团的整体利益和发展方向。同时，可以结合实际情况，依据集团的层级建立层级式决策机制，明确不同层级的决策主体，以充分发挥集体决策的优势，同时促进组织内部的分工与协调。

（二）决策方式

即采取何种方式对重大问题进行决策。一般应考虑权力均衡或权力分散化，以保证决策的民主性。权力过份集中既违背管理原则，又不有利于各行为主体之间的合作以及积极性、创造性的发挥。在行业型职教集团中，各行为主体将不断产生利益诉求和冲突，并经过博弈实现均衡。如果集团内的合作行为处在理想的状态下，各主体作为不同的利益诉求方，那么将提供有利于对方的服务。如果在一定机制的推动和约束下，各方都能积极参与，则有可能实现在为对方提供支持的基础上，自己也获得相应的回报，从而实现共同利益，实现行业型职教集团的整体使命。

行业型职教集团属于非营利性组织，因而，各行为主体都有可能参与到决策中来，并且为保证决策的可执行性，决策控制权应当在各行为主体之间分散分布。同时，由于各行为主体在参与职教集团的各类合作活动中，其利益相关程度、参与集团治理的意愿和能力有所不同，所以在行业型职教集团决策控制权的配置中，应该是一种非均衡的分散配置，如图 7.1 所示。

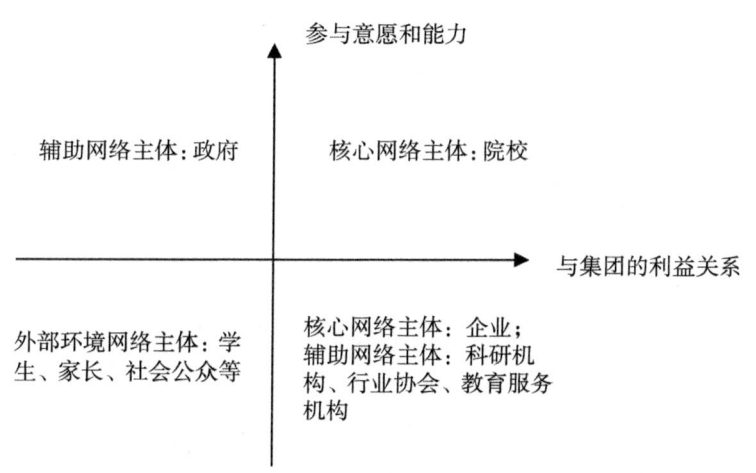

图 7.1　行业型职教集团决策控制权的分散配置

根据行业型职教集团的运作特点，以及图 7.1 决策控制权的分散配置状况，可以确定行业型职教集团的决策权可以如下方式进行分配：

（1）参与集团意愿较强、能力较强，且与集团利益关系较强的核心网络主体，应当给予较多的决策控制权，目前一般情况下为牵头院校。随着行业型职教集团的演化发展，将有更多的主体加入到核心网络，并积极参与集团的建设，这些主体也将被赋予较多的决策控制权。

（2）与集团利益关系较弱、或参与意愿及能力不强的行为主体，如政府、企业、科研机构等，应当给予较少的控制权。当然，根据行业型职教集团的演化发展规律，这部分主体的意愿、能力或与集团的利益关系将在不同的演化阶段发生相应变化，那么决策控制权也将随之变化。

（3）集团外部环境网络主体，则由于参与意愿、能力和利益关系都很弱，而处于决策控制权的边缘地位。

（4）这种非均衡的决策控制权配置过程，实际上是行业型职教集团各行为主体利益需求不断博弈的过程，最终将使得各行为主体的利益需求实现均衡。这些都需要建设合理的机制来予以保障，才能正确的推动集团可持续发展。

（三）决策流程

对于行业型职教集团，其决策流程一般划分为决策问题界定、决策目标确立、决策方案设计、决策效果预测和决策方案抉择等五个步骤[119]。

第一，决策问题界定。问题的界定是决策的起点，目前，多数行业型职教集团章程中，对决策问题均有非常明确的界定，一般来讲，需要决策的问题是指那些已经影响到集团发展的重大问题。

第二，决策目标确立。决策目标就是决策者通过采取某项行动方案所要达到的期望效果。合理的决策目标应满足三个条件：一是目标必须具体明确，有的放矢；二是目标必须立足集团现实，切实可行；三是目标必须灵活可调，一定程度上能应对未来的不确定性。

第三，决策方案设计。即针对问题，依据决策目标，设计实现目标的各种途径的过程。这一过程被形象地称为"大胆假设，小心求证"的过程。

第四，决策效果预测。决策是面向未来的，其实施过程是不可逆转的，所产生的效果既可能符合人们的主观愿望，也可能背离愿望。这就要求决策要具有一定的前瞻性，对未来的决策环境情景及对象的变化要有所把握。通过预测，帮助决策者认识和控制未来的不确定性，把对未来变化的无知减少到最低限度。

第五，决策方案选择。即对设计出来的各种备选方案进行评价、比较、权衡利弊，从中选出比较满意的方案。决策方案一般应符合下列条件：一是决策方案要有利于决策目标的实现，体现出效益最大化、风险最小化原则；二是决策方案必须现实可行，负面效应低。

（四）决策组织保障体系

决策主体要行使其职能，除了要有权力保证以外，还要建立完善的组织保障体系，包括决策咨询、决策反馈和评价改进三类组织保障体系，如图7.2所示。只有完善以上三个保障体系，才能使决策机制趋于完善，为决策者出谋划策提供保障。

1. 决策咨询体系

正确的决策是各项工作取得成功的前提，而实施正确的决策，离不开科学的决策咨询。在行业型职教集团中，可聘请行业内具有影响力的专家若干人，组建集团决策咨询机构，以客观翔实的研究报告和充分可靠的数据资料，为集团的科学决策提供依据、建议和可供选择的方案，充分发挥智库的作用。

2. 决策反馈体系

这是决策执行中和执行后，对决策实施效果进行的跟踪反馈研究，是根据决策目标的实现程度和实施效果，对决策质量的检查与核实。在行业型职教集团中，可以通过定期组织问卷、访谈、第三方机构委托等方式开展，获取决策执行情况的客观数据和资料，建立基于客观事实的判断。

3. 评价改进体系

基于决策反馈的信息，对决策经验进行总结，对决策偏差进行调整改进的过程，是在持续和渐进中使决策制定与执行不断优化的过程。在行业型职教集团中，决策评价改进的基本原则是科学、客观和可比，可以通过建立内部质量评价机构，采用定期内部研讨、流程优化等方式进行（详见图7.2）。

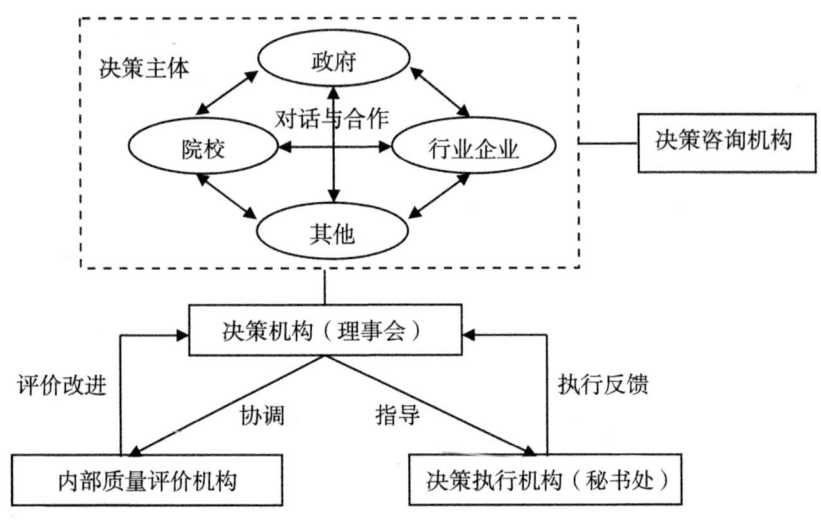

图7.2　行业型职教集团决策机制

二、激励机制

对于行业型职教集团来讲，所谓激励机制，是指通过政策措施或制度安排，激发集团内各行为主体参与集团活动，以及开展各类合作的积极性和主动性，从而实现局部利益与集团整体利益统一，实现最大利益与总目标的一致。行业型职教集团由于多是松散型联结关系，强制性约束效果有限，因此，建立有效的激励机制必不可少。

（一）参与成员激励机制的分析

集团网络主体众多，如何能够使他们在网络中最大限度地发挥积极主动性，是激励机制设计的主要出发点。针对行业型职教集团网络来说，激励机制的设计重点应该是如何激发参与成员更多地贡献自身优势整合资源，更好地合作创新，更快地促进集团整体实力和行业影响力提升。这里，本书重点考虑集团网络中院校、企业和政府这三类主要参与主体的激励。

1. 院校的合作激励

院校参与校企合作不仅是为了实现一定的经济利益，而且更主要的是提高自身的人才培养质量和水平，提升行业影响力，获得更高的社会声誉和认可。在行业型职教集团中，参与的院校以职业院校为主，职业院校自身发展的特点本就要求其必须与行业企业紧密结合，获取更多地行业资源和认可，因此，院校激励机制的建立可不必过多考虑参与程度和积极性等问题，而应更多地体现在促进建立校企联合人才培养、保障高校知识产权、维护高校人才创新收益等机制方面。

2. 企业的合作激励

企业内在的趋利性决定其参与集团更多的是希望通过合作获取利益最大化，在研究制定企业的合作激励时，要充分考虑企业的内在动力，促使企业在追求经济利益的同时积极参与校企合作。因此，企业激励机制的建立可从三个方面进行考虑：一是促进校企联合人才培养机制的建立，为企业建立稳定的人才培养和输送基地；二是促进校企联合创新机制的建立，在为企业输送新技术的同时，提升企业的研发能力和技术水平，实现合作创新过程技术和利益的共同提高；三是促进校企联合公益活动机制的建立，帮助企业建立社会责任感，促进企业社会声誉的提升。

3. 政府的政策激励

企业和高校由于行政职能划分和管理方式的不同，往往各自为政，并且不以市场为纽带，政府也往往针对高校和企业各自颁布一套政策，在高校和企业间并不能互相通用，常常会造成校企联系协调和合作的渠道不畅。因此，在集团网络中，由于构成主体的复杂性，政府政策指导的作用就显得更加重要。政府的政策激励可通过评奖、资金支持、税收优惠、财政等方式，形成政府对职教集团的政策倾斜，从而最大限度地发挥政策激励与引导作用，使企业随着校企合作过程获得市场优势并尽快将其转化为竞争力，高校有效获得行业资源并转化其行业影响力，提高整个集团的整体实力。

（二）激励机制的运作原理

对于行业型职教集团来讲，激励机制的内部运作如图7.3所示。

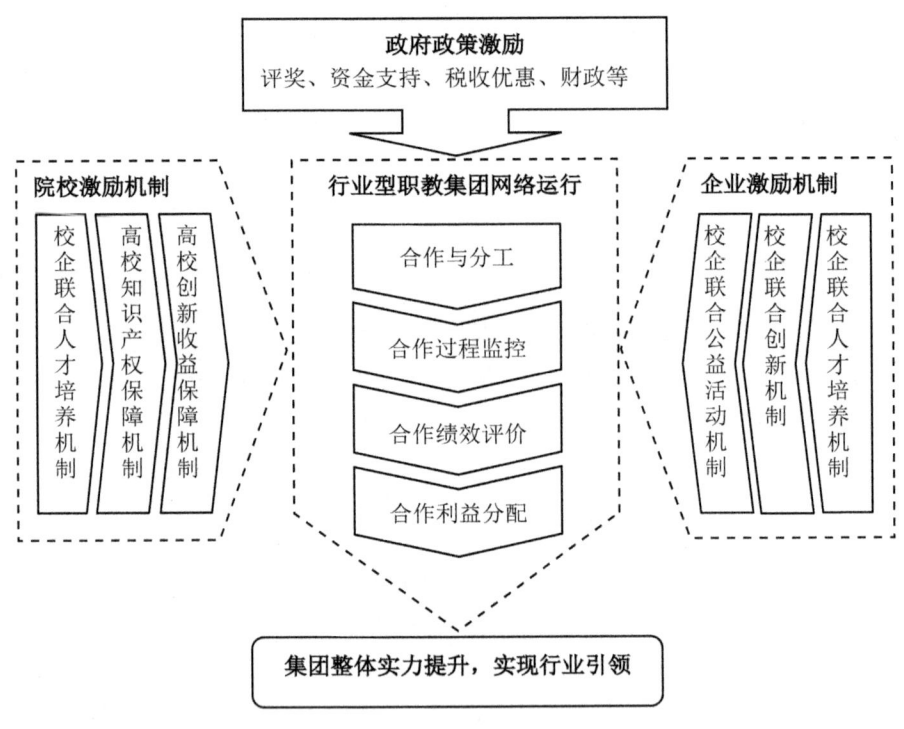

图 7.3 行业型职教集团激励机制

根据图 7.3 可以了解到行业型职教集团激励机制的内部运作过程。第一，由于政府关于职教集团的引导，基于各自利益的追求，各行为主体共同组建行业型职教集团网络，建立合作关系，实现分工协作，明确各自相应的任务和责任。第二，在网络运行过程中，集团网络通过制度设计，促使各网络成员提高合作的努力水平，并设计相应的过程控制措施，防止"搭便车"现象出现。第三，通过对集团合作成果进行绩效评价，为激励机制的改进提供信息与资料。第四，根据绩效评价结果以及协议约定，实现合理的利益分配，并为网络的持续发展提供动力。通过对网络内部企业、高校、政府等激励机制的优化，最终实现集团网络激励机制的有效运作。

三、沟通协调机制

关于沟通，著名组织管理学家巴纳德认为，沟通是把一个组织中的成员联系在一起，以实现共同目标的手段。关于协调，就是正确处理组织内外各种关系，为组织正常运转创造良好的条件和环境，促进组织目标的实现。在行业型职教集团中，由于各行为主体有着不同的价值观念和思维方式，在合作过程中可能发生各种冲突和分歧，需要通过沟通和协调来保证合作顺利进行。因此，所谓行业型职教集团沟通协调机制，就是通过沟通协调制度设计，引导各行为主体正确认识和处理利益差别，健全利益表达体系，相互理解和妥协，促进集团中各主体有效的联系在一起，以实现组织目的。一般来讲，沟通协调机制可以分为内部和外部沟通协调机制，如图 7.4 所示。

（一）内部沟通协调机制

包括优化内部组织机构、健全沟通协调渠道、完善沟通协调制度、建立沟通协调反馈机制与总结创新等五个方面的内容，如图 7.5 所示。

1. 优化内部组织机构

机构越复杂，沟通协调越困难，信息传达越容易变形和失真，致使效率降低，因此，可根据组织机构实际运营后的绩效表现和运营效率来判断评估其组织机构设置的合理性。集团理事会和秘书处可以发挥内部沟通和协调的作用。

2. 健全沟通协调渠道

通过建立信息化平台和应用现代技术手段，如建立互动网站发布各

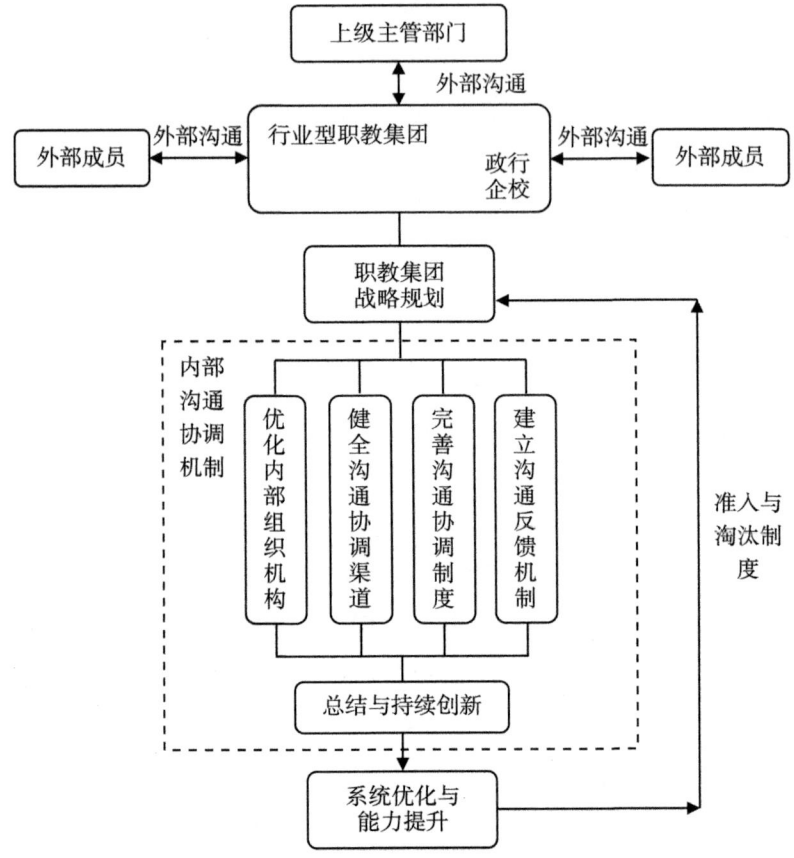

图 7.4 行业型职教集团沟通协调机制

界信息,建立信箱、短信平台、集团论坛等沟通渠道,结合传统面谈、电话、信件等,健全沟通协调渠道。

3. 完善沟通协调制度

完善定期交流制度,给予充分的自主权进行非定期会议和讨论,提高成员单位主观能动性;建立定期通报制度,及时通报集团动向;建立联席会议制度,对集团重大事项定期讨论。

4. 建立沟通反馈机制

完整的沟通协调必须具备完善的反馈机制,为有效沟通作出评判和改进方法。信息反馈畅通能实现双向交流机制,真正实现沟通协调的有

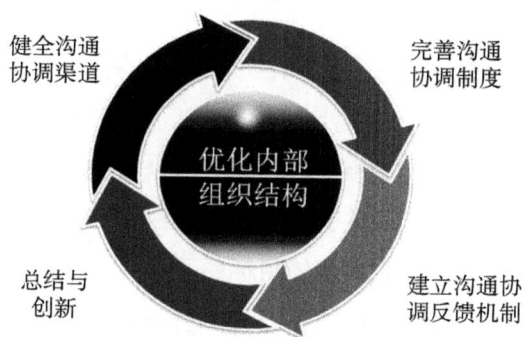

图 7.5 行业型职教集团内部沟通协调机制

效性。

5. 总结与持续创新

在建立长效沟通协调机制的过程中,需要坚持定期总结沟通协调机制产生的效果,并改进不足,不断完善和优化,拓宽沟通渠道,丰富沟通方式,不断建设新型沟通平台。

只有持续不断提升沟通协调机制,让内部组织体系深刻认识到目标使命、现存问题、改进方向和规划实施等,才能达到信息共享、思想统一,从而使组织体系发挥效能。

(二)外部沟通协调机制

主要体现在集团与外部企业、行业协会、科研机构等组织,以及政府的沟通协调机制上。包括对外部组织的准入和淘汰机制,以及与政府的沟通协调反馈机制等内容,在此不再详述。

四、评价机制

评价机制是组织机构的一种制度安排,旨在运用科学评价手段增强人和事物的内在运行动力并调节制约各方关系,确保组织的科学决策,保证运行和管理目标的实现。包括评价对象、评价内容、评价指标、评价方法等。

为促进行业型职教集团组织目标的实现，对集团同样应该注重评价，以及评价结果的应用。主要应该强调以下几个方面：一是要结合集团发展目标，建立正确的评价体系，包括评价主体、内容、指标、程序、方式等，尤其要注重对关键环节和关键目标的评价，如职教集团校企合作、人才培养质量提升等绩效目标的评价，可以开展集团内部成员单位自评、校企相互评价，或借助外部评价与第三方组织评价，尤其是政府评价等，职教集团的评价应该是多元结合，这样有助于形成客观正确的评价。二是要重视对评价结果的充分利用。内部评价可以使职教集团内部各方力量随着集团发展不断调整，各方的地位和作用在相关评价机制作用下，形成与集团目标相匹配的自适应系统，促进集团高效发展。外部评价有助于集团客观的认识自我，也有助于形成社会各界对职教集团的高度认同感，尤其是教育行政主管部门，应该对运行出色的职业教育集团进行相应的鼓励和经验推广，这样才能形成对集团发展有利的社会大环境（详见图7.6）。

五、大力培育集团文化

合作共赢是行业型职教集团发展的前提，制度安排是行业型职教集团发展的保障，而文化培育则是机制建设的最终展现形式，是集团化发展的灵魂，也是集团建设最难的地方所在。因此，要用战略的眼光，对集团文化进行系统规划和长期培育，构建职教集团精神及价值观、发展观，实现集团成员对其行为模式的价值认同，继而推动行业型职教集团的品牌建设。行业型职教集团文化是多元文化，具有多样性特征，同时也是育人文化，具有以人为本的特征。因此，在行业型职教集团文化培育中，必须明确培育的战略重点，把握培育的正确方向。

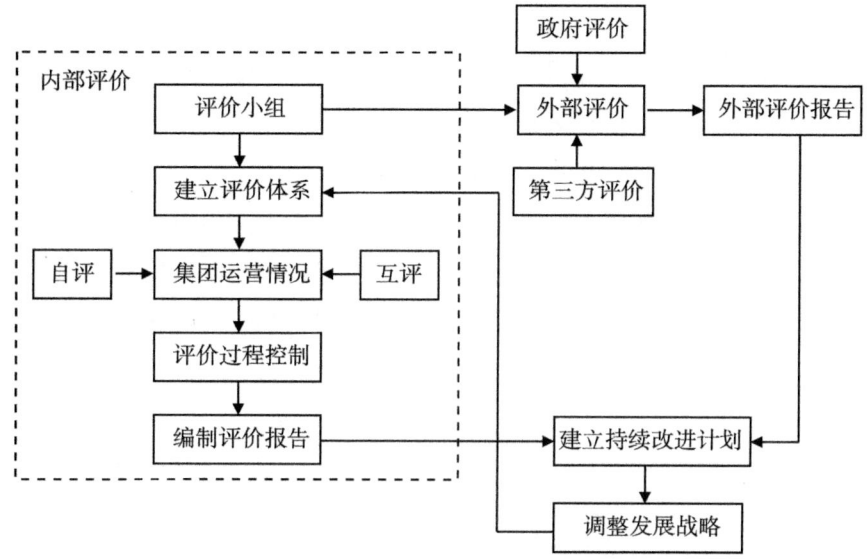

图 7.6 行业型职教集团评价机制

（一）培育合作共生的生态文化

企业是经济活动主体，学校是教学活动主体，两者既是文化创造主体，更是社会责任主体。这体现出各自文化的共性和差异，需要校企双方扬长避短，加深融合，坚持合作共生的生态文化逻辑，在融合中培育目标一致、价值认同的职教集团多元文化。

（二）培育以人为本的育人文化

行业型职教集团在服从资本增值逻辑的同时，更应服从人才培养逻辑。从以人为本的思想出发，把培养人才作为集团的发展目标。基于这一目标，教学、科研、校企合作是职教集团育人的最前线，所有工作都要服务于育人这个最前线，这既是行业型职教集团文化的使然，也是行业型职教集团文化的内核。因此，要建立以集团社会责任意识和育人使命为主要内容的现代行业型职教集团文化，即育人文化。

通过以上分析认为，我们认为，文化培育是行业型职教集团机制建立的最终展现，是集团发展的灵魂。决策机制为集团发展提供智力支持，是保证集团正确长远发展的必要前提，激励机制是促进集团快速发展的内在基础，是行业型职业教育集团系统运行最核心的机制；沟通协调机制将集团成员凝聚在一起，为集团的协同发展提供制度保证；评价机制是促进集团实现组织目标的外在推动力量。这四种机制在职教集团发展过程中各司其职，且彼此融合，相辅相成，最终保证集团办学目标的实现，如图 7.7 所示。

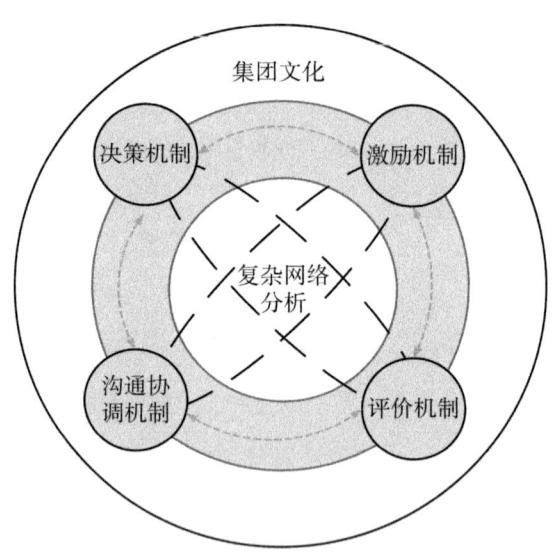

图 7.7 行业型职教集团机制建设

第三节 本章小结

机制建设是提高行业型职教集团执行效力的重要保障，本章围绕运行机制建设策略,重点阐述以下两个方面的问题。

一是将行业型职教集团运行机制面临的问题总结为组织缺乏规范性、内生动力不足、运行面临两难选择、缺乏文化建设四大困境。

二是从决策机制、激励机制、沟通协调机制、评价机制等四类机制出发,对行业型职教集团的核心运行机制分别进行详细分析,提出构建策略,并提出应大力培育集团文化。其中,决策机制是统领,激励机制是手段,沟通协调机制是基础,评价机制是引导,而集团文化是核心。他们相互影响、相互作用,共同促进行业型职教集团的提升。

第八章 湖北省职教集团现状研究

湖北省在《省教育厅关于推进职业教育集团化办学的意见》[120] (鄂教职成〔2012〕11 号)中指出,"职教集团分行业性职教集团和区域性职教集团。行业性职教集团是以本行业系统为支撑,最大限度地整合集中行业职业院校和企业的资源,培养行业所需技能型和高端技能型人才,实现职业院校与行业企业的共同发展。区域性职教集团是以区域性中心城市为重点,依托区域高等职业院校,带动区域内职业院校跨部门、跨行业合作,培养面向区域支柱产业和其他产业所需的技能型和高端技能型人才"。目前,湖北省内职教集团基本可以分为以上两类。

第一节 湖北省职教集团发展概况

根据资料收集整理,湖北省自 2002 年成立第一家职教集团以来,截至 2017 年 5 月,共组建各类职教集团 76 个。其中,省级职教集团 30 个,市级职教集团 46 个。如表 8.1 所示。

表 8.1　　　　　　　　湖北省职教集团一览表

序号	名称	成立时间	类型	牵头单位	服务产业
1	荆州创业职教集团	2002	区域型	国家重点中职学校	

续表

序号	名称	成立时间	类型	牵头单位	服务产业
2	十堰职业教育集团	2004	区域型	国家重点中职院校	
3	湖北电子信息职教集团	2006	行业型	国家示范高职院校	三
4	湖北旅游职业教育集团	2006	行业型	国家示范高职院校	三
5	湖北现代制造职业教育集团	2006	行业型	国家示范高职院校	二
6	赤壁市职业教育集团	2006	区域型	全日制国家级重点集团学校	
7	湖北轨道交通职业教育集团	2007	行业型	国家示范高职院校	三
8	湖北现代教育集团	2007	区域型	政府	
9	武汉城市圈高等职业教育联盟	2008	区域型	国家示范高职院校	
10	荆门职业教育集团	2008	区域型	政府	
11	孝感市职业教育集团	2008	区域型	国家示范高职院校	
12	湖北生物职业教育集团	2009	行业型	国家示范高职院校	二
13	鄂西生态文化旅游圈高职教育联盟	2009	行业型	高职院校	三
14	十堰市农业职业教育集团	2010	行业型	国家级重点中专	一
15	鄂南职教联盟	2010	区域型	高职院校	
16	咸宁市职业教育集团	2011	区域型	中职院校	
17	水运行业职业教育集团	2011	行业型	省级示范高职院校	三
18	襄阳市第一职业教育集团	2011	区域型	国家骨干高职院校	
19	湖北省国防科技工业职业教育集团	2011	行业型	国家示范高职院校	三
20	湖北交通职业教育集团	2011	行业型	省级示范高职院校	三
21	红安职教集团	2011	区域型	国家级重点中职	
22	荆州荆楚医药教育联合会	2012	行业型	高等专科院校	二
23	襄阳市第二职业教育联盟	2012	区域型	高职院校	
24	襄阳市第三职业教育联盟	2012	区域型	国家重点技工学校	

续表

序号	名称	成立时间	类型	牵头单位	服务产业
25	十堰学前教育联盟	2012	行业型	本科院校	三
26	鄂西山地现代农业职业教育集团	2012	行业型	学校	一
27	武当旅游文化创意产业职业教育集团	2012	行业型	学校	三
28	江汉医学职业教育集团	2012	行业型	高职院校	二
29	十堰电子信息职业教育集团	2012	行业型	中职院校	三
30	湖北焊接职业教育集团	2012	行业型	国家示范高职院校	二
31	黄石市纺织服装职业教育集团	2012	行业型	国家级重点中专	二
32	黄石职业教育集团	2012	区域型	高职院校	
33	随州汽车职业教育联盟	2013	行业型	高职院校	二
34	湖北护理职业教育集团	2013	行业型	国家示范高职院校	三
35	武汉市学前教育职教集团	2013	行业型	高职院校	三
36	湖北酒业职业教育集团	2013	行业型	高职院校	二
37	湖北林业职业教育集团	2013	行业型	高职院校	一
38	湖北水利水电职业教育集团	2013	行业型	高职院校	三
39	十堰现代制造与服务业职业教育集团	2013	行业型	国家骨干高职院校	二
40	湖北省酒店管理职业教育集团	2013	行业型	应用型本科院校	三
41	湖北省现代农业职业教育集团	2013	行业型	高职院校	一
42	湖北省物流职业教育集团	2013	行业型	省示范高职院校	三
43	湖北省建设职业教育集团	2013	行业型	省示范高职院校	二
44	宜昌三峡职教集团	2013	区域型	高职院校	
45	麻城市职业技术教育集团	2013	区域型	国家重点中职	
46	鄂州市护理职教联盟	2014	行业型	学校	三
47	荆州市信息技术职教集团	2014	行业型	高职院校	三
48	荆州市旅游职教集团	2014	行业型	高职院校	三

续表

序号	名称	成立时间	类型	牵头单位	服务产业
49	荆州装饰职业教育集团	2014	行业型	高职院校	三
50	荆州汽车产业职业教育集团	2014	行业型	高职院校	二
51	荆州职业教育集团	2014	区域型	高职院校	
52	湖北动漫职业教育集团	2014	行业型	高职院校	三
53	湖北省印刷职业教育集团	2014	行业型	高职院校	二
54	湖北现代园艺职业教育集团	2014	行业型	国家示范高职院校	一
55	湖北省模具职业教育集团	2014	行业型	国家骨干高职院校	二
56	湖北汽车工程职业教育集团成立	2014	行业型	国家骨干高职院校	二
57	湖北信息技术职业教育集团	2014	行业型	国家骨干高职院校	三
58	湖北财税职业教育集团	2014	行业型	高职院校	三
59	襄阳职业教育集团	2015	区域型	国家骨干高职院校	
60	鄂东职业教育集团	2015	区域型	高职院校	
61	湖北汽车服务职教集团	2015	行业型	国家骨干高职院校	二
62	中国现代渔业职业教育集团	2015	行业型	高职院校	一
63	湖北艺术职业教育集团	2015	行业型	高职院校	三
64	黄石市艺术职业教育集团	2015	行业型	高职院校	三
65	荆州市技工教育集团	2016	区域型	政府	
66	武汉财经商贸职业教育集团	2016	行业型	国家骨干高职院校	三
67	武汉汽车职业教育集团	2016	行业型	政府	二
68	武汉城市建设职教集团	2016	行业型	高职院校	二
69	武汉桥梁职教集团	2016	行业型	高职院校	二
70	黄冈汽车产教联盟	2016	行业型	高职院校	二
71	武汉现代农业职业教育集团	2016	行业型	中职院校	一
72	湖北省信息安全职教联盟	2016	行业型	高职院校	三
73	湖北江汉电子商务职业教育集团	2016	行业型	高职院校	三
74	武汉智能制造职业教育集团	2016	行业型	国家骨干高职院校	二

续表

序号	名称	成立时间	类型	牵头单位	服务产业
75	襄阳市学前教育职教集团	2017	行业型	国家骨干高职院校	三
76	湖北现代畜牧业职业教育集团	2017	行业型	国家示范高职院校	一

（资料来源：收集整理）

一、成立进程分析

从成立时间上来看，湖北省职业教育集团化办学实践在全国范围内相对较晚，从 2002 年至 2010 年期间，总体成立进程较缓慢，从 2011 年开始，职教集团进入高速发展期，到 2015 年职教集团的成立进程开始减缓。一方面，是由于省内各地职教集团经过几年的高速发展期，已经全面覆盖省内各主干行业；另一方面，是由于近两年政府对于职教集团的发展重心已经由量的增加转为内涵建设，逐步开始了股份制、混合所有制、多元主体办学的探索和尝试。因此，职教集团的成立进程在快速发展之后开始减缓。在这整个过程中，政府的引导发挥了极其重要的作用。

二、组建类型

省内 76 个职教集团中，56 个为行业型职教集团，占 74%，20 个为地方区域型职教集团，占 26%，如图 8.2 所示。行业型职教集团中，服务于第一产业的有 8 个，占 14.3%；服务于第二产业的有 20 个，占 35.7%；服务于第三产业的有 28 个，占 50%，如图 8.3 所示。与全国的行业型职教集团分布相比，服务于第一产业的职教集团高于全国比例，服务于第二产业的低于全国比例，服务于第三产业的与全国情况基

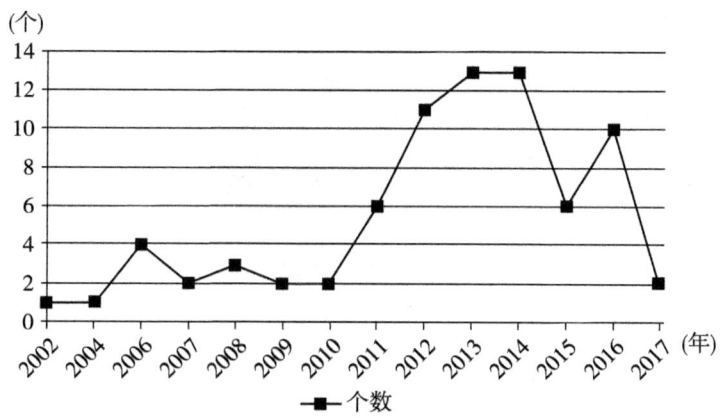

图 8.1　湖北省职教集团成立进程

本持平。这体现了湖北省是农业大省的特征，也充分反映行业型职教集团服务地方经济与行业发展的重要作用。

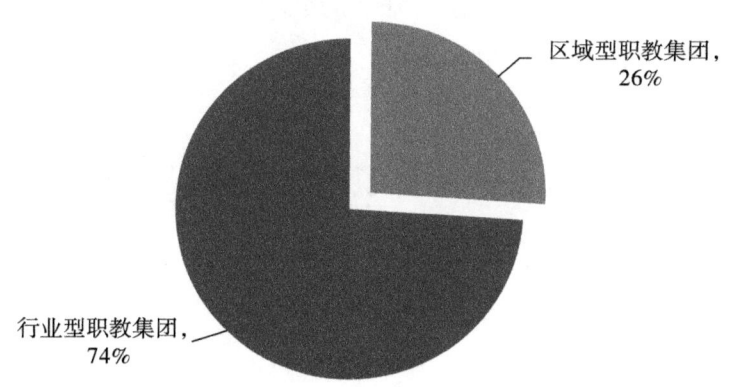

图 8.2　湖北省职教集团组建类型

三、牵头单位类型

在省内 76 个职教集团中，71 个为院校牵头，4 个为地方教育局政

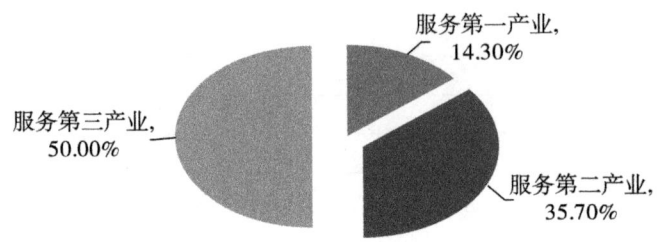

图 8.3　湖北省行业型职教集团服务产业

府牵头，1 个为企业举办，其中 55 个为高职院校牵头。行业型职教集团中，24 个为国家级示范、国家级骨干和省级示范高职院校牵头，2 个为本科院校牵头，共占行业型职教集团总数的 46.4%。区域型职教集团中，17 个为院校牵头，3 个为当地教育局政府牵头，重点在于中高职衔接，搭建学习"立交桥"。从整个职教集团成员单位的联结方式看，多数属章程契约式。院校牵头主导的职教集团多实行理事会制，定期召开成员单位会议，制定了章程，明确了集团的性质、宗旨、成员的权利义务等集团运作的基本问题。

第二节　湖北省职教集团建设情况

一、建设成效

根据实地调研，结合湖北省职教集团 15 年来的建设情况，可将总体建设成效总结为以下三点：

（一）职教集团体制机制改革逐渐深化

湖北省职教集团在体制建设中，基本采用理事会制，多为依托院校牵头成立的行业型职教集团，并在集团框架下建立了人才培养、招生就业、技术服务等专项委员会和专业指导委员会，旨在推动校企相关专门事务的合作，部分院校建立了校—企、院系—企业、教师—技术人员的对应关系，促进了校企深度融合。在职能管理上，部分院校将校企合作独立出来，成立校企合作处；部分院校将校企合作职能放在就业、科研等具相关性的处室，承担职教集团秘书处的职责，总体来讲，校企合作正在成为职业院校的重要功能之一。在集团机制建设上，多数制度为针对校企合作管理而建立的制度，职教集团与校企合作管理已基本实现院系二级管理，但专门针对集团建设的制度不多，许多仍在研究制定当中，因此，职教集团的机制研究仍处在亟待发展阶段。随着职教集团体制机制建设的逐步深化，部分集团校企合作由人才培养的合作不断深化为产、教、学、研一体化的合作形式，部分院校已经开始逐步涉及产权制度的改革探索，集团逐步由松散型向紧密型转变。

例如，武汉船舶职业技术学院分别于2011年和2012年底牵头组建湖北国防科技工业职教集团和湖北焊接职教集团。两个集团均采用理事会制，设立理事会、常务理事会和秘书处，秘书处设在校企合作处，负责集团日常运营和校企合作建设。集团下设人才培养、继续教育、招生就业和技术服务等4个工作委员会，分别由相关职能处室负责管理，二级学院院长是各院校企合作工作第一负责人。在制度方面，船舶职院出台了"校企合作管理办法"与"校企合作工作考核办法"，为校企合作工作的展开提供了有力的制度保障。在校企合作项目管理上，分为常规校企合作模式与重大校企合作模式分别进行管理；经费方面，学校规定，校企合作项目中由行业、企业以捐赠、赞助等方式交给学院的收入部分，以及各校企合作项目中二级学院的收入部分，其中40%上交学校，40%用于校企合作项目运行，20%由学校奖励给承办单位、项目负责人及有关人员，极大地鼓励了校企合作参与人员的积极性。

（二）校企合作实践不断取得突破

通过职教集团的建设与发展，校企合作得到加强、扩展和深化。从合作内容看，校企合作逐步由单一契约式走向多元合作，集团章程明确了学校与企业之间在人才培养、实习实训、师资队伍建设、员工培训、文化融合等方面的职责和义务，使得校企合作得到持续深入和拓展。在校企合作模式上，各院校均进行了大胆的探索，如组建校内教学工厂、技术服务中心，校企共建股份制企业，校企合作开办学院等，校企在产权上的合作促进了校企合作模式的创新，有力的推动了校企深度融合。在师资队伍建设上，职教集团推动了校企之间人员的交流与合作，促进了"双师型"教师队伍和相对稳定的兼职教师库的建设，进一步密切了校企合作。

例如，襄阳职业技术学院组建襄阳第一职教集团，管理体制上构建"三会"模式，即合作办学理事会、行业校企合作工作委员会和专业合作建设委员会。其中，合作办学理事会负责学院校企合作的决策与推动，由襄阳市市长担任理事长，分管副市长和学院院长担任副理事长，下设秘书处和发展规划、人力资源、技术服务、经费管理等4个工作组；行业校企合作工作委员会负责二级学院校企合作工作的指导与协调，依托襄阳市卫生局、农业委员会、文化和新闻出版局等行业企业，分别成立了卫生、农业、旅游服务、工业和开发区等"4行1区"5个行业区域校企合作工作委员会，并建立了会议制度、年度考评和奖励机制；专业合作建设委员会负责专业层面校企合作工作的具体研究与落实，各专业与紧密合作企业以协议的形式缔结组成了42个专业合作建设委员会，主要由行业技术骨干、行业专家、管理人员、学院专业带头人、骨干教师等组成，主任委员全部由行业较有影响力的专家担任。学校的校企合作管理职能由校企合作处负责。在校企合作模式上，襄阳第一职教集团联合行业企业，整合校内外优质资源，组建了8个"自主型"与"合作型"专业教学工厂，以及11个技术应用（服务）中心。

在专业运行机制方面，改革专业实体内部人事管理制度，实行专业负责人制和课程负责人制，专业具有独立的人事聘用权和管理权；建立专业实体企业运行管理机制，专业实体按公司法组建、股份制筹资和市场运作，实行董事会领导和监事会监督下的厂长负责制，从教育教学效果、技术研发与服务成果、经济效益等多方面进行考核。在产学研长效合作机制上，一方面，学校积极推动政府出台优惠政策，如：提高办学经费，市政府每年出资引进"隆中学者"等；另一方面，落实校企合作管理制度，包括实施专任教师"一岗四责"（即教育、教学、教科研、社会服务）量化考核，完善教师企业实践和社会服务管理制度，制定《校企合作重大项目奖励办法》、《校企合作管理办法》、《校企合作分专业量化评价办法》、《校中厂与厂中校管理办法》等，规范校企合作项目运行与管理，充分激发了校企合作活力，发挥了职教集团的社会影响力。

（三）行业型职教集团发展迅猛

湖北省76个职教集团中，56个为行业型职教集团，占74%，主要涉及汽车制造、电子信息、轨道交通、国防科技、旅游、现代物流、农业、焊接等多个行业。这些职教集团的成立，实现了全省相关行业的职业教育资源整合，有力地推动了相关职业院校间信息交流和沟通，同时也促使职业教育与行业发展紧密结合，推动学校的专业设置和培养模式进一步贴近企业用人要求，提高了职业院校学生的就业率，提高了行业从业人员的整体素质，也提升了职业教育的吸引力。更重要的是，行业型职教集团搭建了有效平台，打破区域和部门间的界限，促使行业专家相互交流，集思广益，思想碰撞，推动职业院校教师和行业专家优势互补、共同发展，对行业创新与协同发展、人才的标准化培养等起到了有利的促进作用。

例如，2007年，武汉铁路职院发挥专业优势，联合武汉铁路局等20余家轨道交通运输企业、研究机构和中高职院校，组建"湖北轨道交通职业教育集团",并立项建设湖北十大职教品牌之一——"湖北轨道交通运营职教品牌"。在职教集团的总体框架下,学校构建了校企合作办学"四层"立体框架,即学校与轨道交通企业、二级学院与站段、教研室与车间班组、教师与技术人员层层对接,多层面全方位展开合作。目前,铁路职院的毕业生占武汉火车站新进大学生的80%,占武汉地铁公司运营一线岗位员工的2/3,并与青藏铁路等公司就铁路技术培训、咨询、联合开展科技创新等领域开展校企战略合作。依托职教品牌,学校与集团内成员单位构建轨道交通运营管理、轨道交通牵引动力、轨道交通控制、轨道交通工程、轨道交通供电等5个理事分会,极大地推动了学校和轨道交通行业的密切合作。

二、存在问题

(一) 政策扶持力度有待增强

2000年之后,国家对于职业教育集团化办学的指导思想越来越明晰,特别是近8年,各类指导性政策密集出台。如2009年《教育部关于加快推进职教集团化办学的若干意见》、2010年《国家中长期教育改革和发展规划纲要(2010—2020)》、2014年《国务院关于加快发展现代职业教育的决定》、《现代职业教育体系建设规划(2014—2020)》、2015年,教育部《关于深入推进职业教育集团化办学的意见》、《高等职业教育创新发展行动计划(2015—2018)》等文件中,对职教集团建设提出了明确、深入的指导性意见。特别是《高等职业教育创新发展行动计划(2015—2018)》中明确提出,"到2020年,初步建成300个具有示范引领作用的骨干职业教育集团","开展多元投入主体依法共建职业教育集团的改革试点,通过人员互聘、平台共享,探索建立基于产权制度和利益共享机制的集团治理结构与运行机制……支持有特色的专科高等职业院校以输出品牌、资源和管理的方式成立连锁型职业教育集团"。然而，目前省内在职教集团建设方面，配套出台的政策措施相对滞后，特别是对于多元投入主体、产权制度探索、利益分配机制等方面缺乏有效的指导性意见、激励性政策和监督评价机制，因此，省内多数职教集团仍停留在最初的理事会松散型组织形式上，活动开展也以牵头院校为主，多数集团网站都没有更新，部分职教集团更是沦为形式，没有切实解决集团发展、产教融合实践中存在的问题，反过来更加影响了职教集团的现实作用和社会影响力。不过，可喜的是，随着省教育厅推动"湖北职教品牌"建设的逐步落实，越来越多的职教集团将脱颖而出，成为具示范引领作用的领头羊，带动全省职教集团的发展。

（二）集团发展存在不平衡现象

湖北省职业教育集团发展的不平衡主要表现在地区间不平衡、中高职不平衡两个方面：一是地区间不平衡。湖北省区域型职教集团的成立改变了过去职业教育地域分散，条块分割的局面，有利于集中地域职教资源优势，合理统筹区域内各职业学校的人才培养，实现地域职教优势互补，共同发展。但目前省内区域型职教集团办学大都集中在省内经济条件相对较好、职教资源较丰富的地区，以武汉和各地级市为主，而那些地域经济落后、职教力量相对薄弱的地区，如神农架、恩施等较偏远地区，依旧是职教资源薄弱，尚未成立区域型职教集团，极需要对当地职教资源进行整合。二是中高职不平衡。湖北省目前成立的职教集团中，大部分由高职院校牵头组建，中职院校参与，由中职院校牵头组建的职教集团相对较少。同时，从参与集团化办学的院校数量上看，虽然高职院校在总数上比中职院校少，但参与职业教育集团化办学的比例却远远高于中职学校。中职学校在集团化办学进程中，总体来看比较被动，积极性不高，这也在一定程度上制约了职教资源的整合，以及地区职业教育的整体发展。

(三) 集团相关研究有待整合

近年来，省教育主管部门、各地区职教部门、各职业院校等组织开展了大量关于职教集团、校企合作等方面的相关研究，其中不乏优秀的研究成果和实践成果。但这些优秀的成果并未通过平台交流、案例汇编等有效的方式进行整合、传播和推广，导致这些成果影响力较小，对其他院校和区域职教集团建设的借鉴性有限，造成了知识成果在一定程度上的浪费。

第三节　案例介绍

基于上述研究，在此以湖北交通职业教育集团为案例，对公办行业型职教集团的体制机制提供具体的建设运行模式。

"湖北交通职业教育集团"于 2011 年 12 月由湖北交通职业技术学院牵头成立。在成立之初，学校联络政行企校 62 家单位，其中，包括 19 家行业事业单位，3 个行业协会，5 所中职院校，35 家企业，共同探索如何深入推进产教融合、校企合作，培养具备交通行业核心竞争力、受用人单位欢迎的技术技能人才。集团由湖北省交通运输厅副厅长担任理事长，湖北交通职业技术学院校长担任副理事长。

在高职人才培养过程中，始终存在着校企对接不深入、人才培养目标定位不准确、双师素质教师培养难以落实、实习实训基地建设脱离产业实际等教学问题，职教集团是有效解决上述问题的"一揽子"解决方案。为深入研究集团化办学框架下如何进一步深化产教融合、校企合作，系统解决人才培养过程中师资、基地等系列问题，探索更具优势的校企合作人才培养模式，学校组织开展了《职业教育集团构建及其运行的体制机制研究》《基于创新网络的校企合作长效机制研究》《行业企业参与职业教育激励机制研究》等省级项目研究，系统提出"五位一体"的职教集团校企一体化育人体系,强化"聚焦行业、特色鲜明"的校企一体化育人目标,构建"专业纽带-项目载体"的"三纵三横"一体化育人体制,创建集团"六融合"育人长效机制及配套管理办法,搭建职教集团"六共同"校企一体化育人平台,拓展"四共"混合所有制特征企业学院,并推动省交通运输厅出台文件《关于进一步支持湖北交通职业教育集团发展的意见》,促进全省交通行业企业全面参与人才培养。截至 2016 年 12 月,湖北交通职业教育集团理事单位增至 149 家,集团育人品牌效应日益凸显,凝聚力显著增强。项目取得了丰硕的研究和办学成果,破解了校企一体化育人的难题,促进了人才培养质量的显著提升,为深化职业教育集团育人改革提供了范式和参考。

一、提出"五位一体"的校企一体化育人体系

针对高职校企合作人才培养的系统性与前瞻性不足、企业参与人才培养程度较低、产教融合难以真正实现的问题,依托湖北交通职业教育集团的办学实践,充分整合集团企业资源,深入研究和选取校企深度合作育人的关键要素,提出"五位一体"的校企一体化育人体系,即构建以"育人目标为指引,育人体制为框架,育人机制为保障,育人平台为支撑,育人模式为载体"、五要素协调统一的校企一体化育人体系。如图 8.4 所示。

二、强化"聚焦行业、特色鲜明"的校企一体化育人目标

针对高职人才培养目标定位不准确、人才培养模式缺乏行业核心价值理念等问题,强化"聚焦行业、特色鲜明"的校企一体化育人目标,坚持教育公益性原则,充分利用行业优势,凝聚育人合力,构建交通土建、汽车、智能交通、物流、航海、航空和轨道等七大交通特色专业

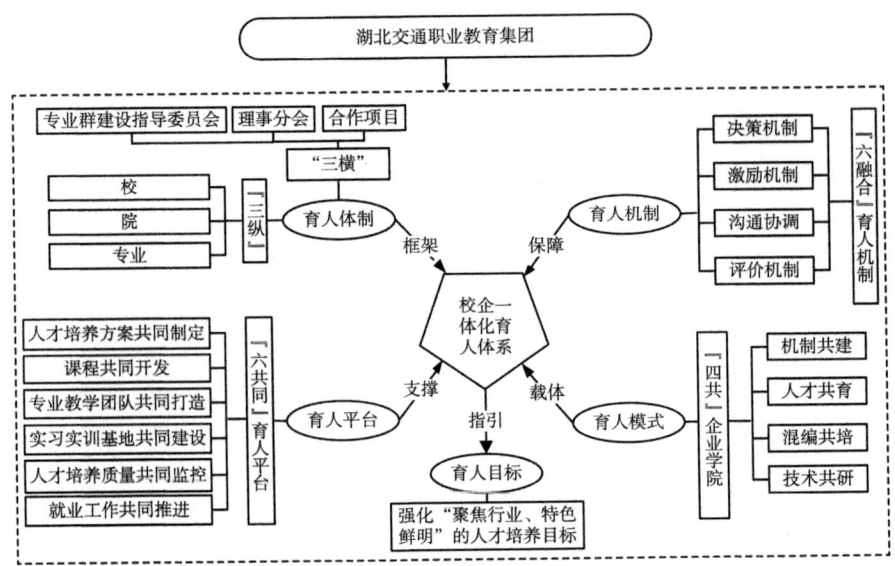

图 8.4 "五位一体"的职教集团校企一体化育人体系

群,创建具行业核心价值理念的七个典型人才培养模式,即道路桥梁工程技术专业"三结合 与路随行"的工学结合人才培养模式,工程机械运用技术专业"一主线、三对接"的工学结合人才培养模式改革,汽车运用与维修技术专业"一个平台、多个方向"的人才培养模式,智能交通技术运用专业"一主线、双融合、四创新"的人才培养模式,物流管理专业"四融合、学做融通"的人才培养模式,计算机网络技术专业的"岗证融合、分段进阶"人才培养模式,轮机工程技术专业"课证融合,订单培养"的工学结合人才培养模式,全面提升学生的职业素养和专业技能,培养具备交通行业特质的技术技能人才。

三、构建"专业纽带—项目载体"的"三纵三横"校企一体化育人体制

针对高职院校校企合作人才培养过程中,存在的企业育人与学校育人主体分离、企业育人资源未能充分参与人才培养等问题,项目组构建

了职教集团理事会领导下,"专业纽带—项目载体"的"三纵三横"校企一体化育人体制,如图 8.5 所示。"理事会"由政行企校各单位相关负责人共同组成,理事会下设常务理事会,由交通运输厅分管副厅长担任理事长,充分调动行业企业资源参与人才培养,由牵头院校校长担任常务副理事长,有效发挥学校人才培养的主体作用。同时,参考企业管理组织中的矩阵制,在纵向上建立"校—院—专业"三级管理体制,在横向上建立"专业群建设指导委员会—理事分会—合作项目"的专业群管理模式,从而在职教集团各管理部门与专业群建设指导委员会、各理事分会以及各项目之间搭建了更有效的联系路径,构建起校企一体化育人网络,提高了各专业领域职业教育资源的合作配置效率,聚合了校企双方的优势,在组织结构上形成了校企育人的合力,保障了企业育人优势在人才培养过程中的充分体现。

四、创建"六融合"校企一体化育人长效机制

在职教集团框架下,存在校企育人资源融合不足、企业参与人才培养的积极性未能充分发掘、人才培养评价主体单一等问题,依托湖北交通职业教育集团的实践与研究,项目组提出并创建了"六融合"校企一体化育人长效机制,即通过职教集团决策机制、激励机制、沟通协调机制、评价机制等四大机制共计 17 项制度的创建,多角度、全方位推进校企之间实现资源六融合,即文化融合、知识融合、信息融合、技术融合、资金融合和人员融合,深化产教融合、校企合作,建立紧密融合、交叉渗透的合作关系,充分保障"校企一体化"育人的有效实施,形成利益共享、风险共担、优势互补、紧密合作的利益共同体,为行业特色人才培养质量的提升提供保障,如图 8.6 所示。其中,决策机制是保证"校企一体化"育人有效实施的必要前提;激励机制提升企业参与育人的积极性和主动性,是"校企一体化"育人有效运行的核心机制;沟通协调机制是"校企一体化"育人有效实施的保障;评价机制

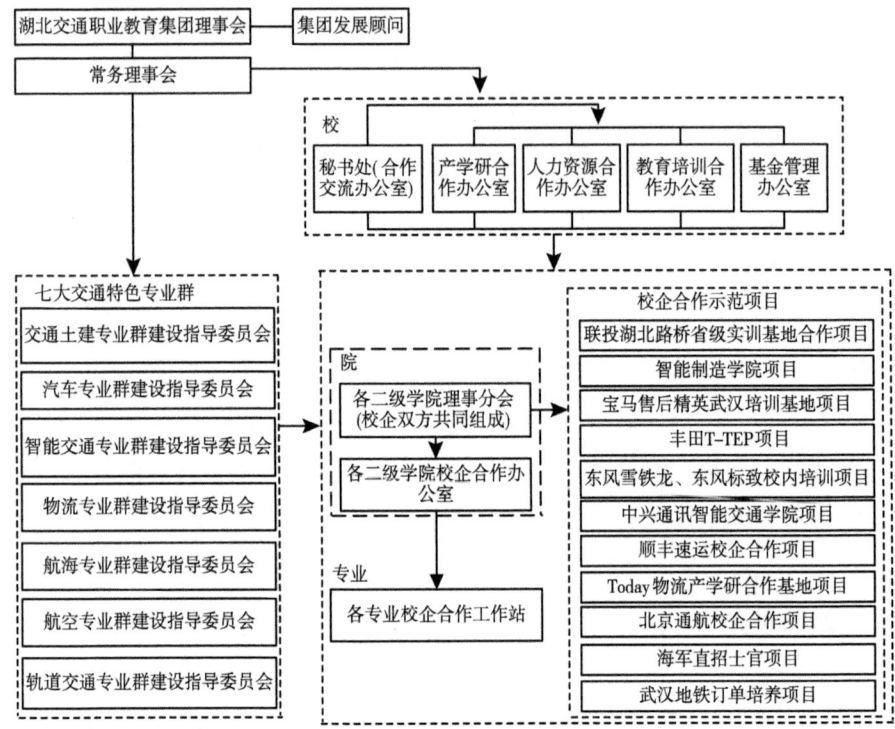

图 8.5 "专业纽带—项目载体"的"三纵三横"校企一体化育人体制

是促进"校企一体化"育人目标实现的推动力量。这四大机制在校企合作育人中各司其职、彼此融合、相辅相成,最终保证育人目标的实现。

五、搭建职教集团"六共同"一体化育人平台

针对人才培养过程中,专业与产业、课程内容与职业标准、教学过程与生产过程等对接不紧密、双师素质师资培养难以有效落实、实习实训基地建设脱离行业生产实际等问题,联合职教集团内院校和企业,搭建职教集团"六共同"一体化育人平台,联合实施"人才培养方案共

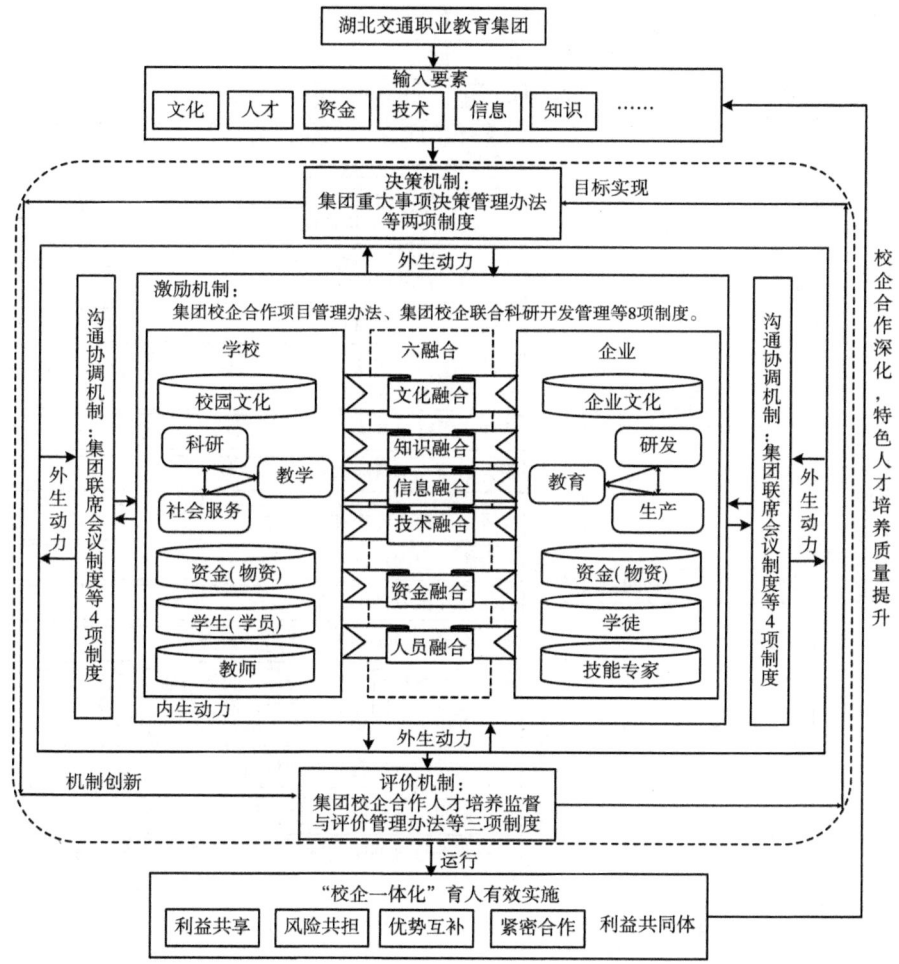

图 8.6 "六融合"校企一体化育人长效机制

同制定、课程共同开发、专业教学团队共同打造、实习实训基地共同建设、人才培养质量共同监控、就业工作共同推进",共同提高人才培养质量,如图 8.7 所示。

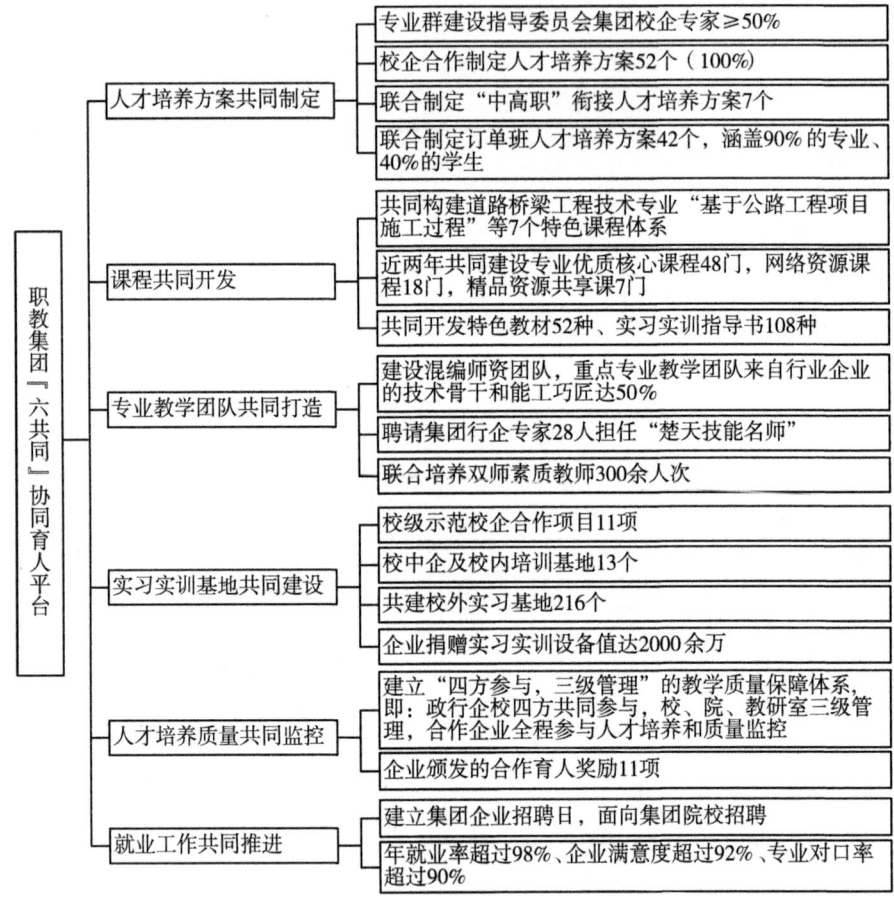

图 8.7 职教集团"六共同"校企一体化育人平台

六、拓展"四共"混合所有制特征企业学院

校企联合创建三个"四共"混合所有制特征的企业学院,即与中兴通讯共建"中兴通讯智能交通学院",与湖北省机械工程协会、武汉奋进智能机器有限公司共建"智能制造学院",与湖北嘉一三维高科股份有限公司共建"3D打印学院"。主要做法和特色如下:

一是以"体制机制共建"创新企业学院管理与运行。校企双方在二级学院体制下共建企业学院，采取混合所有制方式进行企业学院管理。

二是以"人才共育"提升企业学院人才培养质量，校企合作开发专业，共建特色人才培养模式、特色课程体系和教学资源库，共同出资建设校内实训基地。引入企业特色管理办法，联合开展教学和评价。

三是以"混编共培"提升企业学院师资团队能力。校企双方共同组建混编师资团队，并共同培养。

四是以"技术共研"提升企业学院社会服务能力。联合集团内校企等多家单位，签订产学研合作或技术创新协议，共建产学研合作中心、工程技术中心等。联合申报研究项目，合作开展技术研发、产品开发或技术推广等，共享研发资源和成果。

湖北交通职业教育集团的建设提升了学校的育人成效，有效地带动了专业群建设，充分彰显了交通特色，集团也逐步成为湖北省交通运输行业高端技能人才的培养和培训基地，集团影响力不断提升。依托集团，学校成为湖北省十大职教品牌之一——"湖北公路交通职业教育品牌"建设单位，跻身湖北省职教品牌院校。湖北交通职教集团为深化校企合作、创新育人模式提供了参考范式，为湖北省进一步深化职教集团育人改革和模式创新提供了理论支持和实践案例。

第四节 本章小结

本章针对湖北省的职教集团建设情况，进行了现状研究，主要得出如下结论：

（1）湖北省自2002年成立第一家职教集团以来，截至2017年5月，共组建各类职教集团76个。从成立进程来看，2011年以前总体进程较慢，2011年之后进入高速发展期，2015年之后从重数量建设转变为重内涵发展。从组建类型来看，行业型职教集团占 74%，三大产业都有涉及，充分体现了职教集团服务地方经济和行业发展的特点。从牵头单位类型来看，93% 为院校牵头，其中，72% 为高职院校牵头，充分体现了高职院校在职教集团建设中的主力军地位。

（2）近 15 年来，湖北省职教集团建设取得了一定成效，主要体现在：职教集团体制机制改革逐渐深化，校企合作实践不断取得突破，行业型职教集团发展迅猛三个方面；同时，也存在政策扶持力度有待增强，集团发展存在不平衡现象，集团相关研究有待整合等三个方面的问题。本章以湖北交通职业教育集团为例，对公办行业型职教集团的体制机制建设给出了具体的模式。

第九章 研究结论

本书对行业型职教集团的体制机制进行了深入研究,具体研究结论体现在以下七个方面:

(1)国内外职教集团的发展历程表明,职业教育集团化办学应与国家社会经济体制和教育体系的现状相适应,职业教育集团化办学没有统一、可套用、放之四海而皆准的模式,任何模式都应当与特定的文化背景、教育环境、地域条件等相匹配。

(2)我国职教集团发展迅猛,基本覆盖了全国内地除西藏以外的所有省级行政区,以及全国主要行业,但区域差异明显。行业型职教集团已成为职教集团的主要类型,多数仍为院校主导的松散型组织、不具备法人身份,高职院校承担了职教集团的组建、发展及研究等重头工作。行业型职教集团办学成效显著,推动了行业职业教育资源整合,有效服务于地方产业转型升级,提高了职业教育社会影响力,但体制机制障碍仍然是阻碍行业型职教集团发展的瓶颈问题,"集而不团"现象始终存在,职教集团的建设与改革已触及核心,以资产为纽带的产权关系变革,以及独立法人身份的确认将成为职教集团体制机制的变革趋势。

(3)无论是产业集群,还是职教集团,所体现的均是一种"群"化发展的模式,职教集团是产业集群理论在职业教育领域的拓展与应用,产业集群的互利机理与共生机制对指导职教集团的发展有着重要的意义。行业型职教集团作为职教集团的主要类型,以及服务于区域内某一特定行业的教育联合体,具有明显的集群化特征和复杂网络特性,也可以描述为一种结构复杂、关系错综的复杂网络系统，用集群理论和复杂网络的工具、思想和方法来分析行业型职教集团具有很强的理论指导意义。

（4）每个行业型职教集团都有其自身特定的阶段性使命和价值追求，明确功能与目标，是研究行业型职教集团的重要前提。从功能到目标的过程，就是解决其现实选择与长远发展之间关系的问题，特别是要解决好两个问题，即整体目标与个体目标之间矛盾的调和问题，以及整合多方利益的体制机制建设问题。

（5）行业型职教集团的形成演化虽然没有完全标准的模式，但普遍来讲，行政指令和互动联系是行业型职教集团形成演化的主要逻辑。在经历多次平衡—偏离—平衡—偏离……—平衡的循环往复过程之后，逐渐演化成为具有稳定结构与规模的复杂网络组织形态。行业型职教集团的演化发展路径是对大多数行业型职教集团发展轨迹的一个客观描述，可描绘成形成、发展、成熟、更迭四个阶段，其演化发展过程是集团网络各节点之间知识、技术、人员、资金等资源向纵深方向交互的过程，是一个动态的过程。在这个过程中，面临着核心网络能力提升、整体目标明确、体制机制建设与优化、合理设定网络规模等四个关键点，需要合理、有效、妥善地解决好。

（6）我国行业型职教集团的发展已由注重规模扩展转变为注重质量提升，建立更为完善的组织体制，已成为行业型职教集团可持续发展的关键，在体制建设中，应着重解决三大难题：一是可通过注册社会团体法人型职教集团、建立事业法人和企业法人的"双法人制"、多元主体组建企业法人型经营实体等三种方式，明确和改善集团身份性质的困境；二是适宜的组织结构是解决行业型职教集团体制问题的关键，理事会制、双法人制、多元主体投入等体制结构，适合行业型职教集团发展的不同阶段；三是政府的统筹指导对行业型职教集团的正常运作发挥着不可或缺的关键作用，在行业型职教集团的不同阶段，政府的工作侧重点有所不同，总体来讲，政府的作用在从形成到更迭的四个阶段中，其作用是先减弱后增强的。

（7）机制建设是提高行业型职教集团执行效力的重要保障，行业型职教集团运行机制的建设面临着组织缺乏规范性、内生动力不足、运行面临两难选择、缺乏文化建设四大困境，可从决策机制、激励机制、沟通协调机制、评价机制等四类机制出发进行构建，并大力培育集团文化。其中，决策机制是统领，激励机制是手段，沟通协调机制是基础，评价机制是引导，而集团文化是核心。他们相互影响、相互作用，共同促进行业型职教集团的提升。

参 考 文 献

[1] 中华人民共和国教育部等．现代职业教育体系建设规划（2014—2020年）[Z]．2014-06-16．

[2] 中国教育报．教育集团化办学是提升职业教育质量的重要途径[N]．2013.5.21．

[3] 中国教育报．职教集团900家，多少尚在沉睡中[J]．中国教育报，2015．

[4] 黄尧．职业教育集团化办学的理论研究与实践探索[C]．北京：高等教育出版社，2009．

[5] 全国职业教育集团化办学专题统计[EB/OL]．http：//www.zjjtw.net/map_index.asp?id＝1．

[6] 石莹，张洁，章建新．浙江省行业主导型职教集团治理模式的构建[J]．亚太教育，2016（4）：282-282．

[7] 隋许杰．山东省职业教育集团发展研究[D]．曲阜师范大学，2015．

[8] 陈嵩．论职业教育的集团化发展[J]．河北师范大学学报（教育科学版），2006，8（6）：62-68．

[9] 顾坤华．江苏12个省级行业性职教集团发展的思考[J]．中国职业技术教育，2009（33）：34-38．

[10] 兰小云．行业型职教集团运行困境与对策研究[J]．职业技术教育，2011，32（7）：48-52．

[11] 李茹祯,张艳,张默,等. 辽宁行业职业教育集团发展研究 [J]. 高等农业教育,2015 (12):105-108.

[12] James Tooley. The Global Education Industry:Lessons From Private Education In Developing Countries [M]. London:Institute of Economic Affairs,1999,April 1st.

[13] 詹姆士·托勒. 全球教育产业——发展中国家私立教育的经验教训 [M]. 张志义策划,曲恒昌,等,译. 上海:上海人民出版社,2004.

[14] 匡瑛. 职业教育集团化办学模式的国际比较研究 [J]. 外国教育研究,2008 (6).

[15] 高卫东. 职业教育集团的内涵、类型与功能 [J]. 职业技术教育,2004,25 (34):8-11.

[16] 陈牛则. 我国职业教育集团化发展构想 [J]. 职教通讯:江苏技术师范学院学报,2004 (8):14-16.

[17] 郭苏华. 职教集团几种组建模式评析 [J]. 职教论坛,2005 (13):55-58.

[18] 杨柳,易玉屏,夏金星. 职教集团组建模式的分类与特点分析 [J]. 职教论坛,2007 (3s):8-11.

[19] 罗汝珍. 职教集团组建模式与高职校企合作运行机制的适应性 [J]. 教育与职业,2013 (9):5-7.

[20] 王雪莲. 国内职教集团十余年发展概观 [J]. 教育与职业,2008 (5):9-11.

[21] 黄才华. 关于职业教育集团基本问题的探讨 [J]. 河南师范大学学报哲学社会科学版,2008,35 (3):228-230.

[22] 鲍贤俊,陈嵩. 高职集团化办学初探——以上海交通职业技术学院为例 [J]. 职教论坛,2007 (3):18-20.

[23] 滕勇,田和平,丁敏旭. 陕西省职业教育集团化办学的现状与对策分析 [J]. 教育与职业,2010 (29):29-32.

［24］李全，邹珺．行业型职教集团发展模式研究［J］．中国职业技术教育，2014（19）：75-78.

［25］凌志杰，刘炳震，宁永红．我国职教集团建设发展情况研究报告［J］．职业技术教育，2014（31）：46-50.

［26］梁菊红．服务导向的职教集团运行机制研究与实践——纺织服装职教集团运行机制的建设［J］．中国成人教育，2015（1）：84-86.

［27］刘涛，李吟龙．现代职业教育体系背景下行业型职教集团发展策略研究——以陕西交通物流职业教育集团为例［J］．陕西教育：高教，2016（4）：67-68.

［28］任小艳，付清华，李迎国．交通类职业教育集团化办学的探索与实践［J］．职业教育研究，2017（1）：37-42.

［29］谢瑷．对企业化、集团化职业技术教育运行机制的思考［J］．山东师范大学学报（人文社会科学版），1997（4）：63-65.

［30］冯象钦，段志坚，马仲明，等．集团化办学是改革和发展职业教育的重要途径［J］．河南科技学院学报，2002（6）：70-73.

［31］马成荣．关于职教集团基本问题的思考［J］．教育发展研究，2005，25（19）：83-86.

［32］董兆伟，侯维芝，梁艳青．高职教育集团化发展探索［J］．职业技术教育，2006，27（4）：38-40.

［33］徐丽华．职业教育集团化办学的管理体制构建［J］．职业技术教育，2009，30（1）：43-45.

［34］高卫东．"管委会+理事会"：职业教育集团管理体制的创新［J］．职教论坛，2011（4）：67-68.

［35］章建新．关于职教集团管理体制重构若干问题的探讨［J］．成人教育，2012（11）：39-41.

［36］高卫东．完善职教集团运行管理体制与机制的若干建议［J］．职教论坛，2012（30）：17-19.

［37］高丽娟，沈建根．职教集团的多元产权关系与治理［J］．中国职

业技术教育, 2016 (6): 43-47.

[38] 刘宝. 安徽省职业教育集团发展的问题与对策研究 [J]. 职业技术教育, 2010 (34): 28-31.

[39] 朱双华, 陈慧芝. "政府行业作为+学校企业抱团"的职教合作模式探索——基于株洲汽车职教集团的实践 [J]. 职教论坛, 2011 (18): 19-21.

[40] 章建新. 行业主导型职教集团组建模式研究——基于公司集团与职教集团组建模式的比较 [J]. 职业技术教育, 2012, 33 (16): 28-31.

[41] 白福民. 行业型职教集团运行机制的探索与实践——以陕西国防工业职业教育集团为例 [J]. 管理观察, 2014 (12): 86-87.

[42] 于长东, 金满文, 王启龙. 行业型职业教育集团化运行: 实践困境与路径优化——以辽宁现代农业职教集团为例 [J]. 职业技术教育, 2016, 37 (35): 13-16.

[43] 刘虎, 匡瑛. 从生态学视角看职业教育集团内部共生机制的构建 [J]. 无锡商业职业技术学院学报, 2010, 10 (4): 1-5.

[44] 赵向军, 胡进. 高职教育集团校企合作模式的研究 [J]. 合肥学院学报 (自科版), 2010, 20 (1): 50-53.

[45] 黄耀五, 阳作林. 复杂科学视野下的职教集团有效性解读 [J]. 职教论坛, 2012 (24): 13-15.

[46] 崔平. 关于职教集团发展中的利益诉求与风险控制机制 [J]. 职教论坛, 2012 (26): 9-10.

[47] 马万锋, 徐鉴民, 米海峰. 职业教育集团内部管理机制研究 [J]. 职业教育研究, 2012 (10): 12-14.

[48] 陈建录, 蔺祖梅. 我国职业教育集团化办学研究综述 [J]. 河北师范大学学报教育科学版, 2015 (4): 57-63.

[49] 罗红. 行业型职教集团功能问题研究 [J]. 机械职业教育, 2013 (3): 14-17.

[50] 王珍珍, 宋现山. 行业型职教集团的发展困境及路径研究 [J]. 无锡商业职业技术学院学报, 2015, 15 (1): 39-42.

[51] 周忠新, 伍建桥. 行业型职业教育集团化办学机制研究与思考——以供销合作职教集团为例 [J]. 文史博览: 理论, 2015 (7): 54-56.

[52] 乔晓艳, 罗红. 论行业型职教集团深度融合运行机制 [J]. 职教论坛, 2016 (16): 71-73.

[53] 董秀华. 国外教育集团发展与运行简析 [J]. 开放教育研究, 2002 (2): 8-12.

[54] 周勇. 职业教育集团化运行机制研究 [D]. 吉林大学, 2011.

[55] 邹珺. 国内外职业教育集团化办学实践发展研究与启示 [C] // 湖北省高教学会产学研合作教育专委会年会. 2012.

[56] 马铮. 国内外职业教育集团的比较分析 [A]. 2011 International Conference on Education Science and Management Engineering (ESME 2011) [C], 2011: 1389-1392.

[57] 余秀琴. 中国经济转型期职业教育集团化发展 [D]. 天津大学, 2009.

[58] 余秀琴. 国内 (职业) 教育集团化办学研究综述 [J]. 中国职业技术教育, 2009 (16): 19-24.

[59] 涂三广. 职业教育集团化办学研究综述 [J]. 职教论坛, 2009 (1): 63-65.

[60] 中国职业技术教育学会. 中国职业教育集团化办学发展报告 [M]. 北京: 语文出版社, 2015.

[61] 付雯铮, 刘辉. 职业教育集团化办学省域发展现状调查——基于四大经济区域的分析 [J]. 中国职业技术教育, 2016 (12): 63-67.

[62] 西藏自治区人民政府. 西藏自治区人民政府关于贯彻国务院关于加快发展现代职业教育决定的实施意见 [EB/OL]. http://xi-

zang. gov. cn/zwgk/ xxgk/201609/t20160910_ 85934. html.

[63] 上海市教育委员会. 印发《关于本市推进组建区域职业教育集团工作的指导意见》的通知[EB/OL]. http：//www. shmec. gov. cn/html/xxgk/200902/403012009002. php.

[64] 湖北省教育厅. 省教育厅关于推进职业教育集团化办学的意见[EB/OL]. http：//www. hbe. gov. cn/content. php? id=10437.

[65] 中国职业技术教育学会. 全国职业教育集团化办学典型案例汇编（2015年）[R]. 2015（6）.

[66] 许跃, 郭静. 我国职业教育集团化办学的回顾与思考[J]. 中国职业技术教育, 2017（3）：92-96.

[67] 上海市教育委员会. 关于印发《上海市职业教育改革和发展"十三五"规划》的通知[EB/OL]. http：//www. shmec. gov. cn/html/xxgk/201611/301132016008. php.

[68] 佚名. 浙江省人民政府关于加快发展现代职业教育的实施意见[J]. 浙江省人民政府公报, 2015（16）：12-17.

[69] 佚名. 浙江嘉兴政策资金扶持推进职业教育集团化办学[J]. 新课程研究旬刊, 2011（9）：4-4.

[70] 林东晓, 林洪熙. 福建鼓励多元主体投资职业教育 职教项目将最高获500万元补助[EB/OL]. http：//fj. people. com. cn/n/2015/0908/ c337006-26293686. html.

[71] 湖南省人民政府. 关于印发《湖南高等职业教育创新发展行动计划（2016—2018年）实施方案》的通知[EB/OL]. http：//www. hunan. gov. cn/2015xxgk/fz/zfwj/szfzcbm_ 19689/sjyt_ 19696/gfxwj_ 19697/201603/t20160317_ 2961336. html.

[72] 中华人民共和国教育部. 关于印发《关于提高职业教育支撑有色金属工业发展能力的指导意见》的通知[EB/OL]. http：//www. moe. edu. cn/publicfi-les/business/htmlfiles/moe/moe _ 1779/201212/145225. html.

[73] 中国职业技术教育学会. 全国职业教育集团化办学典型案例汇编 (2016 年) [R]. 2016, 12.

[74] 王孝斌. 创新集群的演化机理 [M]. 科学出版社, 2011.

[75] Porter. The competitive advantage of nations [M]. The Free Press, 1990.

[76] 石莹. 职教集群的知识生成与转化及绩效评价研究 [D]. 天津大学, 2013.

[77] 王冰, 顾远飞. 簇群的知识共享机制和信任机制 [J]. 外国经济与管理, 2002, 24 (5): 2-7.

[78] 沈秋英, 王文平, 王为东. 基于信任和企业进入退出机制的产业集群规模演化研究 [J]. 中国管理科学, 2009, 17 (4): 91-96.

[79] Barabasi A L, Bonabeau E. Scale-Free Networks [J]. Scientific American, 2003, 288 (5): 60-69.

[80] Watts D J, Strogatz S H. Collective dynamics of "small-world" networks. [J]. Nature, 1998, 393 (6684): 440-442.

[81] Barabási A L, Albert R. Emergence of Scaling in Random Networks [J]. Science, 1999, 286 (5439): 509.

[82] 周晶. 区域中高职专业协调发展的三个经济学视角 [C] // 中国职协 2013 年度优秀科研成果获奖论文集. 2013: 26-31.

[83] 赵昕, 张峰. 基于产业集群的职业教育专业集群基本内涵与特征 [J]. 职业技术教育, 2013, 34 (4): 36-40.

[84] 蔡宁, 吴结兵, 殷鸣. 产业集群复杂网络的结构与功能分析 [J]. 经济地理, 2006, 26 (3): 378-382.

[85] Harrison B. Industrial districts: old wine in new bottles [J]. Regional Studies, 1992, (26).

[86] Saxenian A. 1994. Regional Advantage: Culture Competition in Silicon Valley and Route 128. Harvard University Press.

[87] Uzzi B. Social structure and competition in interfirm networks: the par-

adox of embeddedness [J]. Administrative Science Quarterly, 1997, 42 (1).

[88] 罗家德. 为什么硅谷能击败 128 公路区 [J]. 台湾中山管理评论, 1997, 5 (2).

[89] 车宏安, 顾基发. 无标度网络及其系统科学意义 [J]. 系统工程理论与实践, 2004, 24 (4): 11-16.

[90] Watts D J, Strogatz S H. Collective dynamics of "small-world" networks [J]. Nature, 1998, 393 (6684): 440.

[91] 庞俊亭, 游达明. 基于复杂网络视角的集群创新网络特性研究 [J]. 统计与决策, 2012 (2): 52-55.

[92] PORTER M E. Location, competition, and economic development: local clusters in a global economic [J]. Economic Development Quarterly, 2000, 14 (1): 15-34.

[93] 兰绍清. 生态群落特征对产业集群现象的启示 [J]. 中国集体经济, 2009 (18): 78-79.

[94] HakanHakansson. Industrial technological development: a network approach [M]. Croom Helm, 1987.

[95] 盖文启. 创新网络: 区域经济发展新思维 [M]. 北京大学出版社, 2002.

[96] 刘岩. 校企合作创新网络的结构模式和运行机制研究 [D]. 河南农业大学, 2011.

[97] 鲁彬之, 李朝晖. 职业教育要站好校企两个讲台 服务重大国家战略 [N]. 中国教育报, 2017-09-12 (10).

[98] 叶正纲. 城市开发与品牌化概念 [EB/OL]. http://www.globrand.com/2007/70868.shtml.

[99] 许涛. 职业教育集团化办学的理论分析与个案研究 [D]. 华东师范大学, 2011.

[100] 浅谈公路行业文化建设 [EB/OL]. http://blog.sina.com.cn/s/

blog_ 4b6feaeb0100066w.html.

[101] 姚树伟.职业教育发展动力机制研究［D］.东北师范大学,2015.

[102] 李继鹏.资源城市转型中高职教育集团化的发展模式及相应策略——以大庆高职教育集团化发展为例［J］.教育学术月刊,2011（5）：92-94.

[103] Ron A. Boschma. Proximity and Innovation: A Critical Assessment［J］. Regional Studies, 2005, 39（1）：61-74.

[104] Granovetter M. Economic action and social structure. The problem of embeddedness［J］. American Journal of Sociology, 1985, 91（4）.

[105] 贺璐.校企合作创新动力机制与利益机制研究［D］.吉林大学,2013.

[106] 浙江省教育厅.关于组建职教集团的试行意见［Z］.2002,10.

[107] 云南省教育厅,云南省经济委员会,云南省劳动和社会保障厅,云南省国资委.关于组建职业教育集团的若干意见［Z］.2008（7）.

[108] 湖北省教育厅.省教育厅关于推进职业教育集团化办学的意见［Z］.2012（9）.

[109] 社会团体登记管理条例［EB/OL］.https://baike.so.com/doc/4831672-5048493.html.

[110] 郭静.职业教育集团产权改革与法人属性研究［J］.教育与经济,2013（3）：39-42.

[111] 郭静,马元兴.以产权改革优化职教集团体制机制［J］.辽宁教育,2013（6x）：35-36.

[112] 湖南交通运输职业教育集团章程［EB/OL］.http://www1.hnjtzy.com.cn/zjjt/html/index1.asp.

[113] 吴晓惠.创立双法人职教集团 推进职业教育创新发展［R］.2013（5）.

［114］廖进球, 陶虎, 张孝锋. 政府占用私人财产的赔偿分析［J］. 企业经济, 2002（5）: 124-126.

［115］张宪立, 张宁宁, 冷书君. 中外职教集团化办学模式及启示［J］. 现代教育管理, 2013（6）: 97-100.

［116］尹华丁. 国外经验对我国政府主导职教集团化办学的启示［J］. 职教论坛, 2011（7）: 88-91.

［117］阎世平. 和而不同——母子公司型企业集团文化整合的根本原则［J］. 经济问题探索, 2003（9）: 53-58.

［118］决策机制［EB/OL］. http: //wiki. mbalib. com/wiki.

［119］公共决策［EB/OL］. https: //baike. baidu. com/item.

［120］湖北省教育厅. 省教育厅关于推进职业教育集团化办学的意见［Z］. 2012（9）.

附件1 全国职业教育集团名录
（截至2017年5月）

序号	所属省级行政区	集团名称	成立时间	类型	牵头单位类型	服务产业	数量（个）
1	北京	北京蒙妮坦美容美发职业教育集团	1992	行业型	企业	三	
2	北京	北京市西城区旅游职业教育集团	1992	行业型	政府	三	
3	北京	北京西城区新技术职业教育集团	1993	区域型	政府		
4	北京	中国航空职业教育联盟	1999	行业型	企业	三	
5	北京	北京市大兴区职业教育集团	2002	区域型	政府		
6	北京	北京交通职业教育集团	2009	行业型	学校	三	
7	北京	北京昌平职业教育集团	2009	区域型	政府		
8	北京	中铝职业教育集团	2012	行业型	企业	二	20
9	北京	北京现代制造业职业教育集团	2012	行业型	学校	二	
10	北京	北京商贸职业教育集团	2012	行业型	学校	三	
11	北京	北京电子信息职业教育集团	2012	行业型	学校	三	
12	北京	中国航空职业教育联盟	2014	行业型	企业	三	
13	北京	北京现代服务业职业教育集团	2014	行业型	学校	三	
14	北京	北京都市农业职业教育集团	2014	行业型	学校	一	
15	北京	北京人力资源服务职教集团	2015	行业型	学校	三	
16	北京	北京新城职业教育集团	2016	区域型	学校		

续表

序号	所属省级行政区	集团名称	成立时间	类型	牵头单位类型	服务产业	数量（个）
17	北京	联想职业教育集团	2016	行业型	企业	二	
18	北京	北京城市建设与管理职业教育集团	2016	行业型	学校	三	20
19	北京	北京外事服务职业教育集团	2016	行业型	学校	三	
20	北京	北京职业与成人教育集团成立	2017	区域型	政府		
21	天津	天津轻工职业教育集团	2000	行业型	学校	二	
22	天津	天津经济贸易学校职业教育集团	2002	行业型	学校	三	
23	天津	天津中环电子信息公司职业教育集团	2002	行业型	学校	三	
24	天津	天津渤海化工职业教育集团	2003	行业型	学校	二	
25	天津	天津现代职业教育集团	2004	区域型	学校		
26	天津	天津城市职业教育集团	2005	区域型	学校		
27	天津	天津电子信息职业教育集团	2005	行业型	学校	三	
28	天津	天津交通职业教育集团	2005	行业型	学校	三	
29	天津	天津商务职业教育集团	2005	行业型	学校	三	
30	天津	天津医药职业教育集团	2006	行业型	学校	二	26
31	天津	天津市红桥职业教育集团	2006	区域型	政府		
32	天津	天津市河北区职业教育集团	2006	区域型	政府		
33	天津	天津市蓟县职业教育与成人教育集团	2006	区域型	学校		
34	天津	天津滨海新区机电专业职教联盟	2007	行业型	学校	二	
35	天津	天津冶金职业教育集团	2007	行业型	学校	二	
36	天津	天津市河东区职业教育集团	2008	区域型	学校		
37	天津	天津市宝坻区职业教育集团	2008	区域型	学校		
38	天津	天津市旅游酒店职业教育集团	2008	行业型	学校	三	
39	天津	天津市印刷包装职业教育集团	2008	行业型	学校	二	

续表

序号	所属省级行政区	集团名称	成立时间	类型	牵头单位类型	服务产业	数量(个)
40	天津	百利机电职业教育集团	2008	行业型	企业	二	
41	天津	滨海新区职业教育联盟	2010	区域型	学校		
42	天津	中国太阳能光伏产业校企合作职业教育联盟（集团）	2011	行业型	协会	三	26
43	天津	大港职业教育集团	2014	区域型	学校		
44	天津	京津冀模具现代职业教育集团	2015	行业型	学校	二	
45	天津	天津市城郊职业教育集团	2017	区域型	学校		
46	天津	京津冀现代制造业职教集团	2017	行业型	学校	二	
47	河北	石家庄外事职业教育集团	2007	行业型	学校	三	
48	河北	河北省工业与民用建筑职业教育集团	2007	行业型	学校	二	
49	河北	河北省旅游职业教育集团	2007	行业型	学校	三	
50	河北	保定新能源与能源设备产业职业教育专业集团（保定电谷职教集团）	2007	行业型	学校	二	
51	河北	河北省纺织服装职业教育集团	2007	行业型	学校	二	
52	河北	河北省钢铁冶金职教集团	2007	行业型	学校	二	60
53	河北	河北省煤炭职业教育集团	2007	行业型	学校	二	
54	河北	河北省化工医药职业教育集团	2007	行业型	学校	二	
55	河北	河北省现代农业职业教育集团	2007	行业型	学校	一	
56	河北	河北省建材职业教育集团	2008	行业型	学校	二	
57	河北	河北省信息技术职业教育集团	2008	行业型	政府	三	
58	河北	河北省交通职业教育集团	2008	行业型	学校	三	
59	河北	河北省汽车职业教育集团	2008	行业型	政府	二	
60	河北	保定市机电技术应用职教集团	2008	行业型	学校	二	
61	河北	河北省武装制造业职业教育集团	2008	行业型	学校	二	

续表

序号	所属省级行政区	集团名称	成立时间	类型	牵头单位类型	服务产业	数量（个）
62	河北	河北省轨道运输职业教育集团	2007	行业型	学校	三	
63	河北	衡水市现代信息技术职业教育集团	2009	行业型	学校	三	
64	河北	邢台市机电技术职业教育集团	2009	行业型	学校	二	
65	河北	邢台市纺织服装职业教育集团	2009	行业型	学校	二	
66	河北	邢台市装备制造职业教育集团	2009	行业型	学校	二	
67	河北	邢台市现代农业职业教育集团	2009	行业型	学校	一	
68	河北	邢台市汽车技术职业教育集团	2009	行业型	学校	二	
69	河北	邢台市钢铁冶金职业教育集团	2009	行业型	学校	二	
70	河北	邢台市建筑技术职业教育集团	2009	行业型	学校	二	
71	河北	邢台市煤化工职业教育集团	2009	行业型	学校	二	
72	河北	邢台市数控技术职业教育集团	2009	行业型	学校	二	60
73	河北	河北省曹妃甸工业职业教育集团	2009	行业型	学校	二	
74	河北	河北省建筑技术职业教育集团	2009	行业型	学校	二	
75	河北	张家口市交通运输职业教育集团	2009	行业型	学校	三	
76	河北	张家口市现代服务职业教育集团	2009	行业型	学校	三	
77	河北	张家口市信息职业教育集团	2009	行业型	学校	三	
78	河北	张家口市学前教育集团	2009	行业型	学校	三	
79	河北	张家口市装备制造职业教育集团	2009	行业型	学校	二	
80	河北	河北省土木建筑职业教育集团	2009	行业型	学校	二	
81	河北	张家口市数控技术职业教育集团	2010	行业型	学校	二	
82	河北	衡水市现代农业职业教育集团	2010	行业型	学校	一	
83	河北	衡水市现代制造业职业教育集团	2010	行业型	学校	二	
84	河北	河北省电子信息职业教育集团	2010	行业型	学校	三	
85	河北	石家庄市信息技术职业教育集团	2011	行业型	学校	三	
86	河北	石家庄市高端装备职业教育集团	2011	行业型	学校	二	

续表

序号	所属省级行政区	集团名称	成立时间	类型	牵头单位类型	服务产业	数量（个）
87	河北	石家庄市纺织服装职业教育集团	2011	行业型	学校	二	
88	河北	石家庄市生物医药职业教育集团	2011	行业型	学校	二	
89	河北	石家庄市循环化工职业教育集团	2011	行业型	学校	二	
90	河北	石家庄市旅游烹饪职业教育集团	2011	行业型	学校	三	
91	河北	石家庄市现代物流职业教育集团	2011	行业型	学校	三	
92	河北	石家庄市南部工业职业教育集团	2011	行业型	学校	二	
93	河北	石家庄市电气技术职业教育集团	2011	行业型	学校	二	
94	河北	唐山现代服务业职业教育集团	2011	行业型	学校	三	
95	河北	秦皇岛旅游职业教育集团	2012	行业型	学校	三	
96	河北	河北省软件与服务外包职业教育集团	2013	行业型	学校	三	60
97	河北	唐山丰南区职业教育集团	2013	区域型	政府		
98	河北	承德装备制造职业教育集团	2014	行业型	学校	二	
99	河北	河北省学前教育职业教育集团	2014	行业型	学校	三	
100	河北	秦皇岛市学前教育职教集团	2014	行业型	学校	三	
101	河北	河北能源职业技术学院集团	2015	行业型	学校	二	
102	河北	邯郸现代职业教育集团	2015	区域型	学校		
103	河北	鹿通职教集团	2016	区域型	学校		
104	河北	京津冀"互联网+"职教集团	2016	行业型	企业	三	
105	河北	京津沪冀宁交通职业教育集团化办学联盟	2016	行业型	学校	三	
106	河北	衡智交通运输职业教育集团	2016	行业型	学校	三	
107	山西	山西金融职业教育集团	2007	行业型	学校	三	
108	山西	山西省冶金职业教育集团	2007	行业型	学校	二	19
109	山西	山西材料与信息职业教育集团	2008	行业型	学校	三	
110	山西	山西电力职业教育集团	2008	行业型	学校	二	

续表

序号	所属省级行政区	集团名称	成立时间	类型	牵头单位类型	服务产业	数量(个)
111	山西	山西建筑职业教育集团	2008	行业型	学校	二	
112	山西	山西旅游职业教育集团	2008	行业型	学校	三	
113	山西	山西煤炭职业教育集团	2008	行业型	学校	二	
114	山西	山西装备制造职业教育集团	2008	行业型	学校	二	
115	山西	晋中职业教育集团	2008	区域型	学校		
116	山西	山西省农业职业教育集团	2011	行业型	学校	一	
117	山西	运城商贸物流职教集团	2015	行业型	学校	三	
118	山西	运城现代农业职业教育集团	2015	行业型	学校	一	19
119	山西	运城市先进制造业职教集团	2016	行业型	学校	二	
120	山西	运城卫生保健职教集团	2016	行业型	学校	三	
121	山西	运城市现代信息科技职业教育教育集团	2016	行业型	学校	三	
122	山西	运城文化旅游产业职业教育集团	2016	行业型	学校	三	
123	山西	运城制版印刷职教集团	2016	行业型	学校	二	
124	山西	运城汽车职业教育集团	2016	行业型	学校	二	
125	山西	晋城市旅游职业教育集团	2017	行业型	学校	三	
126	内蒙古	内蒙古杨氏职业教育集团	1995	行业型	学校	三	
127	内蒙古	巴彦淖尔现代服务业艺术职业教育集团	2009	行业型	学校	三	
128	内蒙古	巴彦淖尔市理工职业教育集团	2010	区域型	学校		
129	内蒙古	内蒙古化工职教集团	2010	行业型	学校	二	16
130	内蒙古	内蒙古商贸职业教育集团	2011	行业型	学校	三	
131	内蒙古	乌海市中等职业教育集团	2011	区域型	学校		
132	内蒙古	包头机械工业职业学校教育集团	2012	行业型	学校	二	
133	内蒙古	内蒙古电子信息技术职业教育集团	2013	行业型	学校	三	

续表

序号	所属省级行政区	集团名称	成立时间	类型	牵头单位类型	服务产业	数量（个）
134	内蒙古	包头现代服务业职业教育集团	2013	行业型	学校	三	
135	内蒙古	乌海市职业教育集团	2014	区域型	学校		
136	内蒙古	赤峰工业职业教育集团	2015	行业型	学校	二	
137	内蒙古	鄂尔多斯化工职业教育集团	2015	行业型	学校	二	16
138	内蒙古	呼伦贝尔市岭西职教集团成立	2015	区域型	学校		
139	内蒙古	呼伦贝尔岭东职业教育集团	2015	区域型	学校		
140	内蒙古	包头市旅游学院职业教育集团	2016	行业型	学校	三	
141	内蒙古	鄂尔多斯汽车职业教育集团	2016	行业型	学校	二	
142	辽宁	沈阳市化工职业教育集团	2005	行业型	学校	二	
143	辽宁	沈阳市橡胶职业教育集团	2005	行业型	学校	二	
144	辽宁	沈阳市IT产业职业教育集团	2006	行业型	学校	三	
145	辽宁	沈阳市金融商贸职业教育集团	2006	行业型	学校	三	
146	辽宁	沈阳市汽车职业教育集团	2006	行业型	学校	二	
147	辽宁	沈阳市旅游职业教育集团	2006	行业型	学校	三	
148	辽宁	沈阳市酒店服务与管理职业教育集团	2006	行业型	学校	三	
149	辽宁	沈阳装备制造业职业教育集团	2008	行业型	学校	二	43
150	辽宁	沈阳市服装职业教育集团	2008	行业型	学校	三	
151	辽宁	鞍山现代服务职业教育集团	2009	行业型	学校	三	
152	辽宁	鞍山信息工程职业教育集团	2009	行业型	学校	三	
153	辽宁	沈阳市近海职业教育集团	2009	区域型	政府		
154	辽宁	北港工业园区职业教育集团	2009	区域型	政府		
155	辽宁	葫芦岛船舶与机械制造职业教育集团	2009	行业型	政府	二	
156	辽宁	锦州石化职教集团	2010	行业型	企业	二	
157	辽宁	辽宁万和职业教育集团	2010	行业型	企业	三	

续表

序号	所属省级行政区	集团名称	成立时间	类型	牵头单位类型	服务产业	数量(个)
158	辽宁	本溪市机械电子装备职业教育集团	2010	行业型	学校	二	
159	辽宁	营口市农业工程职业教育集团	2010	行业型	学校	一	
160	辽宁	阜新职业教育集团	2010	区域型	学校		
161	辽宁	辽阳职业教育集团	2011	区域型	学校		
162	辽宁	辽宁仪器职业教育集团	2011	行业型	学校	二	
163	辽宁	辽宁现代农业职教集团	2011	行业型	学校	一	
164	辽宁	沈阳市美容美发与形象设计职业教育集团	2012	行业型	学校	三	
165	辽宁	辽宁省汽车服务职业教育集团	2012	行业型	学校	二	
166	辽宁	辽宁建设职业教育集团	2012	行业型	学校	二	
167	辽宁	辽宁美容职业教育集团	2012	行业型	学校	三	
168	辽宁	大连市电子信息职业教育集团	2012	行业型	学校	三	43
169	辽宁	大连市现代服务职业教育集团	2012	行业型	学校	三	
170	辽宁	大连市装备制造职业教育集团	2012	行业型	学校	二	
171	辽宁	辽西北职业教育联盟	2013	区域型	学校		
172	辽宁	辽宁现代服务业职业教育集团	2013	行业型	学校	三	
173	辽宁	营口市装备制造职业教育集团	2013	行业型	学校	二	
174	辽宁	营口现代服务职业教育集团	2013	行业型	学校	三	
175	辽宁	沈阳医药职业教育集团	2014	行业型	学校	二	
176	辽宁	机械行业大连机床现代制造职教集团	2014	行业型	企业	二	
177	辽宁	大连市交通职业教育集团	2014	行业型	学校	三	
178	辽宁	中国(北方)现代林业职业教育集团	2014	行业型	学校	一	
179	辽宁	辽宁石油化工职业教育集团	2014	行业型	学校	二	

续表

序号	所属省级行政区	集团名称	成立时间	类型	牵头单位类型	服务产业	数量（个）
180	辽宁	盘锦职业教育集团	2014	区域型	学校		
181	辽宁	辽宁信息技术职业教育集团	2015	行业型	学校	三	
182	辽宁	辽宁装备制造职业教育集团	2015	行业型	学校	二	43
183	辽宁	辽宁铁道交通职业教育集团	2016	行业型	学校	三	
184	辽宁	沈阳现代制造服务职教集团	2017	行业型	学校	二	
185	吉宁	长春中光教育职教集团	2006	区域型	学校		
186	吉林	吉林天使职业教育集团	2007	行业型	学校	三	
187	吉林	双辽职业教育集团	2009	区域型	学校		
188	吉林	吉林交通运输职业教育集团	2009	行业型	学校	三	
189	吉林	长春市信息职业教育集团	2009	行业型	学校	三	
190	吉林	吉林农业职业教育集团	2009	行业型	学校	一	
191	吉林	长春市机械制造职业教育集团	2009	行业型	学校	二	
192	吉林	长春市现代农业职业教育集团	2009	行业型	学校	一	
193	吉林	吉林铁道职业教育集团	2009	行业型	学校	三	
194	吉林	吉林北方旅游职业教育集团	2009	行业型	学校	三	
195	吉林	吉林医药职业教育集团	2009	行业型	学校	二	37
196	吉林	吉林化工职业教育集团	2010	行业型	学校	二	
197	吉林	长春长吉图职业教育集团	2010	区域型	学校		
198	吉林	吉林食品药品职业教育集团	2010	行业型	学校	二	
199	吉林	长春市机电职业教育集团	2010	行业型	学校	二	
200	吉林	长春市旅游职业教育集团	2010	行业型	学校	三	
201	吉林	长春市医药卫生职业教育集团	2010	行业型	学校	三	
202	吉林	北方冶金职业技术教育集团	2011	行业型	学校	二	
203	吉林	延龙图职业教育集团	2011	区域型	学校		
204	吉林	北方煤炭职业教育集团	2011	行业型	学校	二	
205	吉林	长春市汽车职业教育集团	2011	行业型	学校	二	

续表

序号	所属省级行政区	集团名称	成立时间	类型	牵头单位类型	服务产业	数量（个）
206	吉林	江城医药职业教育集团	2012	行业型	学校	二	
207	吉林	吉林职业教育教师教育联盟集团	2012	区域型	学校		
208	吉林	吉林市汽车职业教育集团	2012	行业型	学校	二	
209	吉林	吉林餐饮职业教育集团	2012	行业型	学校	三	
210	吉林	四平职业教育集团	2013	区域型	学校		
211	吉林	江城化工职业教育集团	2013	行业型	学校	二	
212	吉林	吉林电子信息职业教育集团	2013	行业型	学校	三	
213	吉林	东北机械职业教育集团	2013	行业型	学校	二	37
214	吉林	中铁吉林建筑职业教育集团	2014	行业型	学校	二	
215	吉林	吉林江城商贸职业教育集团	2014	行业型	学校	三	
216	吉林	吉林物流职业教育集团	2014	行业型	学校		
217	吉林	吉林轻工职业教育集团	2016	行业型	学校	二	
218	吉林	吉林电商职业教育集团	2016	行业型	学校	三	
219	吉林	长春市现代物流职业教育集团	2016	行业型	学校	三	
220	吉林	吉林机械职业教育集团	2016	行业型	学校	二	
221	吉林	吉林市物流职业教育集团	2017	行业型	学校	三	
222	黑龙江	黑龙江职业教育集团	2006	区域型	学校		
223	黑龙江	佳木斯市职业教育集团	2007	区域型	政府		
224	黑龙江	黑龙江省服务外包职业教育集团	2010	行业型	学校	三	
225	黑龙江	黑龙江省煤电化职业教育集团	2011	行业型	学校	二	
226	黑龙江	北大荒现代农业职业教育集团	2011	行业型	学校	一	24
227	黑龙江	黑龙江省畜牧兽医职业教育集团	2011	行业型	学校	一	
228	黑龙江	黑龙江农垦职业教育集团	2011	行业型	学校	一	
229	黑龙江	黑龙江省商贸旅游职业教育集团	2011	行业型	学校	三	
230	黑龙江	黑龙江省装备制造职业教育集团	2011	行业型	学校	二	
231	黑龙江	哈尔滨市信息技术职业教育集团	2011	行业型	学校	三	

序号	所属省级行政区	集团名称	成立时间	类型	牵头单位类型	服务产业	数量（个）
232	黑龙江	哈尔滨市汽车职业教育集团	2012	行业型	学校	二	
233	黑龙江	黑龙江省动漫职业教育集团	2012	行业型	学校	三	
234	黑龙江	哈尔滨职业教育集团	2012	区域型	学校		
235	黑龙江	黑河市农村职业教育集团	2012	行业型	学校	一	
236	黑龙江	黑龙江现代农业职业教育集团	2012	行业型	学校	一	
237	黑龙江	鸡西职业技术教育集团	2012	区域型	政府		
238	黑龙江	黑龙江省林业职业教育集团	2012	行业型	学校	一	24
239	黑龙江	伊春市职业教育集团	2012	区域型	学校		
240	黑龙江	黑龙江农业工程职业教育集团	2012	行业型	学校	一	
241	黑龙江	全国防爆电器职业教育集团	2015	行业型	协会	二	
242	黑龙江	哈尔滨现代服务职业教育集团	2015	行业型	学校	三	
243	黑龙江	长白山职业教育集团	2015	区域型	企业		
244	黑龙江	哈尔滨学前教育职业教育集团	2016	行业型	学校	三	
245	黑龙江	牡丹江市区域性职业教育集团	2017	区域性	学校		
246	上海	上海交通物流职业教育集团	2007	行业型	学校	三	
247	上海	上海现代护理职业教育集团	2007	行业型	学校	三	
248	上海	上海商贸职业教育集团	2008	行业型	学校	三	
249	上海	上海电子信息职业教育集团	2008	行业型	学校	三	
250	上海	上海嘉定职业教育集团	2009	区域型	政府	三	
251	上海	上海闵行职业教育联盟（集团）	2009	区域型	政府		28
252	上海	上海市旅游职业教育集团	2009	行业型	学校	三	
253	上海	上海徐汇职业教育集团	2009	区域型	政府		
254	上海	天坤职业教育集团	2009	区域型	学校		
255	上海	黄浦职业教育集团	2010	区域型	学校		
256	上海	上海浦东职业教育集团	2010	区域型	政府		
257	上海	上海建筑职业教育集团	2010	行业型	学校	二	

续表

序号	所属省级行政区	集团名称	成立时间	类型	牵头单位类型	服务产业	数量（个）
258	上海	上海现代农业职业教育集团	2010	行业型	学校	一	
259	上海	上海化工职业教育集团	2010	行业型	学校	二	
260	上海	长宁现代职业教育集团	2010	区域型	政府		
261	上海	崇明县职业教育集团	2012	区域型	政府		
262	上海	普陀区职业教育联盟	2013	区域型	政府		
263	上海	上海宝山区职业教育集团	2013	区域型	政府		
264	上海	上海市奉贤职业教育集团	2013	区域型	学校		
265	上海	上海市金山区职业教育集团	2013	区域型	政府		28
266	上海	上海闸北职业教育集团	2013	区域型	学校		
267	上海	上海虹口职业教育集团	2013	区域型	政府		
268	上海	建材行业上海职业教育集团	2014	行业型	学校	二	
269	上海	上海市静安职业教育集团	2014	区域型	政府		
270	上海	上海新闻出版职教集团	2014	行业型	企业、学校	三	
271	上海	上海-喀什职业教育联盟	2014	区域型	学校		
272	上海	中德职业教育联盟	2016	区域型	学校		
273	上海	上海市青浦区职业教育集团	2017	区域型	政府		
274	江苏	宝应县职业教育集团	2003	区域型	政府		
275	江苏	通州职业教育集团	2003	区域型	学校		
276	江苏	江苏商贸职业教育集团	2003	行业型	学校	三	
277	江苏	江苏农林职业教育集团	2004	行业型	学校	一	
278	江苏	江苏建筑职业教育集团	2005	行业型	学校	二	93
279	江苏	江苏现代服务业职业教育集团	2005	行业型	学校	三	
280	江苏	江苏立信职业教育集团	2005	区域型	学校		
281	江苏	扬州市江都区职业教育集团	2005	区域型	学校		
282	江苏	江苏旅游职业教育集团	2005	行业型	学校	三	

续表

序号	所属省级行政区	集团名称	成立时间	类型	牵头单位类型	服务产业	数量（个）
283	江苏	江苏信息职业教育集团	2006	行业型	学校	三	
284	江苏	江苏纺织服装职业教育集团	2006	行业型	学校	二	
285	江苏	江苏扬子江职业教育集团	2006	区域型	学校		
286	江苏	江苏化工职业教育集团	2006	行业型	学校	二	
287	江苏	江苏汽车职业教育集团	2007	行业型	学校	二	
288	江苏	江苏机电职业教育集团	2007	行业型	学校	二	
289	江苏	江苏艺术设计职业教育集团	2008	行业型	学校	三	
290	江苏	江苏艺术职业教育集团	2009	行业型	学校	三	
291	江苏	盱眙职业教育集团	2009	区域型	学校		
292	江苏	江苏美容美发职业教育集团	2009	行业型	学校	三	
293	江苏	南京市计算机网络技术职业教育集团	2009	行业型	学校	三	
294	江苏	江苏餐饮职业教育集团	2009	行业型	协会	三	93
295	江苏	泰州市电子信息职业教育集团	2010	行业型	学校	三	
296	江苏	江苏交通运输职业教育集团	2010	行业型	学校	三	
297	江苏	镇江先进制造者职业教育集团	2010	行业型	学校	二	
298	江苏	常州旅游职业教育集团	2010	行业型	学校	三	
299	江苏	江苏食品职业教育集团	2010	行业型	学校	二	
300	江苏	江苏·发那科数控职业教育集团	2010	行业型	企业、学校	二	
301	江苏	江苏地质职业教育集团	2010	行业型	学校	二	
302	江苏	苏州现代物流职教集团	2010	行业型	学校、商会	三	
303	江苏	苏州市创意职业教育集团	2011	行业型	学校	三	
304	江苏	无锡市物联网职教集团	2011	行业型	学校	三	
305	江苏	无锡市商贸物流职教集团	2011	行业型	学校	三	

续表

序号	所属省级行政区	集团名称	成立时间	类型	牵头单位类型	服务产业	数量(个)
306	江苏	常州文化艺术职业教育联盟	2011	行业型	学校	三	
307	江苏	金坛服装职教集团	2011	行业型	学校	二	
308	江苏	苏州市服务外包职教集团	2011	行业型	学校	三	
309	江苏	无锡市旅游职教集团	2011	行业型	学校	三	
310	江苏	国土资源与地理信息职业教育集团	2011	行业型	学校	三	
311	江苏	江苏现代物流职业教育集团	2011	行业型	学校	三	
312	江苏	苏州市生物医学职业教育集团	2011	行业型	学校	三	
313	江苏	泰州建筑职业教育集团	2011	行业型	学校	二	
314	江苏	无锡市服务外包职业教育集团	2011	行业型	学校	三	
315	江苏	江苏光伏职业教育集团	2012	行业型	学校	二	
316	江苏	常州创胜特尔数控技术职业教育集团	2012	行业型	企业、学校	二	93
317	江苏	江苏现代农业校企合作联盟	2012	行业型	学校	一	
318	江苏	泰兴市化工职业教育集团	2012	行业型	学校	二	
319	江苏	中国食品药品职业教育集团	2012	行业型	学校	二	
320	江苏	无锡市微电子职业教育集团	2012	行业型	学校	二	
321	江苏	苏州市庆典礼仪与形象设计职教集团	2012	行业型	学校	三	
322	江苏	常州市轨道交通职教集团	2013	行业型	学校	三	
323	江苏	无锡市焊接职教集团	2013	行业型	学校	二	
324	江苏	长江沿岸城市职教集团	2013	区域性	学校		
325	江苏	无锡市汽车职业教育集团	2013	行业型	学校	二	
326	江苏	淮安市高职校职业教育集团	2013	区域型	学校		
327	江苏	无锡艺术设计职业教育集团	2013	行业型	学校	三	
328	江苏	江苏医药卫生职业教育集团	2013	行业型	学校	三	

续表

序号	所属省级行政区	集团名称	成立时间	类型	牵头单位类型	服务产业	数量（个）
329	江苏	江苏影视传媒职业教育集团	2013	行业型	学校	三	
330	江苏	南京职业教育政产学研联盟	2013	区域型	学校		
331	江苏	全国机械行业工业机器人与智能装备职业教育集团	2014	行业型	学校	二	
332	江苏	全国机械行业现代农机装备人才培养联盟	2014	行业型	学校	一	
333	江苏	中国现代畜牧业职业教育集团	2014	行业型	学校	一	
334	江苏	江苏电子商务职业教育集团	2014	行业型	学校	三	
335	江苏	扬州市职业教育集团	2014	区域型	政府		
336	江苏	江苏财经职教集团	2014	行业型	学校	三	
337	江苏	江苏海事职业技术学院政行企校四方合作发展理事会	2014	行业型	学校	三	
338	江苏	常州市（金坛）光伏职业教育集团	2014	行业型	学校	三	93
339	江苏	江苏省电梯职业教育集团	2014	行业型	学校	二	
340	江苏	常州市明都汽车职教集团	2015	行业型	学校	二	
341	江苏	无锡市传媒艺术职业教育集团	2015	行业型	学校	三	
342	江苏	苏州市现代电子信息职业教育集团	2015	行业型	学校、企业	三	
343	江苏	苏州市化工职业教育集团	2015	行业型	学校	二	
344	江苏	南通市餐饮中等职业教育集团	2015	行业型	学校	三	
345	江苏	盐城市汽车职业教育联盟	2015	行业型	学校	二	
346	江苏	盐城市纺织职业教育联盟	2015	行业型	学校	二	
347	江苏	盐城市工业自动化职业教育联盟	2015	行业型	学校	二	
348	江苏	盐城市装备制造职业教育联盟	2015	行业型	学校	二	
349	江苏	盐城市电子信息职业教育联盟	2015	行业型	学校	三	

续表

序号	所属省级行政区	集团名称	成立时间	类型	牵头单位类型	服务产业	数量（个）
350	江苏	全国机械行业智能制造职教集团	2015	行业型	学校	二	
351	江苏	苏州市现代装备制造职教集团	2015	行业型	学校	二	
352	江苏	中国现代农业职业教育集团	2015	行业型	学校	一	
353	江苏	南通旅游职业教育集团	2015	行业型	学校	三	
354	江苏	盐城市现代农业职业教育联盟	2015	行业型	学校、企业	一	
355	江苏	全国医药卫生职教联盟	2015	行业型	学校	三	
356	江苏	全国云计算大数据职教集团	2016	行业型	企业	三	
357	江苏	南通建筑产教联盟职教集团	2016	行业型	学校	二	
358	江苏	中国电子信息行业联合会物联网产教联盟职教集团	2016	行业型	学校	三	93
359	江苏	无锡市智能制造职业教育集团	2016	行业型	学校、协会	二	
360	江苏	无锡市现代护理职教集团	2016	行业型	学校、医院	三	
361	江苏	江苏开放大学职教集团	2016	区域型	政府		
362	江苏	南通市跨境电商职业教育联盟	2017	行业型	学校、协会	三	
363	江苏	江苏核电建设职业教育集团	2017	行业型	学校	二	
364	江苏	全国商贸职业教育集团	2017	行业型	学校	三	
365	江苏	"新丝路"航海职业教育集团	2017	行业型	学校	三	
366	江苏	全国移动互联和机器人职教集团	2017	行业型	学校	三	
367	浙江	嘉兴第一职教集团	2000	区域型	学校		
368	浙江	衢州行知职业教育集团	2001	区域型	学校		144
369	浙江	杭州桐江职业教育集团	2002	区域型	学校		
370	浙江	浙江机电职业教育集团	2002	行业型	政府	二	

续表

序号	所属省级行政区	集团名称	成立时间	类型	牵头单位类型	服务产业	数量（个）
371	浙江	宁波药学职业教育集团	2002	行业型	学校	二	
372	浙江	鄞州区机电职业教育集团	2002	行业型	学校	二	
373	浙江	浙江服装职业教育集团	2003	行业型	学校	二	
374	浙江	金华市机电职业教育集团	2003	行业型	学校	二	
375	浙江	金华市联兴职业教育集团	2003	区域型	学校		
376	浙江	浙江商贸职业教育集团	2003	行业型	学校	三	
377	浙江	舟山职业教育集团	2003	区域型	政府		
378	浙江	鄞州区服务职业教育集团	2004	行业型	学校	三	
379	浙江	温岭区服装职业教育集团	2004	行业型	学校	二	
380	浙江	浙江信息职业教育集团	2004	行业型	学校	三	
381	浙江	杭州中策职校教育集团	2004	区域型	学校		
382	浙江	新安江职业教育集团	2005	区域型	学校		
383	浙江	缙云县职业教育集团	2005	区域型	学校		144
384	浙江	龙泉青瓷校企合作联盟	2005	行业型	学校	二	
385	浙江	台州椒江职业教育集团	2006	区域型	学校		
386	浙江	平湖市校企合作研究会（职教联盟）	2006	区域型	学校		
387	浙江	浙江商业职业教育集团	2006	行业型	学校	三	
388	浙江	鄞州区旅游职业教育集团	2006	行业型	学校	三	
389	浙江	江山职业教育集团	2006	区域型	学校		
390	浙江	绍兴县职业教育集团	2006	区域型	学校		
391	浙江	海宁市校企合作联盟	2007	区域型	学校		
392	浙江	黄岩职业教育集团	2007	区域型	学校		
393	浙江	鄞州区国际商务职教集团	2007	行业型	学校	三	
394	浙江	富阳市职业技术教育集团	2007	区域型	学校		
395	浙江	宁波北仑区中等职业教育集团	2007	区域型	学校		

续表

序号	所属省级行政区	集团名称	成立时间	类型	牵头单位类型	服务产业	数量（个）
396	浙江	慈溪市职高教育集团	2007	区域型	学校		
397	浙江	温州华侨职业教育集团	2007	区域型	学校		
398	浙江	浙江旅游职业教育集团	2007	行业型	学校	三	
399	浙江	义乌商城职教集团	2008	行业型	学校	三	
400	浙江	金华市技工教育集团	2008	区域型	学校		
401	浙江	玉环县职业教育集团	2008	区域型	学校		
402	浙江	宁波卫生职业教育集团	2008	行业型	学校	三	
403	浙江	浙江省建设职业教育集团	2008	行业型	学校	二	
404	浙江	永嘉县职业中学教育集团	2009	区域型	学校		
405	浙江	浙江三江职业教育集团	2009	区域型	学校		
406	浙江	浙江永嘉电大职业教育集团	2009	区域型	学校		
407	浙江	温州市职业中专教育联合体	2009	区域型	学校		
408	浙江	杭州开元商贸职业教育集团	2009	行业型	学校	三	144
409	浙江	杭州旅游职教育集团	2009	行业型	学校	三	
410	浙江	天台职业教育集团	2009	区域型	政府		
411	浙江	慈溪市锦堂职高教育集团	2009	区域型	学校		
412	浙江	三门职业中专教育集团	2009	区域型	学校		
413	浙江	上虞职业中专职业教育集团	2009	区域型	学校		
414	浙江	萧山区第三中等职业学校教育集团	2009	区域型	学校		
415	浙江	萧山区第四中等职业学校教育集团	2009	区域型	学校		
416	浙江	遂松职教联盟	2009	区域型	学校		
417	浙江	萧山区第二中等职业学校教育集团	2009	区域型	学校		

续表

序号	所属省级行政区	集团名称	成立时间	类型	牵头单位类型	服务产业	数量（个）
418	浙江	萧山区第一中等职业学校教育集团	2009	区域型	学校		
419	浙江	浙江交通职业教育集团	2009	行业型	学校	三	
420	浙江	湖州服装职教集团	2009	行业型	学校	二	
421	浙江	衢州职业教育集团	2009	区域型	企业		
422	浙江	台州市天成职业教育集团	2009	区域型	学校		
423	浙江	嘉兴市欣禾职业教育集团	2010	区域型	学校		
424	浙江	新昌职业教育集团	2010	区域型	学校		
425	浙江	湖州市先进制造业职教战略联盟	2010	行业型	学校	二	
426	浙江	台州市旅游行业产教研教育集团	2010	行业型	学校	三	
427	浙江	杭州电子信息职教教育集团	2010	行业型	学校	三	
428	浙江	杭州江滨职教教育集团	2010	区域型	学校		
429	浙江	浙江工贸职业教育集团	2010	行业型	学校	三	144
430	浙江	瓯海职业中专教育集团	2010	区域型	学校		
431	浙江	余姚市姚江模具职业教育集团	2010	行业型	学校	二	
432	浙江	衢州工程技术职业教育集团	2010	行业型	学校	二	
433	浙江	鄞州区园林园艺职业教育集团	2010	行业型	学校	一	
434	浙江	上虞市机电职业教育集团	2010	行业型	学校	二	
435	浙江	丽景职教联盟	2010	区域型	学校		
436	浙江	龙庆职业教育集团	2010	区域型	学校		
437	浙江	温岭鞋业产学教育联盟	2010	行业型	政府	二	
438	浙江	犍清县职业教育联盟	2010	区域型	学校		
439	浙江	嘉善县机械电子职业教育集团	2010	行业型	学校	二	
440	浙江	浙江台州湾职业教育集团	2010	区域型	学校		
441	浙江	鄞州区学前教育职教集团	2010	行业型	学校	三	
442	浙江	龙泉刀剑校企合作联盟	2010	行业型	学校	三	

续表

序号	所属省级行政区	集团名称	成立时间	类型	牵头单位类型	服务产业	数量（个）
443	浙江	丽水职业教育集团	2011	区域型	学校		
444	浙江	余姚阳明职业教育集团	2011	区域型	学校		
445	浙江	湖州交通职业教育集团	2011	行业型	学校	三	
446	浙江	嵊州机械职业教育集团	2011	行业型	学校	二	
447	浙江	上虞汽车职业教育集团	2011	行业型	学校	二	
448	浙江	宁波旅游会展产学研合作教育联盟	2011	行业型	学校	三	
449	浙江	仙居县职业教育联盟	2011	区域型	学校		
450	浙江	绍兴市旅游职业教育联盟	2011	行业型	学校	三	
451	浙江	金华市建筑职业教育集团	2011	行业型	学校	二	
452	浙江	浦江县职业教育集团	2011	区域型	学校		
453	浙江	杭州人民职校教育集团	2011	区域型	学校		
454	浙江	湖州技工学校教育集团	2011	区域型	学校		144
455	浙江	青田县职业教育集团	2011	区域型	政府		
456	浙江	绍兴市纺织职业教育集团	2011	行业型	学校	二	
457	浙江	诸暨机电职业教育集团	2011	行业型	学校	二	
458	浙江	浙江同济职业教育集团	2011	区域型	学校		
459	浙江	浙江广夏职业教育集团	2011	区域型	学校		
460	浙江	金华市校企合作联盟	2011	区域型	政府		
461	浙江	鄞州区烹饪职业教育集团	2011	行业型	学校	三	
462	浙江	长兴县现代制造业职业教育集团	2011	行业型	学校	二	
463	浙江	浙江大港职业教育集团	2011	区域型	学校		
464	浙江	桐乡医学护理职业教育联盟	2012	行业型	学校	三	
465	浙江	乔司职高教育集团	2012	区域型	学校		
466	浙江	桐乡市职业教育中心学校校企合作联盟	2012	区域型	学校		

续表

序号	所属省级行政区	集团名称	成立时间	类型	牵头单位类型	服务产业	数量（个）
467	浙江	诸暨市建筑业教育联盟	2012	行业型	学校	二	
468	浙江	绍兴市农林职教集团	2012	行业型	学校	一	
469	浙江	安吉县现代服务业职业教育联盟	2012	行业型	学校	三	
470	浙江	杭州交通职高教育集团	2012	行业型	学校	三	
471	浙江	海盐理工职教联盟	2012	行业型	学校	二	
472	浙江	西湖职高教育集团	2012	区域型	学校		
473	浙江	临海市长城民办职业教育集团	2012	区域型	学校		
474	浙江	台州市路桥区职业教育集团	2012	区域型	政府		
475	浙江	长兴技师学院职教联盟	2012	区域型	学校		
476	浙江	海盐商贸职业教育联盟	2012	行业型	学校	三	
477	浙江	杭州市良渚职业高级中学教育集团	2012	区域型	学校		
478	浙江	杭州市闲林职业高级中学教育集团	2012	区域型	学校		144
479	浙江	嵊州市领带服装职业集团	2012	行业型	学校	二	
480	浙江	临平职业高级中学教育集团	2012	区域型	学校		
481	浙江	宁波镇海职教中心数控专业教育集团	2012	行业型	学校	二	
482	浙江	湖州市现代农业职业教育集团	2012	行业型	学校	一	
483	浙江	杭州动漫校企合作联盟	2012	行业型	学校	三	
484	浙江	浙江医学职业教育集团	2012	行业型	学校	二	
485	浙江	绍兴市建筑业建业教育集团	2012	行业型	学校	二	
486	浙江	绍兴市交通职业教育集团	2012	行业型	学校	三	
487	浙江	绍兴市财经职业教育集团	2012	行业型	学校	三	
488	浙江	温州农林职业教育联盟	2012	行业型	政府	一	

续表

序号	所属省级行政区	集团名称	成立时间	类型	牵头单位类型	服务产业	数量（个）
489	浙江	湖州市现代服务业职教产学研联合体	2012	行业型	学校	三	
490	浙江	绍兴市机械电子职教集团	2013	行业型	学校	二	
491	浙江	金华市汽车维修职业教育集团	2013	行业型	学校	二	
492	浙江	宁海县现代模具业职业教育联盟	2013	行业型	学校	二	
493	浙江	嘉善县汽车维修职业教育集团	2013	行业型	学校	二	
494	浙江	绍兴市医药产业校企合作教育联盟	2013	行业型	学校	二	
495	浙江	绍兴市园林职业教育集团	2013	行业型	学校	一	
496	浙江	衢州市衢江区职业中专教育集团	2014	区域型	学校		
497	浙江	嘉兴建设职业教育集团	2014	行业型	学校	二	
498	浙江	浙江——兵团一师职教联盟	2015	区域型	政府		
499	浙江	绍兴市商贸职业教育集团	2015	行业型	学校	三	144
500	浙江	浙江金融职业教育集团	2015	行业型	学校	三	
501	浙江	浙江职教集团	2016	区域型	学校		
502	浙江	海宁皮革职教集团	2016	行业型	学校	二	
503	浙江	浙江省智慧教育联盟	2016	行业型	学校	三	
504	浙江	浙江省职教集团	2016	区域型	政府		
505	浙江	浙江现代农业职业教育集团	2016	行业型	政府、学校	一	
506	浙江	浙江杭钢职业教育集团	2016	行业型	企业	二	
507	浙江	浙江国智职教集团	2016	区域型	政府		
508	浙江	浙江浙商职业教育集团	2016	区域型	学校		
509	浙江	浙江省江山职业教育集团	2017	区域型	学校		
510	浙江	舟山职业教育集团	2017	区域型	学校		

续表

序号	所属省级行政区	集团名称	成立时间	类型	牵头单位类型	服务产业	数量（个）
511	安徽	安徽经济技术职教集团	2006	行业型	企业	三	
512	安徽	安徽汽车职教集团	2006	行业型	学校	二	
513	安徽	安徽化工职教集团	2006	行业型	企业	二	
514	安徽	安徽卫生职业教育集团	2006	行业型	学校	三	
515	安徽	安徽国防科技职业教育集团	2008	行业型	学校	三	
516	安徽	安徽省数控技术职业教育集团	2008	行业型	学校	二	
517	安徽	安徽江淮（工程）职教集团	2008	行业型	学校	二	
518	安徽	安徽能源职教集团	2008	行业型	学校	二	
519	安徽	淮北现代服务业职业教育集团	2008	行业型	学校	三	
520	安徽	淮北机电职业教育集团	2008	行业型	学校	二	
521	安徽	蚌埠市技工教育集团	2009	区域型	学校		
522	安徽	淮北现代农业职教集团	2009	行业型	学校	一	
523	安徽	安徽建设职教集团	2009	行业型	学校	二	46
524	安徽	安徽皖江汽车职业教育集团	2009	行业型	学校	二	
525	安徽	安徽非遗职业教育集团	2010	行业型	学校	三	
526	安徽	安徽服装职教集团	2010	行业型	学校	三	
527	安徽	安徽旅游职教集团	2011	行业型	学校	三	
528	安徽	安徽财贸职业教集团	2011	行业型	学校	三	
529	安徽	亳州汽车职业教育集团	2011	行业型	学校	二	
530	安徽	阜阳工业经济职教集团	2011	行业型	学校	二	
531	安徽	阜阳现代农业职业教育集团	2011	行业型	学校	一	
532	安徽	定远县现代农业职教集团	2012	行业型	学校	一	
533	安徽	安徽现代农业职业教育集团	2012	行业型	学校	一	
534	安徽	安徽省旅游类人才培养校企合作联盟	2012	行业型	学校	三	
535	安徽	安徽电子技术职业教育集团	2013	行业型	学校	三	

续表

序号	所属省级行政区	集团名称	成立时间	类型	牵头单位类型	服务产业	数量（个）
536	安徽	安徽滁州职业教育集团	2013	区域型	学校		
537	安徽	安徽大别山职业教育集团	2013	区域型	学校		
538	安徽	滁州市化工职教集团	2013	行业型	学校	二	
539	安徽	滁州市现代农业职业教育集团	2013	行业型	学校	一	
540	安徽	安庆职业教育联盟	2013	区域型	政府		
541	安徽	双凤经济开发区政校企合作联盟	2013	区域型	协会		
542	安徽	安徽省广德县横山制造职业教育集团	2014	行业型	学校	二	
543	安徽	阜阳职业教育联盟	2014	区域型	学校		
544	安徽	安徽交通运输职业教育集团	2014	行业型	学校	三	
545	安徽	皖南信息职业教育集团	2014	行业型	学校	三	
546	安徽	皖南机电职业教育集团	2014	行业型	学校	二	46
547	安徽	安徽国际商务职业教育集团	2014	行业型	学校	三	
548	安徽	安徽师范大学幼教集团	2014	行业型	学校	三	
549	安徽	安徽省宣城市职业教育集团	2014	区域型	学校		
550	安徽	亳州中药职业教育集团	2015	行业型	学校	二	
551	安徽	淮南职业教育集团	2015	区域型	学校		
552	安徽	合肥市现代职业教育集团	2015	区域型	政府		
553	安徽	安徽铜陵职业教育联盟	2015	区域型	学校		
554	安徽	明光市职业教育产学研联盟（明光市职教集团）	2015	区域型	学校		
555	安徽	中国现代农业装备职业教育集团	2015	行业型	学校	一	
556	安徽	安徽现代城市职业教育集团	2016	行业型	学校	二	
557	福建	厦门电子信息职业教育集团	1995	行业型	学校	三	
558	福建	厦门交通职业教育集团	2002	行业型	学校	三	74
559	福建	福州电子信息职业教育集团	2003	行业型	学校	三	

续表

序号	所属省级行政区	集团名称	成立时间	类型	牵头单位类型	服务产业	数量（个）
560	福建	福州建筑职业教育集团	2003	行业型	协会	二	
561	福建	福州旅游职业教育集团	2003	行业型	学校	三	
562	福建	福州商贸职业教育集团	2003	行业型	学校	三	
563	福建	福州市环保职业教育集团	2004	行业型	学校	三	
564	福建	福州文化艺术职业教育集团	2006	行业型	学校	三	
565	福建	福州市交通职业教育集团	2006	行业型	学校	三	
566	福建	福建省通信职业教育集团	2007	行业型	学校	三	
567	福建	漳州市电子职业教育集团	2007	行业型	学校	二	
568	福建	福建机械工业职业教育集团	2008	行业型	学校	二	
569	福建	福建化工职教集团	2008	行业型	学校	二	
570	福建	漳州市旅游烹饪职业教育集团	2008	行业型	学校	三	
571	福建	福建省汽车职业教育集团	2008	行业型	学校	二	
572	福建	莆田市工业艺术美术职业教育集团	2008	行业型	学校	三	74
573	福建	福建省软件职业教育集团	2008	行业型	学校	三	
574	福建	福建医药护理职业教育集团	2008	行业型	学校	三	
575	福建	福建省商贸职业教育集团	2008	行业型	学校	三	
576	福建	漳州市食品职业教育集团	2009	行业型	学校	二	
577	福建	福建建筑建材职教集团	2009	行业型	学校	二	
578	福建	福建旅游职业教育集团	2009	行业型	学校	三	
579	福建	龙岩现代农业职教集团	2009	行业型	学校	一	
580	福建	南平市农业职业教育集团	2009	行业型	学校		
581	福建	三明市机械职业教育集团	2009	行业型	学校	二	
582	福建	福建闽台校企合作职业教育集团	2009	区域型	学校		
583	福建	福建省服装鞋服职业教育集团	2009	行业型	学校	二	
584	福建	龙岩电子技术职教集团	2009	行业型	学校	三	

续表

序号	所属省级行政区	集团名称	成立时间	类型	牵头单位类型	服务产业	数量(个)
585	福建	厦门机械职业教育集团	2009	行业型	学校	二	
586	福建	厦门商贸职业教育集团	2009	行业型	学校	三	
587	福建	漳州市财经商贸职业教育集团	2009	行业型	学校	三	
588	福建	福州烹饪职业教育集团	2010	行业型	协会	三	
589	福建	三明市纺织染整职业教育集团	2010	行业型	学校	二	
590	福建	福建省交通物流职业教育集团	2010	行业型	学校	三	
591	福建	泉州市经贸职业教育集团	2010	行业型	学校	三	
592	福建	福建省信息产业教育集团	2010	行业型	学校	三	
593	福建	龙岩机械职业教育集团	2010	行业型	学校	二	
594	福建	泉州市建筑职业教育集团	2010	行业型	学校	二	
595	福建	三明市现代农林职业教育集团	2010	行业型	学校	一	
596	福建	三明市汽车职业教育集团	2010	行业型	学校	二	
597	福建	三明市商贸旅游职业教育集团	2010	行业型	学校	三	74
598	福建	三明市信息技术职业教育集团	2010	行业型	学校	三	
599	福建	漳州市机械职业教育集团	2010	行业型	学校	二	
600	福建	宁德市旅游职业教育集团	2010	行业型	学校	三	
601	福建	福建省轻工业职业教育集团	2010	行业型	学校	二	
602	福建	南平市旅游职业教育集团	2010	行业型	学校	三	
603	福建	莆田市信息技术职业教育集团	2010	行业型	学校	三	
604	福建	福建现代林业职业教育集团	2010	行业型	学校	一	
605	福建	宁德市机电职业教育集团	2010	行业型	学校	二	
606	福建	平潭综合实验区职业院校集团	2010	区域型	学校		
607	福建	泉州市信息职业教育集团	2010	行业型	学校	三	
608	福建	漳州市美容美发职业教育集团	2010	行业型	学校	三	
609	福建	福州服饰职业教育集团	2010	行业型	学校	二	
610	福建	福州机电职业教育集团	2011	行业型	学校	二	

续表

序号	所属省级行政区	集团名称	成立时间	类型	牵头单位类型	服务产业	数量（个）
611	福建	莆田财经商贸职业教育集团	2011	行业型	学校	三	
612	福建	泉州市纺织服装职业教育集团	2011	行业型	学校	二	
613	福建	宁德市药学职业教育集团	2011	行业型	学校	二	
614	福建	龙岩建筑职业教育集团	2011	行业型	学校	二	
615	福建	宁德市闽浙边界烹饪职业教育集团	2011	行业型	学校	三	
616	福建	漳州市汽车职业教育集团	2011	行业型	学校	二	
617	福建	宁德市汽修职业教育集团	2012	行业型	学校	二	
618	福建	福建省船舶工业类职业院校集团	2012	行业型	学校	二	
619	福建	福州市旅游校企合作联盟	2012	行业型	学校	三	
620	福建	漳州市信息与多媒体技术职业教育集团	2012	行业型	学校	三	74
621	福建	福建省数字媒体创意与设计校企合作联盟	2012	行业型	学校	三	
622	福建	闽东医学职业教育集团	2012	行业型	学校	二	
623	福建	泉州市鞋业职业教育集团	2012	行业型	学校	二	
624	福建	厦门中高职集团化办学教育联盟	2013	区域型	学校		
625	福建	闽西职业教育集团	2013	区域型	学校		
626	福建	三明市现代制造职业教育集团	2014	行业型	学校	二	
627	福建	商贸旅游职教集团	2014	行业型	学校	三	
628	福建	福建九点职教集团	2015	行业型	学校、协会	三	
629	福建	漳州市医药卫生职业教育联盟	2016	行业型	学校	三	
630	福建	莆田市湄职院医疗职教集团	2016	行业型	学校	三	
631	江西	江西新能源职业教育集团	2007	行业型	学校	二	20
632	江西	新余南方理工学校职业教育集团	2007	区域型	学校		

续表

序号	所属省级行政区	集团名称	成立时间	类型	牵头单位类型	服务产业	数量（个）
633	江西	萍乡市职业教育集团	2008	区域型	企业		
634	江西	赣西科技职业学院职业教育集团	2010	区域型	学校		
635	江西	新余市职业教育中心职业教育集团	2010	区域型	学校		
636	江西	江西现代职业教育集团	2011	区域型	学校		
637	江西	萍乡市汽车职业教育集团	2011	行业型	学校	二	
638	江西	江西国际商务职业教育集团	2012	行业型	学校	三	
639	江西	江西旅游商贸职业教育集团	2012	行业型	学校、协会	三	
640	江西	南昌汽车机电职业教育集团	2012	行业型	学校	二	
641	江西	江西国防科技工业职业教育集团	2012	行业型	学校	三	20
642	江西	鹰潭商务职业教育集团	2012	行业型	学校	三	
643	江西	新余市电子商务职业教育集团	2013	行业型	学校	三	
644	江西	江西林业职业教育集团	2013	行业型	学校	一	
645	江西	南昌市校企合作发展联盟	2013	区域型	企业		
646	江西	江西交通职业技术学院合作发展理事会	2014	行业型	学校	三	
647	江西	江西陶瓷职业教育集团	2014	行业型	学校	二	
648	江西	江西省吉安职业教育联盟	2015	区域型	政府		
649	江西	江西现代农业职教集团	2016	行业型	学校	一	
650	江西	江西旅游职业教育集团	2017	行业型	学校、协会	三	
651	山东	青岛市旅游服务产业教育集团	1998	行业型	学校	三	
652	山东	青岛市现代制造业教育集团	2005	行业型	学校	二	80
653	山东	烟台市现代农业职业教育集团	2006	行业型	学校	一	
654	山东	烟台汽车工业职业教育集团	2006	行业型	学校	二	

续表

序号	所属省级行政区	集团名称	成立时间	类型	牵头单位类型	服务产业	数量（个）
655	山东	烟台市建筑职业教育集团	2006	行业型	学校	二	
656	山东	烟台市电子信息职业教育集团	2006	行业型	学校	三	
657	山东	烟台市机电职业教育集团	2006	行业型	学校	二	
658	山东	烟台数控职业教育集团	2006	行业型	学校	二	
659	山东	烟台信息网络技术职业教育集团	2006	行业型	学校	三	
660	山东	莱阳市职业教育集团	2006	区域型	政府		
661	山东	烟台市黄金职业教育集团	2006	行业型	学校	二	
662	山东	烟台市服装职业教育集团	2006	行业型	学校	二	
663	山东	烟台市现代服务业职教集团	2007	行业型	学校	三	
664	山东	山东省现代服务业职业教育集团	2007	行业型	学校	三	
665	山东	蓬莱职业教育集团	2007	区域型	学校		
666	山东	淄博市创业职业教育集团	2007	行业型	学校	三	
667	山东	淄博市建筑职业教育集团	2007	行业型	学校	二	80
668	山东	淄博机电职业教育集团	2007	行业型	学校		
669	山东	青岛市财会金融业职业教育集团	2008	行业型	学校	三	
670	山东	青岛市电子信息职业教育集团	2008	行业型	学校	三	
671	山东	山东省汽车工程职业教育集团	2008	行业型	学校	二	
672	山东	山东省船舶制造职业教育集团	2008	行业型	学校	二	
673	山东	山东省软件产业职业教育集团	2008	行业型	学校	三	
674	山东	潍坊现代服务业职业教育集团	2008	行业型	学校	三	
675	山东	济南市现代服务业职业教育集团	2009	行业型	学校	三	
676	山东	滨州生物技术职业教育集团	2009	行业型	学校	三	
677	山东	德州生物科技职业教育集团	2009	行业型	学校	三	
678	山东	五莲县机电职业教育集团	2009	行业型	学校	二	
679	山东	济南市信息技术职业教育集团	2009	行业型	学校	三	
680	山东	枣庄市数控职业教育集团	2009	行业型	学校	二	

续表

序号	所属省级行政区	集团名称	成立时间	类型	牵头单位类型	服务产业	数量（个）
681	山东	德州交通职业教育集团	2009	行业型	学校	三	
682	山东	山东省建设职业教育集团	2009	行业型	学校	二	
683	山东	潍坊市化工职业教育集团	2009	行业型	学校	二	
684	山东	滨州市制造业职业教育集团	2009	行业型	学校	二	
685	山东	山东省旅游职业教育集团	2010	行业型	学校	三	
686	山东	枣庄现代制造业职教集团	2010	行业型	学校	二	
687	山东	德州市机械职业教育集团	2010	行业型	学校	二	
688	山东	济宁市机械制造职业教育集团	2010	行业型	学校	二	
689	山东	济宁市旅游服务职业教育集团	2010	行业型	学校	三	
690	山东	莱芜市职业教育集团	2010	区域型	学校		
691	山东	山东畜牧职业教育集团	2010	行业型	学校	一	
692	山东	即墨汽车及零部件制造业职业教育集团	2010	行业型	学校	二	80
693	山东	德州市职业教育集团	2010	区域型	学校		
694	山东	临沂市现代制造业职业教育集团	2010	行业型	学校	二	
695	山东	滨州市机电机械工程职教集团	2010	行业型	学校	二	
696	山东	山东省纺织服装职业教育集团	2011	行业型	学校	二	
697	山东	淄博市纺织服装职业教育集团	2011	行业型	学校	二	
698	山东	菏泽卫生职业教育集团	2011	行业型	学校	三	
699	山东	临沂现代农业职业教育集团	2011	行业型	学校	一	
700	山东	烟台船舶制造业职业教育集团	2011	行业型	学校	二	
701	山东	威海船舶职业教育集团	2012	行业型	学校	二	
702	山东	淄博职业教育集团	2012	区域型	学校		
703	山东	胶州职业教育集团	2012	区域型	学校		
704	山东	烟台服务外包职业教育集团	2012	行业型	学校	三	
705	山东	青岛西海岸职业教育集团	2013	区域型	企业		

续表

序号	所属省级行政区	集团名称	成立时间	类型	牵头单位类型	服务产业	数量（个）
706	山东	山东省轨道交通职业教育集团	2013	行业型	学校	三	
707	山东	山东省机械行业职业培训教育集团	2013	行业型	学校	二	
708	山东	潍坊市食品职业教育集团	2013	行业型	协会	二	
709	山东	潍坊市机电设备职业教育集团	2013	行业型	学校	二	
710	山东	山东省国家骨干高职院校联盟	2013	区域型	学校		
711	山东	诸城市数控技术职业教育集团	2013	行业型	学校	二	
712	山东	聊城市第一职业教育集团	2014	区域型	学校		
713	山东	东营市中等职业教育集团	2014	区域型	学校		
714	山东	潍坊市工程机械职业教育集团	2014	行业型	学校	二	
715	山东	泰安市电子商务及服务外包职业教育集团	2014	行业型	学校	三	
716	山东	章丘职业教育集团	2014	区域型	学校		80
717	山东	全国高职电商物流产教联盟	2014	行业型	学校	三	
718	山东	菏泽信息职业教育集团	2015	行业型	学校	三	
719	山东	山东省太阳能行业职教集团	2015	行业型	学校	二	
720	山东	青岛市服装职业教育集团	2015	行业型	学校	三	
721	山东	青岛市建设职教集团	2016	行业型	学校	二	
722	山东	日照市职教集团	2016	区域型	学校		
723	山东	山东港航职教集团	2016	行业型	学校	三	
724	山东	济南长清职业教育集团	2016	区域型	学校		
725	山东	菏泽市电子商务职业教育集团	2016	行业型	学校	三	
726	山东	山东省国际商务职业教育集团	2016	行业型	学校	三	
727	山东	济南市文化艺术职业教育集团	2016	行业型	学校	三	
728	山东	现代商贸物流职教集团	2016	行业型	学校	三	

续表

序号	所属省级行政区	集团名称	成立时间	类型	牵头单位类型	服务产业	数量(个)
729	山东	中国护理职业教育联盟	2017	行业型	学校、政府	三	80
730	山东	青岛市卫生职业教育集团	2017	行业型	学校	三	
731	河南	河南省交通运输职业教育集团	2003	行业型	学校	三	
732	河南	河南省机电职业教育集团	2004	行业型	学校	二	
733	河南	河南省旅游职业教育集团	2004	行业型	学校	三	
734	河南	河南省卫生职业教育集团	2004	行业型	学校	三	
735	河南	河南省工艺美术职业教育集团	2004	行业型	学校	三	
736	河南	河南省建筑职业教育集团	2004	行业型	学校	二	
737	河南	河南省财经职业教育集团	2004	行业型	学校	三	
738	河南	河南省农业职业教育集团	2004	行业型	学校	一	
739	河南	河南信息技术职业教育集团	2004	行业型	学校	三	
740	河南	河南省信息咨询职业教育集团	2005	行业型	学校	三	
741	河南	河南省轻工职业教育集团	2006	行业型	学校	二	
742	河南	南阳科技职业教育集团	2006	行业型	学校	三	64
743	河南	河南国防科技工业高等职业教育集团	2007	行业型	学校	二	
744	河南	河南建筑高等职业教育集团	2007	行业型	学校	二	
745	河南	河南省冶金职业教育集团	2008	行业型	学校	二	
746	河南	南阳工业职业教育集团	2008	行业型	学校	二	
747	河南	南阳现代服务业职业教育集团	2008	行业型	学校	三	
748	河南	南阳农业职业教育集团	2008	行业型	学校	一	
749	河南	河南省食品职业教育集团	2008	行业型	学校	二	
750	河南	河南省化工职业教育集团	2008	行业型	学校	二	
751	河南	镇平县玉雕职业教育集团	2008	行业型	学校	二	
752	河南	中国水利职业教育集团	2008	行业型	学校	三	

续表

序号	所属省级行政区	集团名称	成立时间	类型	牵头单位类型	服务产业	数量（个）
753	河南	豫健医药卫生高等职业教育集团	2008	行业型	学校	三	
754	河南	信阳平桥区职教集团	2008	区域型	政府		
755	河南	开封县职业教育集团	2008	区域型	学校		
756	河南	河南牧业工程高等职业教育集团	2009	行业型	学校	二	
757	河南	河南省商贸职业教育集团	2009	行业型	学校	三	
758	河南	许昌经贸职业教育集团	2009	行业型	学校	三	
759	河南	许昌卫生职业教育集团	2009	行业型	学校	三	
760	河南	河南省科贸职教集团	2009	行业型	学校	三	
761	河南	河南质量工程高等职业教育集团	2009	行业型	学校	二	
762	河南	河南省豫西高等职业教育集团	2009	区域型	学校		
763	河南	河南省豫北高等职业教育集团	2009	区域型	学校		
764	河南	驻马店市财经职业教育集团	2009	行业型	学校	三	
765	河南	河南煤炭高等职业教育集团	2009	行业型	学校	二	64
766	河南	长垣县职业教育集团	2009	区域型	政府		
767	河南	河南豫宛通用技术技工教育集团	2009	行业型	学校	二	
768	河南	河南自动化技工技术教育集团	2009	行业型	学校	二	
769	河南	河南省医药职业教育集团	2009	行业型	学校	二	
770	河南	虞城县职业教育集团	2009	区域型	政府		
771	河南	豫南航空高等职业教育集团	2009	行业型	学校	三	
772	河南	郑州铁路高等职业教育集团	2009	行业型	学校	三	
773	河南	河南省地质职业教育集团	2010	行业型	学校	三	
774	河南	长葛市职业教育集团	2010	区域型	学校		
775	河南	辉县市职业教育集团	2010	区域型	学校		
776	河南	河源理工学校职业教育集团	2010	区域型	学校		
777	河南	商丘中等职业教育集团	2010	区域型	学校		
778	河南	孔祖职业教育集团	2010	区域型	学校		

续表

序号	所属省级行政区	集团名称	成立时间	类型	牵头单位类型	服务产业	数量（个）
779	河南	许昌县职业教育集团	2011	区域型	学校		
780	河南	郑州高等职业教育集团	2011	区域型	学校		
781	河南	鹤壁汽车工程职业教育集团	2011	行业型	学校	二	
782	河南	许昌幼师职业教育集团	2012	行业型	学校	三	
783	河南	平顶山市学前教育职业教育集团	2012	行业型	学校	三	
784	河南	济源市机械高级技工学校职业教育集团	2012	行业型	学校	二	
785	河南	漯河电子信息职业教育集团	2013	行业型	学校	三	
786	河南	漯河职业教育集团	2013	区域型	学校		64
787	河南	济源职业教育集团	2013	区域型	学校		
788	河南	新乡市中等职业教育集团	2013	区域型	学校		
789	河南	全国煤炭行业职业教育集团	2014	行业型	学校	二	
790	河南	洛阳服务外包校企合作职教联盟	2014	行业型	学校	三	
791	河南	郑州汽车运用工程职业教育集团	2014	行业型	学校	二	
792	河南	安阳市汽车职业教育集团	2015	行业型	学校	二	
793	河南	焦作市旅游职业教育集团	2016	行业型	学校	三	
794	河南	濮阳职业教育集团	2016	区域型	学校		
795	湖北	荆州创业职教集团	2002	区域型	学校		
796	湖北	十堰职业教育集团	2004	区域型	学校		
797	湖北	湖北电子信息职教集团	2006	行业型	学校	三	
798	湖北	湖北旅游职业教育集团	2006	行业型	学校	三	
799	湖北	湖北现代制造职业教育集团	2006	行业型	学校	二	76
800	湖北	赤壁市职业教育集团	2006	区域型	学校		
801	湖北	湖北轨道交通职业教育集团	2007	行业型	学校	三	
802	湖北	湖北现代教育集团	2007	区域型	政府		
803	湖北	武汉城市圈高等职业教育联盟	2008	区域型	学校		

续表

序号	所属省级行政区	集团名称	成立时间	类型	牵头单位类型	服务产业	数量（个）
804	湖北	荆门职业教育集团	2008	区域型	政府		
805	湖北	孝感市职业教育集团	2008	区域型	学校		
806	湖北	湖北生物职业教育集团	2009	行业型	学校	二	
807	湖北	鄂西生态文化旅游圈高职教育联盟	2009	行业型	学校	三	
808	湖北	十堰市农业职业教育集团	2010	行业型	学校	一	
809	湖北	鄂南职教联盟	2010	区域型	学校		
810	湖北	咸宁市职业教育集团	2011	区域型	学校		
811	湖北	水运行业职业教育集团	2011	行业型	学校	三	
812	湖北	襄阳市第一职业教育集团	2011	区域型	学校		
813	湖北	湖北省国防科技工业职业教育集团	2011	行业型	学校	三	
814	湖北	湖北交通职业教育集团	2011	行业型	学校	三	76
815	湖北	红安职教集团	2011	区域型	学校		
816	湖北	荆州荆楚医药教育联合会	2012	行业型	学校	二	
817	湖北	襄阳市第二职业教育联盟	2012	区域型	学校		
818	湖北	襄阳市第三职业教育联盟	2012	区域型	学校		
819	湖北	十堰学前教育联盟	2012	行业型	学校	三	
820	湖北	鄂西山地现代农业职业教育集团	2012	行业型	学校	一	
821	湖北	武当旅游文化创意产业职业教育集团	2012	行业型	学校	三	
822	湖北	江汉医学职业教育集团	2012	行业型	学校	二	
823	湖北	十堰电子信息职业教育集团	2012	行业型	学校	三	
824	湖北	湖北焊接职业教育集团	2012	行业型	学校	二	
825	湖北	黄石市纺织服装职业教育集团	2012	行业型	学校	二	
826	湖北	黄石职业教育集团	2012	区域型	学校		

续表

序号	所属省级行政区	集团名称	成立时间	类型	牵头单位类型	服务产业	数量(个)
827	湖北	随州汽车职业教育联盟	2013	行业型	学校	二	
828	湖北	湖北护理职业教育集团	2013	行业型	学校	三	
829	湖北	武汉市学前教育职教集团	2013	行业型	学校	三	
830	湖北	湖北酒业职业教育集团	2013	行业型	学校	二	
831	湖北	湖北林业职业教育集团	2013	行业型	学校	一	
832	湖北	湖北水利水电职业教育集团	2013	行业型	学校	三	
833	湖北	十堰现代制造与服务业职业教育集团	2013	行业型	学校	二	
834	湖北	湖北省酒店管理职业教育集团	2013	行业型	学校	三	
835	湖北	湖北省现代农业职业教育集团	2013	行业型	学校	一	
836	湖北	湖北省物流职业教育集团	2013	行业型	学校	三	
837	湖北	湖北省建设职业教育集团	2013	行业型	学校	二	
838	湖北	宜昌三峡职教集团	2013	区域型	学校		76
839	湖北	麻城市职业技术教育集团	2013	区域型	学校		
840	湖北	鄂州市护理职教联盟	2014	行业型	学校	三	
841	湖北	荆州市信息技术职教集团	2014	行业型	学校	三	
842	湖北	荆州市旅游职教集团	2014	行业型	学校	三	
843	湖北	荆州装饰职业教育集团	2014	行业型	学校	三	
844	湖北	荆州汽车产业职业教育集团	2014	行业型	学校	二	
845	湖北	荆州职业教育集团	2014	区域型	学校		
846	湖北	湖北动漫职业教育集团	2014	行业型	学校	三	
847	湖北	湖北省印刷职业教育集团	2014	行业型	学校	二	
848	湖北	湖北现代园艺职业教育集团	2014	行业型	学校	一	
849	湖北	湖北省模具职业教育集团	2014	行业型	学校	二	
850	湖北	湖北汽车工程职业教育集团成立	2014	行业型	学校	二	
851	湖北	湖北信息技术职业教育集团	2014	行业型	学校	三	

续表

序号	所属省级行政区	集团名称	成立时间	类型	牵头单位类型	服务产业	数量（个）
852	湖北	湖北财税职业教育集团	2014	行业型	学校	三	
853	湖北	襄阳职业教育集团	2015	区域型	学校		
854	湖北	鄂东职业教育集团	2015	区域型	学校		
855	湖北	湖北汽车服务职教集团	2015	行业型	学校	二	
856	湖北	中国现代渔业职业教育集团	2015	行业型	学校	一	
857	湖北	湖北艺术职业教育集团	2015	行业型	学校	三	
858	湖北	黄石市艺术职业教育集团	2015	行业型	学校	三	
859	湖北	荆州市技工教育集团	2016	区域型	政府		
860	湖北	武汉财经商贸职业教育集团	2016	行业型	学校	三	
861	湖北	武汉汽车职业教育集团	2016	行业型	政府	二	76
862	湖北	武汉城市建设职教集团	2016	行业型	学校	二	
863	湖北	武汉桥梁职教集团	2016	行业型	学校	二	
864	湖北	黄冈汽车产教联盟	2016	行业型	学校	二	
865	湖北	武汉现代农业职业教育集团	2016	行业型	学校	一	
866	湖北	湖北省信息安全职教联盟	2016	行业型	学校	三	
867	湖北	湖北江汉电子商务职业教育集团	2016	行业型	学校	三	
868	湖北	武汉智能制造职业教育集团	2016	行业型	学校	二	
869	湖北	襄阳市学前教育职教集团	2017	行业型	学校	三	
870	湖北	湖北现代畜牧业职业教育集团	2017	行业型	学校	一	
871	湖南	长沙环球职业教育集团	2004	区域型	学校		
872	湖南	津市市职业教育集团	2008	区域型	学校		
873	湖南	衡阳农林职业教育集团	2008	行业型	学校	一	
874	湖南	湖南现代物流职业教育集团	2008	行业型	学校	三	49
875	湖南	湖南现代农业职业教育集团	2008	行业型	学校	一	
876	湖南	湖南工艺美术职业教育集团	2008	行业型	学校	三	
877	湖南	湖南建筑职业教育集团	2008	行业型	学校	二	

续表

序号	所属省级行政区	集团名称	成立时间	类型	牵头单位类型	服务产业	数量（个）
878	湖南	中国社会工作现代服务职教集团	2008	行业型	学校	三	
879	湖南	湖南轻工职业教育集团	2009	行业型	学校	二	
880	湖南	湖南省轨道交通装备制造职业教育集团	2009	行业型	学校	三	
881	湖南	湖南交通运输职业教育集团	2009	行业型	学校	三	
882	湖南	湖南信息产业职业教育集团	2009	行业型	学校	三	
883	湖南	湖南化工职教集团	2009	行业型	学校	二	
884	湖南	湖南环境保护职业教育集团	2009	行业型	学校	三	
885	湖南	湖南现代商务职业教育集团	2009	行业型	学校	三	
886	湖南	岳阳职业教育集团	2009	区域型	政府		
887	湖南	湖南机械装备制造业职业教育集团	2009	行业型	学校	二	
888	湖南	湖南商贸旅游职业教育集团	2009	行业型	学校	三	49
889	湖南	益阳现代制造职业教育集团	2009	行业型	学校	二	
890	湖南	湖南文化产业职业教育集团	2010	行业型	学校	三	
891	湖南	南方铁路运输职业教育集团	2011	行业型	学校	三	
892	湖南	湖南国际经贸职业教育集团	2011	行业型	学校	三	
893	湖南	湖南汽车职业教育集团	2011	行业型	学校	二	
894	湖南	湖南演艺职业教育集团	2011	行业型	学校	三	
895	湖南	株洲汽车职业教育集团	2011	行业型	学校	二	
896	湖南	株洲幼儿师范职业教育集团	2011	行业型	学校	三	
897	湖南	娄底职业教育集团	2011	区域型	政府		
898	湖南	株洲服装职业教育集团	2011	行业型	学校	二	
899	湖南	常德市东亚职教集团	2012	行业型	企业	二	
900	湖南	湖南体育职业教育集团	2012	行业型	学校	三	
901	湖南	湘潭职业教育集团	2012	区域型	政府		

续表

序号	所属省级行政区	集团名称	成立时间	类型	牵头单位类型	服务产业	数量（个）
902	湖南	衡阳先进装备制造业职教集团	2012	行业型	学校	二	
903	湖南	衡阳现代服务业（财贸金融）职业教育集团	2012	行业型	学校	三	
904	湖南	湖南皮具职业教育集团	2012	行业型	学校	二	
905	湖南	湖南（株洲）现代制造技术职业教育集团	2012	行业型	学校	二	
906	湖南	湖南现代畜牧养殖职业教育集团	2012	行业型	学校	一	
907	湖南	湖南醴陵陶瓷职业教育集团	2012	行业型	学校	二	
908	湖南	株洲旅游职业教育集团	2012	行业型	学校	三	
909	湖南	株洲市幼师职业教育集团	2012	行业型	学校	三	
910	湖南	湖南司法行政职业教育集团	2013	行业型	学校	三	49
911	湖南	中南有色金属职业教育集团	2013	行业型	学校	二	
912	湖南	长沙市产学研校企合作联盟	2013	区域型	学校		
913	湖南	湖南国防科技工业职业教育集团	2013	行业型	学校	三	
914	湖南	湖南餐饮职业教育联盟	2014	行业型	企业	三	
915	湖南	长沙产业园区职业教育集团	2015	区域型	学校		
916	湖南	怀化市装备制造业职业教育集团	2015	行业型	学校	二	
917	湖南	湘潭现代农业产学联盟	2016	行业型	学校	一	
918	湖南	湖南水利职业教育集团	2016	行业型	学校	三	
919	湖南	湖南省机器人与智能装备职教集团	2016	行业型	学校	二	
920	广东	惠州商校职业教育集团	2004	行业型	学校	三	
921	广东	南海区职业教育集团	2006	区域型	政府		
922	广东	广东食品药品职业教育集团	2008	行业型	学校	二	66
923	广东	湛江商贸职业教育集团	2008	行业型	学校	三	
924	广东	广东省高科技产业商会职教集团	2008	行业型	学校	三	

续表

序号	所属省级行政区	集团名称	成立时间	类型	牵头单位类型	服务产业	数量（个）
925	广东	广州工业交通职业教育集团	2008	行业型	学校	二	
926	广东	中山市职业教育集团	2009	区域型	政府		
927	广东	潮州市卫生职业教育集团	2010	行业型	学校	三	
928	广东	广东省餐饮职业教育集团	2010	行业型	学校	三	
929	广东	韶关粤北现代职业教育集团	2010	区域型	学校		
930	广东	湛江机电职业教育集团	2010	行业型	学校	二	
931	广东	韶关职业教育集团	2010	区域型	学校		
932	广东	深圳市第一职业教育集团	2010	区域型	学校		
933	广东	深圳市龙岗职业教育集团	2011	区域型	学校		
934	广东	广东机电职业教育集团	2011	行业型	学校	二	
935	广东	珠海理工职业教育集团	2011	区域型	学校		
936	广东	广州旅游商务职业教育集团	2011	行业型	学校	三	
937	广东	广东省商业职业教育集团	2011	行业型	学校	三	66
938	广东	珠海现代服务业职业教育集团	2011	行业型	学校	三	
939	广东	河源市卫生职业教育集团	2011	行业型	学校	三	
940	广东	广东省服装职业教育集团	2011	行业型	学校	二	
941	广东	广东交通职业教育集团	2011	行业型	学校	三	
942	广东	广东省工程职业教育集团	2012	行业型	学校	二	
943	广东	佛山市顺德区郑敬诒职业技术学校产教联盟	2012	区域型	学校		
944	广东	广东农业职业教育集团	2012	行业型	学校	一	
945	广东	佛山市三水区职业教育联盟	2012	区域型	学校		
946	广东	顺德梁銶琚职业技术学校产学联盟	2012	区域型	学校		
947	广东	广东建设职业教育集团	2012	行业型	学校	二	
948	广东	广东女性职业教育集团	2012	行业型	学校	三	
949	广东	广东省外贸职业教育集团	2012	行业型	学校	三	

续表

序号	所属省级行政区	集团名称	成立时间	类型	牵头单位类型	服务产业	数量（个）
950	广东	顺德陈村职教校企联盟	2012	区域型	学校		
951	广东	广州市商贸职业教育集团	2012	行业型	学校	三	
952	广东	容桂街道机电行业产学联盟	2013	行业型	学校	二	
953	广东	广东省南亚热带农业职业教育集团	2013	行业型	学校	一	
954	广东	广东轻工职业教育集团	2013	行业型	学校	二	
955	广东	清远旅游职业教育联盟	2013	行业型	学校	三	
956	广东	深圳市华强职业教育联盟	2013	区域型	学校		
957	广东	清远外语与经贸职业教育联盟	2013	行业型	学校	三	
958	广东	东莞市纺织服装职业教育联盟	2013	行业型	学校	二	
959	广东	广东纺织职业教育联盟	2013	行业型	学校	二	
960	广东	广东省化工职业教育集团	2013	行业型	学校	二	
961	广东	广东省学前教育职业教育集团	2013	行业型	学校	三	66
962	广东	清远市职业教育集团	2013	区域型	学校		
963	广东	清远现代制造产业职教联盟	2013	行业型	学校	二	
964	广东	深圳市宝安职业教育集团	2013	区域型	学校		
965	广东	广东新供销职教集团	2013	行业型	学校	三	
966	广东	广州财经职业教育集团	2013	行业型	学校	三	
967	广东	东莞市模具（国际）职业教育集团	2013	行业型	学校	二	
968	广东	职业教育校际协同发展联盟	2013	区域型	学校		
969	广东	广东工贸职业教育集团	2013	行业型	学校	三	
970	广东	广东通信职业教育集团	2013	行业型	学校	三	
971	广东	广州物流职业教育集团	2013	行业型	学校	三	
972	广东	佛山市光电制造业校企合作共同体	2013	行业型	学校	二	

续表

序号	所属省级行政区	集团名称	成立时间	类型	牵头单位类型	服务产业	数量（个）
973	广东	中国通信服务职业教育联盟	2013	行业型	学校	三	
974	广东	深圳市第二职业教育集团	2013	区域型	学校		
975	广东	深圳信息职业教育集团	2014	行业型	学校	三	
976	广东	珠海市职业教育集团	2014	区域型	学校		
977	广东	清远现代职业教育集团	2014	区域型	学校		
978	广东	广州城市建设职教集团	2015	行业型	学校	二	66
979	广东	深圳市南山职业教育集团	2015	区域型	学校		
980	广东	东莞市电子商务职教集团	2015	行业型	学校	三	
981	广东	广东林业职业教育集团	2016	行业型	学校	一	
982	广东	宝安职业教育集团	2016	区域型	学校		
983	广东	顺德职业教育集团	2017	区域型	学校		
984	广东	店长职业教育集团	2017	行业型	学校	三	
985	广东	广东理工职业学院职教集团	2017	区域型	学校		
986	广西	广西商务职业教育集团	2007	行业型	学校	三	
987	广西	广西轨道交通工程职业教育集团	2009	行业型	学校	三	
988	广西	广西工业职业教育集团	2009	行业型	学校	二	
989	广西	南宁市中等职业教育商贸旅游专业集团	2009	行业型	学校	三	
990	广西	南宁市中等职业教育交通运输专业集团	2009	行业型	学校	三	31
991	广西	南宁市中等职业教育文化艺术体育专业集团	2009	行业型	学校	三	
992	广西	南宁市中等职业教育信息技术专业集团	2009	行业型	学校	三	
993	广西	南宁市中等职业教育加工制造专业集团	2009	行业型	学校	二	

续表

序号	所属省级行政区	集团名称	成立时间	类型	牵头单位类型	服务产业	数量（个）
994	广西	广西经济贸易职业教育集团	2010	行业型	学校	三	
995	广西	广西水利电力职业教育集团	2010	行业型	学校	三	
996	广西	广西农业职业教育集团	2012	行业型	学校	一	
997	广西	南宁市中等职业教育电气技术专业集团	2012	行业型	学校	三	
998	广西	广西计算机动漫与游戏制作	2013	行业型	学校	三	
999	广西	来宾职业教育集团	2013	区域型	学校		
1000	广西	梧州市机械教育集团	2013	行业型	学校	二	
1001	广西	广西茶业职业教育集团	2014	行业型	学校	一	
1002	广西	柳州现代服务业职业教育集团	2014	行业型	学校	三	
1003	广西	柳州市工程机械职业教育集团	2014	行业型	学校	二	
1004	广西	柳州市物流职业教育集团	2014	行业型	学校	三	
1005	广西	广西现代商贸职业教育集团	2014	行业型	学校	三	31
1006	广西	玉林市职教集团	2014	区域型	学校		
1007	广西	广西林业职业教育集团	2014	行业型	学校	一	
1008	广西	中国（南方）现代林业职业教育集团	2014	行业型	学校	一	
1009	广西	广西汽车产业职业教育集团	2014	行业型	学校	二	
1010	广西	广西建设职业教育集团	2015	行业型	学校	二	
1011	广西	广西体育职业教育集团	2015	行业型	学校	三	
1012	广西	广西学前教育职业教育集团	2015	行业型	学校	三	
1013	广西	广西物流职业教育集团	2015	行业型	学校	三	
1014	广西	河池市职业教育集团	2015	区域型	学校		
1015	广西	贵港职业教育集团	2015	区域型	学校		
1016	广西	中国-东盟边境职业教育联盟	2016	区域型	学校		

续表

序号	所属省级行政区	集团名称	成立时间	类型	牵头单位类型	服务产业	数量（个）
1017	海南	海南外国语职业教育集团	2006	行业型	学校	三	
1018	海南	海南省机电职业教育集团	2008	行业型	学校	二	
1019	海南	海南交通职业教育集团	2008	行业型	学校	三	
1020	海南	海南旅游职业教育集团	2008	行业型	学校	三	
1021	海南	海南农业职业教育集团	2008	行业型	学校	一	
1022	海南	海南商贸职业教育集团	2008	行业型	学校	三	11
1023	海南	海南财经职业教育集团	2008	行业型	学校	三	
1024	海南	海南工业职业教育集团	2009	行业型	学校	二	
1025	海南	海南省华侨职业教育集团	2009	区域型	学校		
1026	海南	海南信息职业教育集团	2009	行业型	学校	三	
1027	海南	三亚旅游人才校企合作联盟	2010	行业型	学校	三	
1028	重庆	重庆渝中职业教育集团	2000	区域型	学校		
1029	重庆	重庆市宏昌职业教育集团	不详	区域型	企业		
1030	重庆	重庆现代服务业职教集团	2007	行业型	学校	三	
1031	重庆	重庆职教基地现代机电技术教育集团	2009	行业型	学校	二	
1032	重庆	重庆职教基地财贸职业教育集团	2009	行业型	学校	三	
1033	重庆	重庆春晖农民工培训集团	2009	区域型	学校		
1034	重庆	重庆旅游职业教育集团	2010	行业型	学校	三	27
1035	重庆	重庆工商职业教育集团	2010	行业型	学校	三	
1036	重庆	重庆市渝西地区技工教育联合体	2010	区域型	学校		
1037	重庆	重庆医药职业教育集团	2012	行业型	学校	二	
1038	重庆	重庆能源工业职业技术教育集团	2012	行业型	学校	二	
1039	重庆	武陵山职业教育集团	2013	区域型	学校		
1040	重庆	重庆装备制造职业教育集团	2013	行业型	学校	二	
1041	重庆	重庆信息技术职业教育集团	2013	行业型	学校	三	

续表

序号	所属省级行政区	集团名称	成立时间	类型	牵头单位类型	服务产业	数量(个)
1042	重庆	重庆市汽车职业教育集团	2013	行业型	学校	二	
1043	重庆	重庆市江南农民就业创业职教集团	2013	区域型	学校		
1044	重庆	重庆市学前教育集团	2014	行业型	学校	三	
1045	重庆	全国电梯职业教育联盟	2015	行业型	学校	二	
1046	重庆	重庆大足石刻职业教育集团	2015	行业型	学校	二	
1047	重庆	西南地区机械行业智能制造领域职教集团	2016	行业型	学校	二	27
1048	重庆	重庆环保产业职业教育集团	2016	行业型	学校	三	
1049	重庆	湘鄂渝川黔边区职教集团	2016	区域型	学校		
1050	重庆	涪陵职教集团	2016	区域型	学校		
1051	重庆	重庆三峡职业教育集团	2016	区域型	学校		
1052	重庆	重庆智能制造职教集团	2016	行业型	学校	二	
1053	重庆	机械行业智能装备制造（西南）职业教育集团	2016	行业型	学校	二	
1054	重庆	重庆市育才职业教育集团	2017	区域型	学校		
1055	四川	德阳市通用职教集团	2003	行业型	学校	二	
1056	四川	乐山硅材料职业教育联盟	2008	行业型	学校	二	
1057	四川	成都市财经商贸职业教育联盟	2009	行业型	学校	三	
1058	四川	成都市计算机专业职业教育集团	2009	行业型	学校	二	
1059	四川	成都市美容美发职业教育联盟	2009	行业型	学校	三	59
1060	四川	成都汽车专业职教集团	2009	行业型	学校	二	
1061	四川	成都市电子信息专业职教集团	2009	行业型	学校	三	
1062	四川	成都市旅游职业教育集团	2009	行业型	学校	三	
1063	四川	广安市卓泰职业教育集团	2009	区域型	政府		
1064	四川	乐山旅游职业教育集团	2009	行业型	学校	三	

续表

序号	所属省级行政区	集团名称	成立时间	类型	牵头单位类型	服务产业	数量（个）
1065	四川	宜宾市矿山职业教育集团	2009	行业型	学校	二	
1066	四川	宜宾市职业教育集团	2009	区域型	学校		
1067	四川	乐山市第一职业高级中学校企集团	2009	区域型	学校		
1068	四川	乐山电子信息职业教育集团	2009	行业型	学校	三	
1069	四川	成都市建筑专业职业教育集团	2009	行业型	学校	二	
1070	四川	泸州电子机械教育集团	2010	行业型	学校	二	
1071	四川	成都市现代物流专业职业教育集团	2010	行业型	学校	三	
1072	四川	遂州机电职业教育集团	2010	行业型	学校	二	
1073	四川	南江职业教育集团	2010	区域型	学校		
1074	四川	成都市机械制造职业教育集团	2010	行业型	学校	二	
1075	四川	宜宾市机电职业教育集团	2010	行业型	学校	二	59
1076	四川	中国西部瓷都（夹江）陶瓷职业教育集团	2010	行业型	学校	二	
1077	四川	乐山市冶金机械职教集团	2010	行业型	学校	二	
1078	四川	南充中等职业教育集团	2010	区域型	学校		
1079	四川	南充泽英职业教育集团	2010	区域型	学校		
1080	四川	成都市现代服务业职业教育集团	2009	行业型	学校	三	
1081	四川	南充大成职业教育集团	2011	区域型	学校		
1082	四川	宜宾市高等职业教育集团	2011	区域型	学校		
1083	四川	四川财经职业教育集团	2011	行业型	学校	三	
1084	四川	遂州市现代服务业职业教育集团	2011	行业型	学校	三	
1085	四川	广元职业教育集团	2011	区域型	学校		
1086	四川	四川省建筑职业教育集团	2011	行业型	学校	二	
1087	四川	四川水利职业教育集团	2011	行业型	学校	三	

续表

序号	所属省级行政区	集团名称	成立时间	类型	牵头单位类型	服务产业	数量（个）
1088	四川	遂宁市先进制造业职教集团	2012	行业型	学校	二	
1089	四川	雅安职业教育联盟	2012	区域型	学校		
1090	四川	西南纺织服装职业教育联盟	2012	行业型	学校	二	
1091	四川	四川（内江）希望职业教育集团	2012	区域型	学校		
1092	四川	成都市现代农业职业教育集团	2012	行业型	学校	一	
1093	四川	攀枝花现代服务业职业教育集团	2012	行业型	学校	三	
1094	四川	四川航天职业教育联盟	2012	行业型	学校	三	
1095	四川	西南航空产教联盟	2012	行业型	学校	三	
1096	四川	攀枝花市工业职业教育联盟	2012	行业型	学校	二	
1097	四川	南充市张澜职业教育联盟	2013	区域型	学校		
1098	四川	四川科技职业教育集团	2013	行业型	学校	三	
1099	四川	射洪县职业教育集团	2013	区域型	学校		
1100	四川	四川现代服务职业教育联盟	2013	行业型	学校	三	59
1101	四川	酒城建筑职教集团	2013	行业型	学校	二	
1102	四川	绵阳职业教育集团	2013	区域型	学校		
1103	四川	自贡职业教育集团	2013	区域型	学校		
1104	四川	广安职业教育集团	2014	区域型	学校		
1105	四川	雅安学前教育职业教育集团	2014	行业型	学校	三	
1106	四川	宜宾市现代服务业职教集团	2014	行业型	学校	三	
1107	四川	四川雅安茶业职业教育集团	2014	行业型	学校	一	
1108	四川	南充职业教育集团	2015	区域型	学校		
1109	四川	泸州商贸职教集团	2015	行业型	学校	三	
1110	四川	丝路·内江职业教育集团	2016	区域型	学校		
1111	四川	四川盐化职业教育集团	2017	行业型	学校	二	
1112	四川	成都现代农业职业教育集团	2017	行业型	学校	一	
1113	四川	四川中医药职业教育集团	2017	行业型	学校	二	

续表

序号	所属省级行政区	集团名称	成立时间	类型	牵头单位类型	服务产业	数量（个）
1114	贵州	贵州省电子技术职业教育集团	2009	行业型	学校	三	
1115	贵州	贵州省旅游职业教育集团	2009	行业型	学校	三	
1116	贵州	贵州省交通与汽车职业教育集团	2009	行业型	学校	二	
1117	贵州	贵州省建设职业教育集团	2009	行业型	学校	二	
1118	贵州	贵州省计算机与网络技术职业教育集团	2009	行业型	学校	三	
1119	贵州	贵州省农业工程职业教育集团	2009	行业型	学校	一	
1120	贵州	贵阳市磷煤化工职业教育集团	2011	行业型	学校	二	
1121	贵州	贵阳市装备制造职业教育集团	2011	行业型	学校	二	
1122	贵州	贵阳市旅游服务职业教育集团	2011	行业型	学校	三	
1123	贵州	贵阳市信息技术职教集团	2011	行业型	学校	三	19
1124	贵州	铜仁职业教育集团	2012	区域型	学校		
1125	贵州	贵州省供销职业教育集团	2012	行业型	学校	三	
1126	贵州	贵州省机械装备制造业职业教育集团	2013	行业型	学校	二	
1127	贵州	六盘水现代服务业职业教育集团	2014	行业型	学校	三	
1128	贵州	六盘水工业职业教育集团	2014	行业型	学校	二	
1129	贵州	贵州省学前教育职教集团	2015	行业型	学校	三	
1130	贵州	贵州大数据产业职业教育集团	2015	行业型	学校	三	
1131	贵州	贵州互联网产业职业教育集团	2016	行业型	学校	三	
1132	贵州	贵州现代商务职教集团	2016	行业型	学校	三	
1133	云南	云南机电职业教育集团	2004	行业型	学校	二	
1134	云南	玉溪工业财贸职教集团	2005	行业型	学校	二	
1135	云南	玉溪旅游职业教育集团	2005	行业型	学校	三	38
1136	云南	玉溪烟草职业教育集团	2005	行业型	学校	一	
1137	云南	昆明工业职业教育集团	2008	行业型	学校	二	

续表

序号	所属省级行政区	集团名称	成立时间	类型	牵头单位类型	服务产业	数量(个)
1138	云南	云南工业职业教育集团	2008	行业型	学校	二	
1139	云南	云南旅游职业教育集团	2008	行业型	学校	三	
1140	云南	云南轻工职业教育集团	2008	行业型	学校	二	
1141	云南	云南冶金矿业职业教育集团	2008	行业型	学校	二	
1142	云南	昆明农业职业教育集团	2008	行业型	学校	一	
1143	云南	昆明市财经商贸职业教育集团	2008	行业型	学校	三	
1144	云南	云南农业职业教育集团	2008	行业型	学校	一	
1145	云南	云南林业职业教育集团	2009	行业型	学校	一	
1146	云南	云南文化艺术职业教育集团	2009	行业型	政府	三	
1147	云南	大理白族自治州旅游职业教育集团	2009	行业型	学校	三	
1148	云南	大理白族自治州加工制造职业教育集团	2009	行业型	学校	二	38
1149	云南	云南国土资源职业教育集团	2009	行业型	学校	三	
1150	云南	云南交通职业教育集团	2009	行业型	学校	三	
1151	云南	云南建筑职业教育集团	2009	行业型	学校	二	
1152	云南	云南工艺美术职业教育集团	2009	行业型	协会	三	
1153	云南	云南艺术职业教育集团	2009	行业型	学校	三	
1154	云南	云南经济管理职业教育集团	2009	行业型	学校	三	
1155	云南	红河州财经, 信息, 旅游职业教育集团	2009	行业型	学校	三	
1156	云南	云南水利水电职业教育集团	2009	行业型	学校	三	
1157	云南	云南粮油职业教育集团	2009	行业型	学校	二	
1158	云南	红河州农业与工程职业教育集团	2009	行业型	学校	一	
1159	云南	云南技工职业教育集团	2010	行业型	学校	二	
1160	云南	云南经贸外事职业教育集团	2010	行业型	学校	三	

续表

序号	所属省级行政区	集团名称	成立时间	类型	牵头单位类型	服务产业	数量（个）
1161	云南	云南体育职业教育集团	2010	行业型	学校	三	
1162	云南	云南信息科技职业教育集团	2010	行业型	学校	三	
1163	云南	云南工商职教集团	2010	行业型	学校	三	
1164	云南	昭通市经济技术教育职教集团	2010	行业型	学校	三	
1165	云南	云南中华职业教育集团	2010	区域型	社团		38
1166	云南	临沧市茶叶职业教育集团	2011	行业型	学校	一	
1167	云南	云南供销职业教育集团	2011	行业型	学校	三	
1168	云南	云南滇武职业教育集团	2012	区域型	学校		
1169	云南	云南电子信息职业教育集团	2013	行业型	学校	三	
1170	云南	玉溪四大职教集团	2016	区域型	学校		
1171	陕西	陕西电子职业教育集团	2008	行业型	学校	三	
1172	陕西	陕西化工职业教育集团	2008	行业型	学校	二	
1173	陕西	陕西机电职业教育集团	2008	行业型	学校	二	
1174	陕西	陕西经贸职业教育集团	2008	行业型	学校	三	
1175	陕西	陕西现代服务职业教育集团	2008	行业型	学校	三	
1176	陕西	西安动漫职业教育集团	2009	行业型	学校	三	
1177	陕西	西安轨道交通职业教育集团	2009	行业型	学校	三	29
1178	陕西	西安旅游职业教育集团	2009	行业型	学校	三	
1179	陕西	西安市软件服务外包职业教育集团	2009	行业型	学校	三	
1180	陕西	陕西装备制造业职业教育集团	2009	行业型	学校	二	
1181	陕西	陕西交通物流职业教育集团	2009	行业型	学校	三	
1182	陕西	陕西航空职业教育集团	2009	行业型	学校	三	
1183	陕西	陕西建筑建材职业教育集团	2010	行业型	学校	二	
1184	陕西	杨凌现代农业职业教育集团	2010	行业型	学校	一	

续表

序号	所属省级行政区	集团名称	成立时间	类型	牵头单位类型	服务产业	数量（个）
1185	陕西	神木能源化工职业教育集团	2010	行业型	政府、学校	二	
1186	陕西	神木职教集团	2010	区域型	学校		
1187	陕西	西安泾渭校企合作联盟	2011	区域型	学校		
1188	陕西	渭南服装职业教育集团	2011	行业型	学校	二	
1189	陕西	陕西现代护理职业教育集团	2011	行业型	学校	三	
1190	陕西	安康职业教育集团	2011	区域型	学校		
1191	陕西	陕西国防工业职业教育集团	2011	行业型	政府	二	
1192	陕西	陕西铁路建筑职业教育集团	2012	行业型	学校	二	29
1193	陕西	咸阳职业教育集团	2012	区域型	学校		
1194	陕西	宝鸡职业教育集团	2013	区域型	学校		
1195	陕西	延安职业教育集团	2013	区域型	学校		
1196	陕西	城镇建设职业教育集团	2014	行业型	学校	二	
1197	陕西	黄河金三角职教集团	2015	区域型	学校		
1198	陕西	"一带一路"职教联盟	2016	区域型	学校		
1199	陕西	丝绸之路职业教育联盟	2017	区域型	学会、学校		
1200	甘肃	定西市职业教育集团	2008	区域型	学校		
1201	甘肃	兰州旅游职业教育集团	2008	行业型	学校	三	
1202	甘肃	庆阳市职业教育集团	2009	区域型	学校		
1203	甘肃	白银市机电建筑职业教育集团	2009	行业型	学校	二	
1204	甘肃	武威市职业教育集团	2009	区域型	学校		27
1205	甘肃	兰州商贸职业教育集团	2009	行业型	学校	三	
1206	甘肃	甘肃机电职业教育集团	2009	行业型	学校	二	
1207	甘肃	平凉市职业教育集团	2009	区域型	学校		
1208	甘肃	兰州理工职业教育集团	2009	区域型	学校		

续表

序号	所属省级行政区	集团名称	成立时间	类型	牵头单位类型	服务产业	数量（个）
1209	甘肃	天水旅游职业教育集团	2010	行业型	学校	三	
1210	甘肃	天水装备制造业职业教育集团	2010	行业型	学校	二	
1211	甘肃	甘肃卫生职业教育集团	2010	行业型	学校	三	
1212	甘肃	兰州现代服务业职业教育集团	2011	行业型	学校	三	
1213	甘肃	兰州建设职业教育集团	2011	行业型	学校	二	
1214	甘肃	甘肃省资源环境职教集团	2015	行业型	学校	三	
1215	甘肃	甘肃省汽车行业职教集团	2015	行业型	学校	二	
1216	甘肃	甘肃现代农业职教集团	2015	行业型	学校	一	
1217	甘肃	甘肃省信息技术职业教育集团	2015	行业型	学校	三	
1218	甘肃	甘肃省商业与旅游服务业职教集团	2015	行业型	学校	三	27
1219	甘肃	甘肃省电子商务职教集团	2015	行业型	学校	三	
1220	甘肃	甘肃省交通运输职业教育集团	2015	行业型	学校	三	
1221	甘肃	甘肃国防科技工业职业教育集团	2016	行业型	学校	二	
1222	甘肃	甘肃省测绘地理信息职业教育集团	2016	行业型	学校	三	
1223	甘肃	甘肃省现代物流职业教育集团	2016	行业型	学校	三	
1224	甘肃	甘肃省现代林业职业教育集团	2016	行业型	学校	一	
1225	甘肃	甘肃省智能制造职业教育集团	2016	行业型	学校	二	
1226	甘肃	甘肃省焊接专业职业教育集团	2016	行业型	学校	二	
1227	青海	青海化工职业教育集团	2008	行业型	学校	二	
1228	青海	青海水电职业教育集团	2008	行业型	学校	三	
1229	青海	青海机械职业教育集团	2009	行业型	学校	二	9
1230	青海	青海交通运输职业教育集团	2011	行业型	学校	三	
1231	青海	西宁市信息技术职业教育集团	2012	行业型	学校	三	
1232	青海	西宁市学前教育职业教育集团	2012	行业型	学校	三	

续表

序号	所属省级行政区	集团名称	成立时间	类型	牵头单位类型	服务产业	数量（个）
1233	青海	青海卫生职业教育集团	2014	行业型	学校	三	
1234	青海	青海建筑通信职业教育集团	2015	行业型	学校	三	9
1235	青海	西宁市现代服务业职业教育集团	2017	行业型	学校	三	
1236	宁夏	宁夏水电职业教育集团	2005	行业型	学校	三	
1237	宁夏	宁夏汽车职业教育集团	2006	行业型	学校	二	
1238	宁夏	宁夏青松职业教育集团	2011	区域型	学校		
1239	宁夏	宁夏农业职业教育集团	2011	行业型	学校	一	7
1240	宁夏	宁夏物流职业职教集团	2011	行业型	学校	三	
1241	宁夏	宁夏机电职业教育集团	2011	行业型	学校	二	
1242	宁夏	宁夏现代服务业职业教育集团	2016	行业型	学校	三	
1243	新疆	新疆第一产业职教园区	2006	行业型	学校	一	
1244	新疆	新疆第二产业职教园区	2006	行业型	学校	二	
1245	新疆	新疆第三产业职教园区	2007	行业型	学校	三	
1246	新疆	新疆石油石化职教园区	2007	行业型	学校	二	
1247	新疆	奇台职业教育集团	2013	区域型	学校		
1248	新疆	新疆医药职业教育集团	2013	行业型	学校	二	
1249	新疆	兵团工程技术职业教育集团	2013	行业型	学校	二	
1250	新疆	兵团工贸职业教育集团	2013	行业型	学校	三	22
1251	新疆	新疆交通运输职业教育集团	2013	行业型	学校	三	
1252	新疆	新疆特色餐饮职业教育联盟	2013	行业型	学校	三	
1253	新疆	新疆轨道交通职业教育集团	2014	行业型	学校	三	
1254	新疆	乌鲁木齐职业教育集团	2014	区域型	学校		
1255	新疆	新疆兵团屯南现代职业教育集团	2014	区域型	学校		
1256	新疆	昌吉州现代农业职教集团	2014	行业型	学校	一	
1257	新疆	昌吉州职业教育联盟	2014	区域型	政府		
1258	新疆	昌吉州现代服务业职业教育集团	2014	行业型	政府	三	

续表

序号	所属省级行政区	集团名称	成立时间	类型	牵头单位类型	服务产业	数量（个）
1259	新疆	昌吉州煤电煤化工职教集团	2014	行业型	学校	二	
1260	新疆	昌吉州先进装备制造业职教集团	2014	行业型	政府	二	
1261	新疆	兵团现代农业职业教育集团	2014	行业型	学校	一	22
1262	新疆	新疆粮油食品职业教育联盟	2014	行业型	学校	二	
1263	新疆	伊犁州职业（技工）教育集团	2014	区域型	学校		
1264	新疆	新疆汽车行业职业教育集团	2014	行业型	学校	二	
合计					1264		

附件 2 行业型职教集团成员单位调查问卷

为了更好地服务于各理事单位，推动集团发展，集团秘书处特制作本问卷，请各理事单位认真填写，提出对集团的相关要求。如您有疑问，请与集团秘书处联系。联系电话：××××××××

单位名称：_____

1. 贵单位对员工的一般学历要求是？
   □ 中职毕业生　　　　　　　　□ 高职毕业生
   □ 本科毕业生　　　　　　　　□ 硕士研究生及以上

2. 您认为目前中高职毕业生主要存在哪些问题？
   □ 专业技能不强，不能直接上岗
   □ 流失率高
   □ 职业道德素养不高，缺乏爱岗敬业精神
   □ 人际关系处理不好，缺乏社会经验
   □ 其他_____

3. 贵单位参与集团内各项合作的出发点是？
   □ 市场需求　　　　　　　　　　□ 技术提升的需要
   □ 建立稳定的员工培训基地　　　□ 政府的要求
   □ 建立稳定的人才培养基地　　　□ 降低本单位运营成本
   □ 向社会展示良好形象和社会责任　□ 其他_____

4. 贵单位已参与的集团内合作项目有哪些？
   □共同研究校企发展战略　　□共同开展订单培养
   □共建校内外实习实训基地　□参与人才培养方案
   □开展校企文化交流讲座　　□开展员工培训
   □联合科技攻关　　　　　　□员工互兼互聘
   □设立奖学金　　　　　　　□其他＿＿＿＿＿＿

5. 贵单位希望今后能参与或拓展哪些合作项目？
   □共同研究校企发展战略　　□开展校企文化交流
   □共同开展订单培养　　　　□共建校内外实习实训基地
   □参与人才培养方案　　　　□技术支持与开发
   □共建"校中企"、"企中校"　□开展员工培训
   □员工互兼互聘　　　　　　□设立奖学金
   □其他＿＿＿＿＿＿

6. 贵单位参与集团内合作收到的效果有哪些？
   □促进本单位员工知识更新和整合　□招聘到满意的新员工
   □为本单位带来新的发展理念　　　□降低用人成本
   □获得良好的行业认可和社会效益　□共享教育培训资源
   □其他＿＿＿＿＿＿

7. 贵单位希望职教集团网站提供哪些服务？
   □人才信息　　　　　□行业最新动态
   □职业技能培训信息　□从业资格考证信息
   □企业招聘信息　　　□集团成员信息
   □集团成员专访　　　□相关国家政策
   □其他＿＿＿＿＿＿

8. 贵单位希望职教集团定期开展哪些活动？
   □校企交流论坛　　　　　　　□校企职业技能竞赛
   □定期走访调研，了解需求　　□集团成员专访
   □文体联谊活动　　　　　　　□专业讲座

□其他＿＿＿＿＿＿
9. 您认为应从哪些方面改进集团的工作？
　　□加大宣传力度　　　　　　　　□吸纳新会员
　　□加大上级行政主管部门扶持力度　□加强集团体制机制建设
　　□加强集团成员联系和交流　　　　□其他＿＿＿＿＿＿
10. 如果要推动企业参与职业教育，您希望政府提供以下哪些优惠政策？
　　□税收优惠
　　□给予人才培养培训经费补助
　　□以奖代补，鼓励企业参与职业技术教育
　　□宣传企业形象，给予荣誉称号
　　□其他＿＿＿＿＿＿
11. 根据集团工作的发展，集团将会每年举办相关活动，请提出您关于活动形式和活动内容的建议。（可写在背面）

_____

_____

附件 3　湖北交通职业教育集团成员单位调查问卷统计报告

一、调查目的：为贯彻落实有关文件精神，切实有效地推动集团发展，充分了解各理事单位的合作意向，更好地服务于各理事单位，促进校企协同发展。

二、调查对象：湖北交通职业教育集团成员单位

三、调查方式：本调查是在湖北交通职业教育集团年会当场随机发放填写，并当场回收。发出问卷 51 份，回收 34 份。

四、调查结果：

1. 贵单位对员工的一般学历要求是？

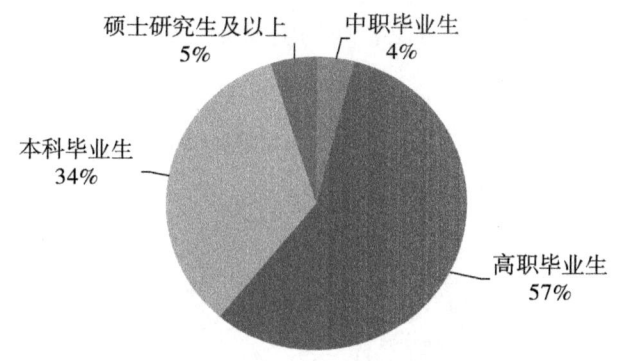

分析：成员单位对员工的学历要求需求最大的是高职，占 57%，其次是本科，占 34%。体现了加入职教集团的企业对于人才的需求主要集

中在高职人才层次,在一定程度上反映了企业重视技术技能人才的培养。

2. 您认为目前中高职毕业生主要存在哪些问题?

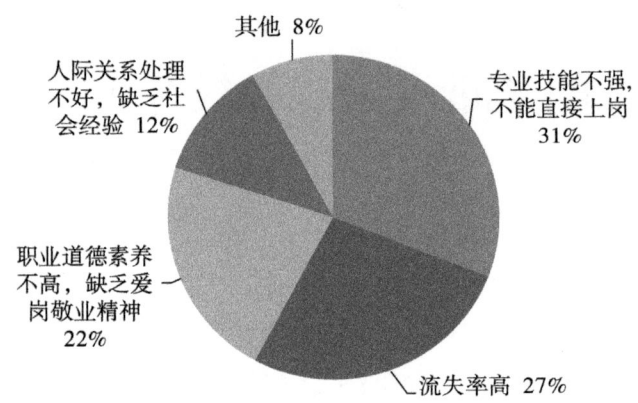

分析:多数单位认为专业技能不过关占首位,达到了 31%,其次为流失率高(27%)和职业道德素养不高(22%),说明目前院校要更好的满足企业要求,需要进一步加强真实环境下的技能培养和职业素质培养,同时要继续帮助学生做好职业规划,加强学生职业道德素质的培养,使学生具有更加明确的就业定位和发展目标,从而促进学校教学与实际工作的无缝对接。

3. 贵单位参与集团内各项合作的出发点是?

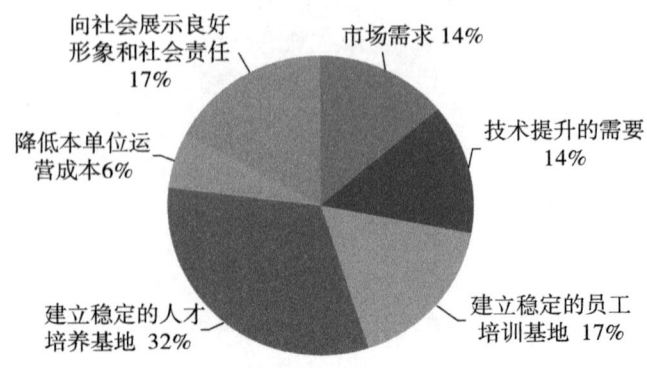

分析：在成员单位参与集团内各项合作的出发点中，比例最高的选项是建立稳定的人才培养基地，其次是建立稳定的员工培训基地与展示良好形象和社会责任。说明集团内各成员企业出于自身发展的需要，与院校合作具备了必要的内生动力，学校与成员单位之间就人才培养与员工培训具备持续性合作空间，同时也表明部分企业开始转变与院校合作的观念，逐步重视企业的社会责任和形象，愿意通过与院校的合作，承担社会责任，提升企业形象。此外，技术提升的需要也是企业参与集团合作的重要出发点之一，因此，职业院校也应当在技术开发、技术服务等能力上不断提升，增强企业合作的内生动力。

4. 贵单位已参与的集团内合作项目有哪些？

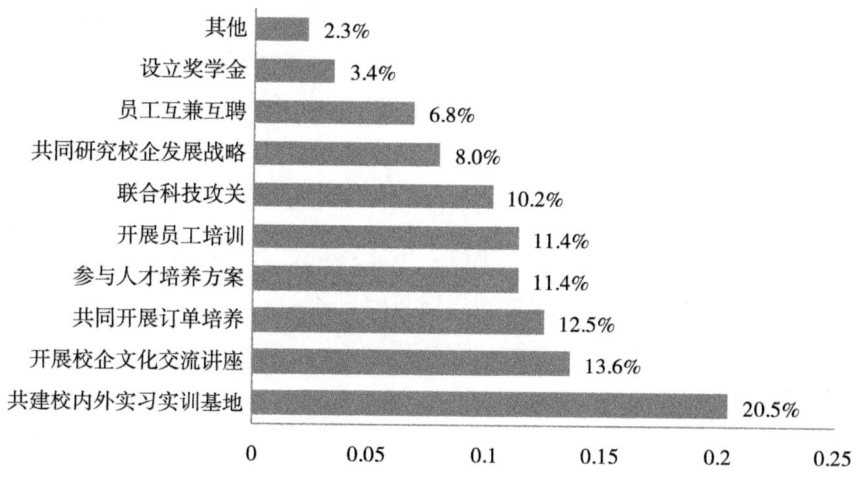

分析：关于职教集团内已经开展的校企合作项目，总体来看，并没有占绝对优势的合作项目，校企合作较多的仍然是层次较浅的共建校内外实习实训基地与校企文化交流讲座，其次是订单培养、参与人才培养方案和开展员工培训，表明企业更多关注的仍然是共享教育培训资源，实现持续人才培养和员工知识更新。但是在涉及校企深度合作的联合技术攻关、共同研究校企发展战略、员工互兼互聘等项目上，开展的合作

相对较少，这也从另一方面表明，职业院校在寻找校企合作切入点上，还有许多可拓展的空间，同时也说明职业院校在提供人才培养之外，还需在服务行业发展、提升技术研发与技术革新上面下工夫，切实提高为行业企业服务的能力。

5. 贵单位希望今后能参与或拓展哪些合作项目？

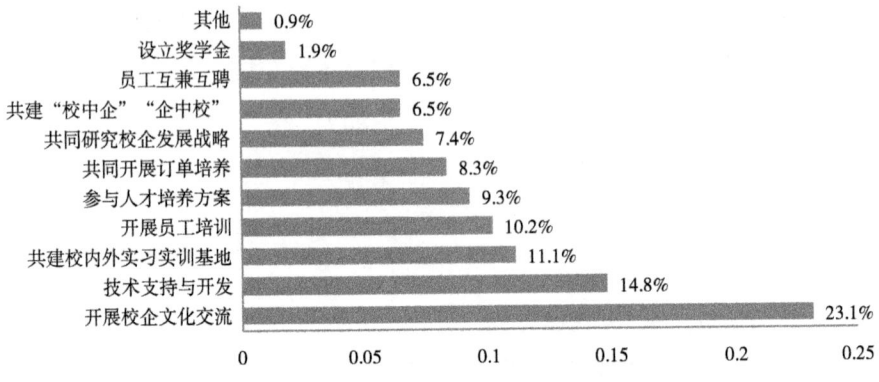

分析：成员单位希望参与拓展的项目大多集中在开展文化交流、技术支持与开发、实习实训基地建设、员工培训、人才培养方案、订单培养等项目上，说明企业更加关注与自身发展相关的合作项目，而文化交流与技术合作则摆在需求程度更高的位置上，表明企业对于职业院校有跟高层次的期待和要求。因此，职业院校要提高服务企业的能力，有待进一步提升技术服务和研发能力，才能更好地实现校企协同发展。

6. 贵单位参与集团内合作收到的效果有哪些？

分析：成员单位参与集团内合作收到的效果中，招聘到满意的新员工所占比例最高，达到31%，其次为共享教育培训资源和促进单位员工知识更新，均达到16%，学校作为人才培养基地和优质教育资源聚集地的优势得到充分彰显。此外，有部分企业在评价合作效果时认为，通过参与集团内校企合作，为本单位带来了新的发展理念（13%），获得良好的行业认可和社会效益（12%），并降低了用人成本（12%）。

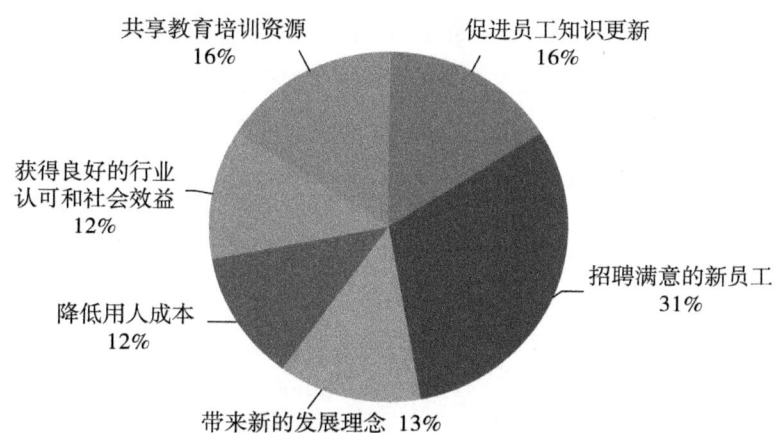

总体来讲，企业通过合作获得的成效较为单一，主要集中在人才培养及其带来的收益上。本题没有企业选择"其他"这一选项，表明目前职业院校为企业提供的其他服务并未得到企业的认同，有待进一步提升。

7. 贵单位希望职教集团网站提供哪些服务？

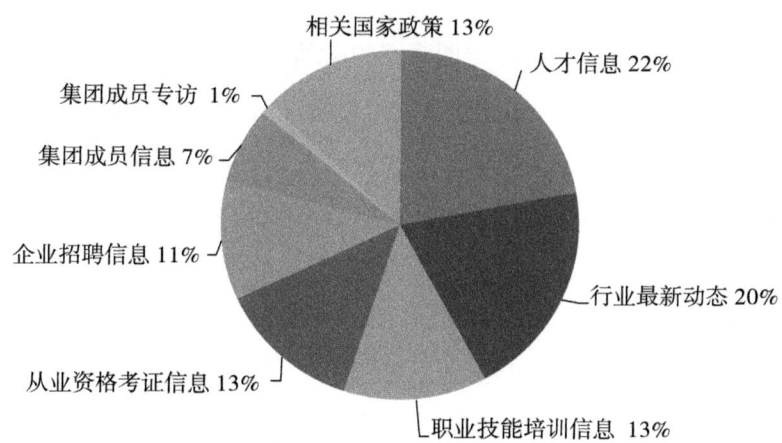

分析：在希望职教集团网站提供的服务中，比例最高的是人才信息，达到22%，其次为行业最新动态（20%）、职业技能培训（13%）

以及从业资格考证信息（13%），表明成员单位对人才的重视以及对行业发展信息的敏感，同时，集团网站应在服务成员单位、紧跟行业发展、全方位提供行业动态信息上下工夫，增强行业嗅觉，提升行业影响力。

8. 贵单位希望职教集团定期开展哪些活动？

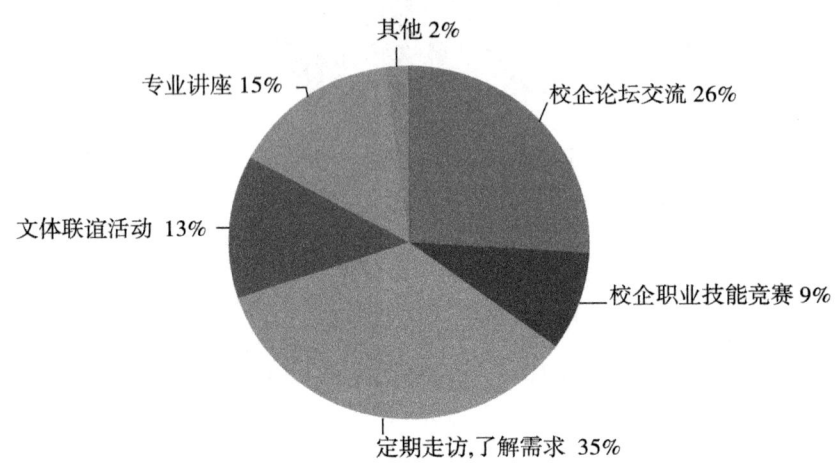

分析：在希望职教集团定期开展的活动当中，定期走访，了解需求以35%的比例居首，其次为校企论坛交流，占26%。说明集团内部成员互动和信息交流还没有形成一个完整高效的平台，单位之间迫切需要相互了解和学习。同时，专业讲座和联谊活动也占有一定比例，这些都为职教集团以后活动的开展提供了参考。

9. 您认为应从哪些方面改进集团的工作？

分析：在希望集团改进的工作中，除了加强成员间联系和交流（33%）外，加大宣传力度和上级主管部门扶持力度所占比例也较高，说明职教集团社会影响力有待通过多种方式实现强化，同时也需要上级部门的大力支持，才能将集团工作稳步向前推进。集团自身也应加快确立完整高效的体制机制，才能切实发挥好自身作用。

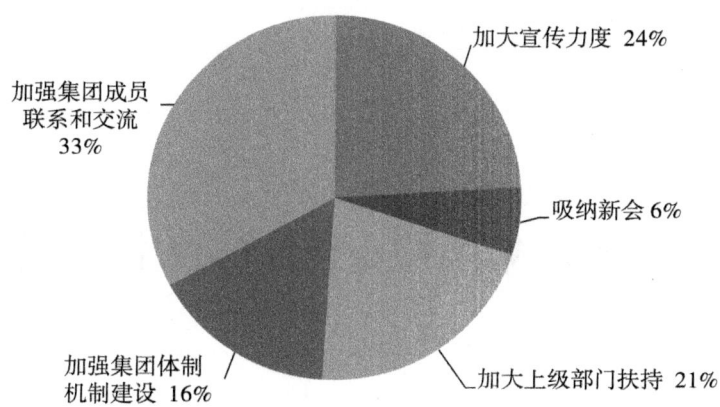

10. 如果要推动成员单位参与职业教育，您希望政府提供哪些优惠政策？

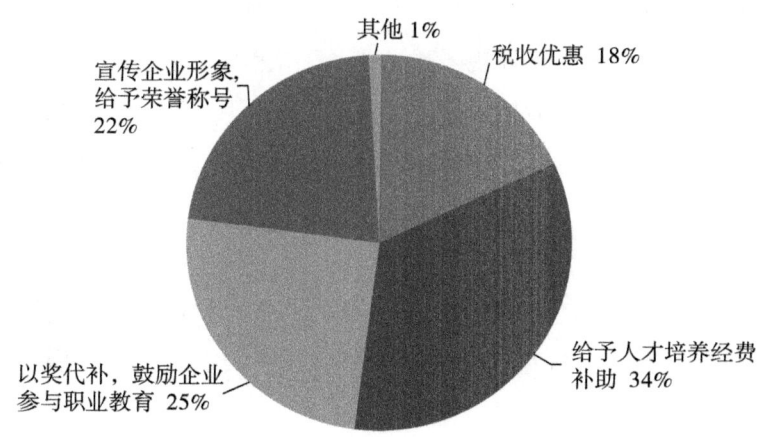

分析：在希望政府提供的优惠政策中，直接给予人才培养经费补助以34%的比例居于首位，其次为以奖代补，鼓励成员单位参与职业教育，给予荣誉称号等宣传方式对企业也有较大的吸引力。说明企业不仅关注直接的经济补助，而且也关注社会声誉的提升，企业需要政府鼓励和认可，政府相关激励措施对于提升企业参与职业教育的积极性具有较大的影响力。

附件4 职教集团校企合作协议书（范本）

甲方：_____
地址：_____
乙方：_____
地址：_____

为充分发挥校企双方的优势，发挥职业技术教育为社会、行业、企业服务的功能，为企业培养更多高素质、高技能的应用型人才，同时也为学生实习、实训、就业提供更大空间，在平等自愿、充分酝酿的基础上，经双方友好协商，就共同建立校企合作关系达成如下合作框架协议：

一、合作总则

甲乙双方坚持"合作办学、合作育人、合作就业、合作发展"的指导思想，恪守"优势互补、资源共享、互惠共赢、共同发展"的基本原则，建立校企合作关系。

二、合作方式及内容

经双方友好协商，合作方式及内容参照以下条款执行：

（一）互认挂牌、就业推荐、员工培训合作

1. 甲方在乙方挂牌设立"×××校外实训就业基地"，乙方在甲方挂牌设立"×××有限公司人才培养基地"。双方均同意在对外发布信息中使用共建基地的名称，并开展管理、实习、培训、科研合作。

2. 作为甲方的校外实训、就业基地，乙方在同等条件下应优先录用甲方毕业生；甲方每年邀请乙方用人单位参加甲方组织的校内毕业生供需洽谈会，优先为乙方输送德、智、体全面发展的优秀学生。

3. 作为乙方的人才培养基地，甲方应利用学院的软、硬件教学资源，根据乙方要求，为乙方提供包括各类员工职业培训、技能考证等在内的人才培训服务。

4. 乙方向甲方提供本企业职业岗位特征描述，各职业岗位要求的知识水平和技能等级，为甲方相应制定专业培养目标、审订合作专业培训计划、员工培养计划提供依据。

5. 双方将定期通过走访或座谈形式就双方合作开展情况、协议执行情况进行阶段性总结。如遇突发情况，双方将及时联系并加以解决。

（二）订单培养、合作办学

1. 双方共同合作，在_____及相关专业中，根据乙方需要，本着学生自愿的原则组织一定数量的学生为乙方定向培养、输送人才，并根据乙方企业发展状况、生产经营规模或投资领域的变化等情况，适时共同商讨调整定向培养专业、规模和合作方式。

2. 为保证合作培养的人才质量，乙方应推荐企业的技术骨干、能工巧匠承担合作班级的部分教学任务；积极为合作班级的学生下企业实践创造条件，以使合作培养的学生尽快适应企业的需求；与甲方共同开发相关课程等。

3. 乙方有对甲方的人才培养方案提出改进意见的权利。甲方以产学合作、工学交替、顶岗实习的现代人才培养模式，按照企业人才规格要求设置课程、组织教学，保证乙方人才培养质量。

4. 甲方选派优秀教师和业务骨干参与乙方科研项目开发、技术援助和学术研讨，科研产权归双方共同所有，并对双方成果进行推广。

5. 乙方选派中高层领导、技术人员担任甲方客座教授、专业带头人或兼职教师，参与甲方人才培养过程；参与甲方科技开发、教学改革、教材编写等工作。成果产权归双方共同所有。

6. 甲乙双方在开展订单培养、合作办学过程中，因重新组班、专门化的教育教学、实习实训等因素而发生的费用由双方协商解决。

（三）顶岗实习、实训基地建设合作

1. 甲方从合同签订之日起，根据高等职业教育教学计划和培养方案，每年选派一定数量的指定年级、专业的学生到乙方进行顶岗实习，具体人数根据乙方岗位需求、甲方学生情况等因素，由甲乙双方协商决定。

2. 乙方作为甲方学生的顶岗实习单位，同时也是甲方的校外实训基地，应优先满足甲方学生在专业实习、毕业实习等方面的需求。双方在协商一致的基础上，本着共同发展的原则，建立紧密、长效的合作机制。

3. 甲、乙双方应从符合教学规律、切合企业实际、适应企业生产周期的角度，制订学生顶岗实习期间的切实可行的教学计划，以保证顶岗实习期间工、学任务的顺利完成。同时，甲方应加强对学生的岗前思想教育，指导教师、辅导员必须定期下企业协助乙方做好顶岗实习学生的各项工作；乙方应为顶岗实习学生制订切实可行的轮岗计划，以提高学生的综合素质能力。

4. 乙方为甲方学生顶岗实习提供相应的实习工作、生活环境。同时，乙方应为顶岗实习学生留出一定的学习时间，使学生能通过网络教学等手段完成教学计划规定的课程学习任务，保证学生自身能力的提高。实习期间企业与实习学生不具有劳动合同关系，实习单位对实习学生酌情发放实习补贴，以切实维护学生权益。

5. 甲方要把学生在乙方实训期间的表现、工作能力、项目成果等计入毕业学分。顶岗实习学生在实习期间，根据实习协议的要求应服从乙方管理人员的管理，遵守乙方规章制度（含考勤管理和技术管理），同时，不得违反甲方的有关管理规定。乙方应指派专门技术人员担任实习指导教师，同时，乙方应负责实习学生在乙方单位实习期间的人身、财产安全。

6. 因实习学生或甲方原因提前终止实习，甲方应提前一月告知乙方。反之亦然。实习结束，乙方应向甲方提交学生实习的证明和评价。

7. 甲方成立实习指导小组对学生实习情况进行指导、监督，并加强对学生的思想教育和职业道德教育，发现问题及时提出解决办法，协调乙方和实习生之间的关系。

（四）互派挂职交流合作

1. 甲方每年定期派遣一定数量的专业骨干教师到乙方挂职锻炼，培养"双师"队伍。挂职期间乙方提供相关食宿条件和工作岗位，保证挂职效果。

2. 乙方每年定期派遣中高层管理人员或技术人员到甲方挂职锻炼，参与甲方的管理、教学工作。挂职期间甲方提供相关食宿条件和工作岗位，并保证挂职效果。

3. 双方派出的挂职、培训人员应严格对方的工作和教学的行为，严格遵守保密制度和各种管理规章，确保各方的正常工作、生产和教学秩序正常。挂职期满，并经考核合格后，视情况由接受单位发放相关聘书。

（五）教学、科研及产学合作

1. 甲方聘请乙方相关专业的中高层领导为学院客座教授，进行企业文化与管理实务的系列讲座，并参与甲方的教育教学工作。

2. 乙方聘请甲方高层（院领导）担任乙方企业发展顾问，并定期进行系列讲座。

3. 甲乙双方合作进行各种类型、各个层次的科技项目研究开发，产权归双方共同所有。

三、合作期限

合作期限为_____年（即_____年_____月_____日至_____年_____月_____日）。合作期满后，根据双方合作意愿和实际情况，另行商定并续签协议。

四、其他

1. 在合作中若出现问题，存在分歧，双方本着认真负责的态度协商解决；不能达成一致意见时，按法律规定进行诉讼。

2. 因不可抗力造成本协议无法履行，双方均不承担任何违约责任（但要妥善处理好学生的未了工作，待一切工作都得到解决后，方能终止本协议）。

3. 本协议一式四份，双方各执两份，合作协议经双方代表签字、盖章后生效。

4. 未尽事宜，由双方协商解决。

甲方代表（签字）：　　　　　　乙方代表（签字）：
甲方（盖章）：　　　　　　　　乙方（盖章）：
＿＿＿年＿＿月＿＿日　　　　　＿＿＿年＿＿月＿＿日
联系人：　　　　　　　　　　　联系人：
电　话：　　　　　　　　　　　电　话：